Inhalt

W0294290

Geleitwort ... 7
Vorwort ... 11
Ein heiliger Augenblick ... 17

DAS GESETZ DES AKZEPTIERENS ... 29

1 Die Dinge sind nicht immer, was sie scheinen ... 31
2 Die göttliche Ordnung ... 44

DAS GESETZ DES SICH-ERGEBENS ... 61

3 Der Weg des geringsten Widerstands ... 63

DAS GESETZ DER GÖTTLICHEN FÜHRUNG ... 81

4 Sie sind nicht allein ... 83

DAS GESETZ DER VERANTWORTUNG ... 103

5 Emotionale Verantwortung ... 105
6 Seien Sie sich selbst gegenüber ehrlich ... 125
7 Frieden schließen mit uns selbst ... 143

DAS GESETZ DER WAHLFREIHEIT ... 167

8 Nehmen Sie Abstand von sich selbst ... 169
9 Hochzeitsgeschenke ... 192

DAS GESETZ DER VERGEBUNG 213

10 Der Weg zu Gott 215

DAS GESETZ DER SCHÖPFUNG 235

11 Gewinnen Sie Ihr göttliches Licht zurück 237
12 Ein außergewöhnliches Leben 251

Dank 265

Geleitwort

So etwas wie Scheidung gibt es eigentlich gar nicht. Wenn wir die Definition von »Scheidung« akzeptieren, wie sie im Lexikon steht, nämlich als *totale Trennung, Entzweiung*, dann gibt es das gar nicht.

Trennung existiert im Universum nicht.

Für die meisten Menschen könnte das eine gute und eine schlechte Nachricht sein. Die gute Nachricht: Wir sind nie allein und können es niemals sein. Die schlechte Nachricht: Wir können niemanden loswerden. Wir können uns von niemandem trennen.

Mit sieben Worten gesagt: Es ist unmöglich, eine Beziehung zu beenden.

Es ist nur möglich, sie zu verändern.

Dies ist wahrscheinlich die wichtigste Einsicht, zu der jemand gelangen kann, wenn er oder sie eine Beziehung eingeht. Keine Beziehung geht jemals zu Ende. Die Frage lautet nicht, ob wir eine Beziehung haben werden, sondern welche Art von Beziehung es sein wird.

Unsere Beziehung zu einem anderen Menschen geht immer weiter. Selbst wenn wir diesen anderen Menschen niemals wiedersehen, haben wir eine Beziehung zu ihm. Und die Natur dieser Beziehung wirkt sich auf unser ganzes Leben auf ganz reale Weise aus.

Nur wenige Beziehungen in einem Menschenleben wirken sich nachhaltiger aus als die Beziehung, die wir Ehe nennen.

Aus diesem Grund sind nur wenige Dinge verheerender als die Auflösung einer Ehe oder eines eheähnlichen Verhältnisses. Doch die Auflösung, die uns so traurig stimmt, ist reine Einbildung. Wir stellen uns vor, dass Ehen und langjährige Beziehungen aufgelöst werden können, aber das ist eine Illusion. Sobald wir uns darüber im Klaren sind, befinden wir uns auf dem Weg der Besserung.

Beziehungen können nicht beendet werden. Wir können sagen, dass sie beendet sind; wir können einander erklären, sie seien beendet; wir können sogar Beamte verkünden lassen, dass sie beendet sind, aber wir können sie nicht beenden. Wir können die Einheit zweier Seelen nicht beenden. Das Bibelwort bestätigt sich: Was Gott zusammengefügt hat, kann niemand scheiden.

Selbst wenn man trennt, was zusammengefügt worden ist, enthält der getrennte Teil etwas von dem anderen Teil, von dem er getrennt ist. Anders gesagt: Es ist möglich, geteilt zu sein, aber es ist unmöglich, kein Teil zu sein.

Schlagen Sie zwei Eier in eine Schüssel und verrühren Sie sie. Versuchen Sie nun, sie wieder in zwei eindeutige Einheiten zu trennen.

Unmöglich.

Menschen sind wie diese Eier in der Schüssel.

Wir sind alle miteinander vermischt.

Wenn wir eine Trennung durchmachen, kann es in unserem Leben schrecklich drunter und drüber gehen. Vielleicht haben wir dann das Gefühl, dass etwas in uns entzwei gegangen ist, was sich nie wieder reparieren lässt – wie ein rohes Ei. Doch gerade dann, wenn wir aus unserer Schale herauskommen, sind wir endlich wieder ganz.

Dieses Buch handelt davon, wie wir ganz sind, wenn wir glauben, zerbrochen zu sein. Es handelt von der Erfahrung, dass unser Leben zum ersten Mal eigentlich zusammengefügt wird, wenn wir meinen, es zerfalle. Es ist eine außergewöhnliche Reise durch die Dunkelheit einer zu Ende gegangenen Liebe zum Licht einer Liebe, die nie zu Ende geht: der Liebe zum Selbst und zum Leben – das heißt der Liebe zu Gott.

Dieses Buch ist ein Wunder. Es vermittelt Einsicht und Hoffnung, wo so oft Blindheit und Verzweiflung herrschen. Wenn wir verletzt sind, können wir nicht sehen und singen und den freudigen Tanz des Lebens tanzen. Dieses Buch handelt davon, wie sich der größte Schmerz heilen lässt, den das Leben zufügen kann: das Ende eines Traums, der Verlust einer Liebe. Es handelt von dem Wissen, dass Liebe nie verloren gehen muss und dass das Leben unserer Träume unser sein kann, aber nur, wenn wir erwachen.

Debbie Ford bewirkt dieses Wunder, weil sie uns das großartigste Geschenk macht – weil sie sich uns ganz und gar offenbart. Sie hat eine Scheidung durchgemacht. Sie hat den Schmerz erlitten. Und sie hat ihn als eine der großartigsten Lehren ihres Lebens genutzt, indem sie sich zutiefst darauf eingelassen hat und daraus voller Weisheit hervorgegangen ist.

Sie teilt uns diese Weisheit hier mit, und nun kann die Suche nach unserer eigenen Weisheit viel kürzer, viel weniger mühsam, viel weniger schmerzlich sein, als dies sonst der Fall wäre. Denn Debbie Fords Weisheit ist zwar nicht unsere Weisheit, doch wie ein Leuchtturm in der Nacht kann sie uns zu unserer eigenen führen. Und so werden wir uns selbst zurückgegeben.

Dies ist das Wunder dieses Buches. Es wird Sie sich selbst zurückgeben.

Denn natürlich stellen wir uns vor, wir hätten unser Selbst in einer Trennung verloren – niemals den anderen Menschen, niemals unseren Partner. Nicht wirklich. Wir stellen uns vor, dass wir unser wahres Selbst verloren haben. Auf der Vorstellung von unserem Selbst wird herumgetrampelt: dass wir lieben und dass wir liebenswert sind; dass es schön ist, mit uns zusammen zu sein, und dass wir jemand sind, den man niemals verlassen möchte. Dass wir gute Entscheidungen treffen und wunderbare Menschenkenner sind. Dass wir unserem Herzen vertrauen können. Und dass unsere Liebe, wenn sie nur von Herzen kommt, stets siegen wird.

Uns selbst verlieren wir bei einer Trennung, und darum tut sie so weh.

Und da kommt diese moderne Seherin, diese wunderbare Meisterin von heute, Debbie Ford, um uns uns selbst zurückzugeben, indem sie uns erkennen lässt, dass wir niemals verloren haben und niemals verlieren können, was wir uns einbilden, verloren zu haben: das Wunder dessen, wer wir wirklich sind.

Durch einen Prozess, den sie Schritt für Schritt ausführlich erklärt und mit Beispielen aus ihrem eigenen Leben und den Scheidungs- und Trennungserlebnissen anderer Menschen einleuchtend veranschaulicht, gelingt Debbie Ford das Wunderbarste, was ein Lehrer zu leisten vermag. Sie macht das Komplexe einfach. Sie macht das Unmögliche möglich.

Als ich selbst eine Scheidung durchmachte, glaubte ich, ich könnte nie wieder glücklich werden. Heute bin ich glücklicher, als ich es je gewesen bin – aber der Weg bis dahin war der längste, den Sie sich vorstellen können. Hätte ich doch nur Debbie Ford als Führerin gehabt.

Sie haben sie.

Daher können Sie erkennen, wie Sie aus einem Verlust einen Gewinn machen; dass es in Wahrheit nie einen Verlust gibt; dass es in einer Beziehung eigentlich kein Ende gibt, aber dass der Schmerz, den man erleidet, durchaus enden kann.

Das ist nicht hoch genug zu bewerten. Und ich selbst bin Debbie Ford zutiefst dankbar dafür, dass sie mich am Schatz ihrer durch Erfahrung gewonnenen Weisheit teilhaben ließ. Sie ist eine wahre Botin der Liebe und des Lichts, wenn man sie am meisten benötigt.

Ob Sie gerade eine Trennung durchmachen, an Scheidung denken, die Nachwehen einer Trennung erleben oder einen anderen Menschen in dieser Lage beraten – dieses Buch wird Ihnen ein Leben lang helfen.

Debbie Ford, Gott segne Sie.

Neale Donald Walsch

Vorwort

In den zweiunddreißig Jahren, die ich nun schon als Anwalt für Familienrecht tätig bin, habe ich es mit hunderten von Scheidungsfällen zu tun gehabt. Gäbe es so etwas wie eine Schmerz- und Leidensskala in juristischen Angelegenheiten, stünde das Familienrecht am obersten Ende. Die Scheidung rangiert als traumatisches Erlebnis gleich hinter dem Tod eines Ehegatten oder eines Kindes. Untersuchungen bestätigen, dass sich der Schaden nicht nur auf die einander bekriegenden Ehegatten beschränkt – nachhaltige negative Auswirkungen gibt es nachweislich bei Kindern, die unter der Scheidung ihrer Eltern leiden müssen.

Wie jeder Beruf hat auch der eines Familienrechtlers eine Schattenseite. Unsere Witze und Bonmots geben darüber Auskunft: »Strafrechtler haben es mit bösen Menschen zu tun, Familienrechtler mit verrückten Menschen«, usw. Jeder Scheidungsanwalt kann herzzerreißende Geschichten über Mandanten erzählen, die zeitweilig in den Wahnsinn, zu Körperverletzung, ja sogar zum Mord getrieben wurden (einer meiner Mandanten hat nach einer Scheidungsverhandlung seine Frau ermordet und dann Selbstmord begangen). Es überrascht nicht, dass angesichts eines Berufsfelds, in dem Unzufriedenheit und Verzweiflung (ebenso wie Alkoholismus, Drogenmissbrauch und klinische Depression) ein Höchstmaß erreichen, Familienrechtler zu den am meisten frustrierten Menschen zählen. Die meisten von uns empfinden Sympathie und echtes Mitgefühl für unsere Mandanten, doch wir fühlen uns hilflos, weil ihr Schmerz und ihr Verlust so groß sind, auch wenn wir uns noch so sehr bemühen, ihnen zu helfen.

Ungeachtet dieses deprimierenden Bildes habe ich nun eine gute Nachricht für meine Kollegen und unsere so sehr heimgesuchten Mandanten! Debbie Fords bemerkenswertes neues Buch bietet endlich, was wir immer schon gebraucht haben: eine Reihe spiritueller Übungen, die es einem in Scheidung lebenden Menschen ermöglichen, ein Alchemist zu werden, der auf magische Weise das Blei der Scheidung in das Gold eines reichen neuen Lebens verwandelt. Aufgrund meiner Arbeit mit vielen Mandanten bin ich überzeugt, dass spirituelle Trennung einen Menschen dramatisch zu verwandeln vermag – aus einem hilflosen Opfer in den mächtigen Mitschöpfer einer Wirklichkeit voller Hoffnung und unbegrenzter Möglichkeiten. Erlauben Sie mir, Ihnen darzulegen, wie sich meine Einstellung zu den spirituellen Aspekten einer Scheidung entwickelt hat.

Während meines Berufslebens habe ich lange die vorherrschende Ansicht akzeptiert, dass eine Scheidung gewöhnlich einen katastrophalen Verlust darstelle und dass ich meinen Mandanten bestenfalls zu einer Schadensbegrenzung verhelfen könnte. Oft gelang es mir, für sie einen unverhältnismäßig hohen Anteil am ehelichen Vermögen und günstige Sorgerechtsregelungen herauszuholen; meine Mandanten allerdings waren häufig alles andere als begeistert über meine »Siege«. Das verblüffte mich. Ich merkte nicht, dass ich eine juristische Lösung für ein Problem erzielte, das kein juristisches Problem war. Nach langem Nachdenken kam ich zu der Erkenntnis, dass die Mandanten eigentlich Beziehungsprobleme hatten, die wir auf eine juristische Weise zu lösen versuchten. Damals begann ich, eine eher humanistische und weniger formaljuristische Familienrechtspraxis zu entwickeln – sie konzentrierte sich mehr auf eine gesunde Umstrukturierung von Beziehungen.

Mir kam der Gedanke, dass wir vielleicht befriedigendere Antworten bekommen könnten, wenn wir andere Fragen stellten. Was geschähe, wenn wir unsere Mandanten dazu bewegen könnten, in der Scheidung den Beginn eines aufregenden neuen Lebens mit gesünderen Beziehungen statt ein Ende zu sehen? Wie ließe sich eine Scheidung als Gewinn statt als Verlust verstehen? Wie wäre es, wenn sich aus dieser »gescheiterten« Beziehung Lehren ziehen ließen, die in neue Beziehungen eingebracht werden und ihnen damit eine größere Erfolgschance einräumen könnten?

Meine Überlegungen zu diesen Fragen veranlassten mich, fortan gegenüber meinen Mandanten die positiven Aspekte einer Scheidung zu betonen. Ich legte allen Mandanten dringend nahe, sich in eine Therapie zu begeben, um mit ihrem Schmerz umzugehen und diese Entwicklungsmöglichkeiten zu erkunden. Ja, oft machte ich eine solche Therapie zur Vorbedingung, bevor ich einen Fall übernahm. Mit anderen Worten: Falls der Mandant oder die Mandantin nicht bereit war, sich in eine solche Therapie zu begeben und sich zumindest offen auf diese Fragen einzulassen, war ich nicht bereit, sein oder ihr Scheidungsanwalt zu sein.

Diese Methode erwies sich als segensreich. Eine Reihe meiner Mandanten profitierte davon in emotionaler und psychischer Hinsicht erheblich. Gleichwohl war das Verfahren für viele von ihnen nach wie vor außerordentlich schmerzlich. Ich hatte das Gefühl, dass ich noch immer nicht das Gesamtbild wahrnahm. Aufgrund meiner unablässigen Suche nach Möglichkeiten, die Scheidung für meine Mandanten weniger schmerzlich und mehr therapeutisch zu gestalten, gelangte ich schließlich zu der Erkenntnis, dass meine »Beziehungstheorie« noch immer einen entscheidenden Tick von der Kernfrage entfernt war. Eines Tages platzte der Knoten.

Eine Scheidung ist in ihrem Kern weder ein juristisches noch ein Beziehungsproblem – auf ihrer fundamentalsten Ebene ist sie ein spirituelles Problem. Zwar sind Rechtsmittel und Einsichten in die Natur der Beziehung von Bedeutung, doch das wesentliche Bedürfnis eines scheidungswilligen Partners ist ein spirituelles.

Als mir dieses Konzept immer mehr einleuchtete, begann ich in meiner Praxis die Spiritualität zu betonen. Ich studierte die Arbeiten von Dr. Larry Dossey, welche die nachhaltige Heilwirkung des Gebets auf Patienten belegen. Ich begann ernsthaft mit meinen Mandanten und für sie zu beten. Ich gab ihnen Hausaufgaben im Fach Dankbarkeit auf, um ihnen dabei zu helfen, die Geschenke ihrer Ehe und ihrer Scheidung zu erkennen. »Dankbarkeitslisten« wurden ein wichtiger Teil meiner Arbeit mit Mandanten. Hinweise auf spirituelle Programme und spirituelle Berater wurden eine weitere wichtige Komponente. Anregende Aufsätze über das Akzeptieren wurden den Mandanten routinemäßig mitgegeben. Am Ende hatte ich es mit Mandanten zu tun, die ganz neue spirituelle Erfahrungen machten.

Dieser Ansatz war zwar für meine Mandanten äußerst hilfreich, aber doch sehr auf Zufälle angewiesen und alles andere als organisiert. Ich erkannte, dass eine schriftliche Handreichung nötig war, die spirituelle Prinzipien und Übungen bieten würde, welche all die Dinge enthielten, mit denen ich experimentierte. Leider hatte ich weder genügend Zeit, noch war ich dazu fähig. Doch meine Praxis machte mir wirklich viel mehr Spaß, wenn ich nach dieser Methode arbeitete. So sehnte ich mich weiterhin nach etwas, das allen Scheidungswilligen den Nutzen der spirituellen Methode bescheren würde. Und Debbie Fords bahnbrechendes Buch leistet genau das, was ich mir erhofft hatte.

Debbie Ford spricht zu uns nicht in abstrakten Begriffen. Ergreifend schreibt sie über den Kummer, den ihr ihre eigene Scheidung bereitet hat – das, wovor sie sich am meisten gefürchtet hatte seit dem schrecklichen Schock, den die Scheidung ihrer Eltern für sie bedeutet hatte. Ihr Bericht über ihre Erfahrungen veranschaulicht wunderbar die Kraft und Einheit ihrer einzigartigen Methode. Natürlich sind die allgemein gültigen Wahrheiten, auf die sie sich bezieht, nicht neu. Tausende von Büchern rühmen die Kraft des Akzeptierens, des Sich-Ergebens, der göttlichen Führung, der Vergebung, der Dankbarkeit usw. Doch wie sie diese allgemein gültigen Prinzipien für die Anwendung bei einer Scheidung verpackt und anpasst, das ist schon kreativ und revolutionär.

Ich empfehle dieses Buch all meinen scheidungswilligen Mandanten. Ich wünschte, es läge in den Wartezimmern jedes Familienrechtlers aus. Eines Tages, hoffe ich, wird *Trennung als Chance* zur Pflichtlektüre einer vorehelichen Beratung gehören. Viele Eheleute treffen aufgrund ihrer Angst vor einer Scheidung unsinnige Entscheidungen. Würde die Scheidung als etwas begriffen, das möglichst vermieden werden sollte, aber auch als eine Erfahrung, die eine wahre Wohltat darstellt, wenn es denn dazu kommt, wären viele Eheleute mutiger und in der Lage, gesündere Entscheidungen zu treffen.

Ich möchte dieses Vorwort schließen, wo ich begann – bei unserem juristischen Berufsstand. Debbie Fords Buch ist ein Werk der Weisheit, des Mutes und der unbeirrbaren Selbstoffenbarung. Wir Anwälte können von ihrer Methode viel lernen. Nach meiner Idealvorstellung von Familienrecht würden Scheidungsanwälte in den Konzepten der spirituellen Trennung ausgebildet. Dann wäre es für sie ganz selbstverständlich, diese Übungen ihren Mandanten zu empfehlen. In dieser schönen neuen Welt des Familienrechts wäre Debbie Ford als Pionierin und Visionärin anerkannt.

John V. McShane

Ein heiliger Augenblick

Ein ungeprüftes Leben ist
nicht lebenswert.
SOKRATES

Am Ende des ersten Jahres unserer Ehe, glaube ich, wussten wir beide, dass sie nicht von Dauer sein würde. Ich lebte in meiner Welt, und Dan lebte in seiner. Viele Male versuchten wir, zusammenzukommen und unsere Beziehung zu heilen, aber immer gab es da eine Sperre, entweder bei Dan oder bei mir. Dann bat ich Dan eines Tages, sich mit mir zusammenzusetzen, damit wir uns über unsere Probleme aussprechen konnten. Augenblicke später brachen die ganzen Emotionen, die sich in Dan seit meiner Schwangerschaft angestaut hatten, aus ihm heraus. Wie vor den Kopf geschlagen saß ich da und hörte mir all den Zorn, den Groll und die Unzufriedenheit meines Mannes an. Endlich brachte Dan seine Wahrheit zum Ausdruck, und ein paar Wochen später zog er aus.

Ich hatte das Gefühl, mitten im zweiten Akt eines schlechten Stücks zu stecken. Gleich würde der dritte Akt beginnen, der so oder so enden konnte. Ich konnte es mir aussuchen, erleichtert zu sein und meine Ehe als beendet anzusehen oder an dem Traum festzuhalten, ein glückliches Leben zu führen, »bis dass der Tod uns scheidet«. Nun war ich zwischen zwei Welten hin und her gerissen, und keine verhieß mir Glück.

Ich hatte achtunddreißig Jahre lang gewartet, um den richtigen Menschen zu finden, der mein Leben mit mir teilen sollte. Ich hatte mir fest vorgenommen, meinen Kindern niemals das anzutun, was meine Eltern mir angetan hatten. Ich war dreizehn, als meine Mutter meiner Schwester, meinem Bruder und mir die verheerende Mitteilung machte, dass mein Vater ausgezogen und ihre Ehe beendet sei. Mit dem Auszug meines Vaters begann ein schmerzlicher Prozess: zu lernen, ohne eine »echte Familie« zu leben. Ich musste mich über zehn Jahre lang einer Therapie unterziehen und ungezählte Tränen vergießen, um den Schmerz zu bewältigen, den mir die Scheidung meiner Eltern bereitet hatte. Ich nahm mir fest vor, dass meine Kinder in einem glücklichen Zuhause aufwachsen würden, mit einer Mutter und einem Vater, die sie beide liebten. Ich fühlte mich wie zerschlagen bei dem Gedanken, dass nun auch ich versagen würde und dass mein Sohn das Produkt eines »kaputten Zuhauses« wäre.

Mit den Scherben meiner Wirklichkeit konfrontiert, änderten sich meine Gefühle so oft wie das Wetter draußen. Da war ich einen Augenblick lang gelassen und hoffnungsvoll, nur um mich im nächsten deprimiert und verschlossen zu fühlen. Es gab nichts, wofür ich nicht Dan verantwortlich machte, und ich war überzeugt, dass das Scheitern unserer Ehe einzig und allein seine Schuld war. Ich begriff nicht, warum Dan sich nicht ändern und der Mann sein konnte, den ich geheiratet zu haben glaubte. In meinem Schmerz fragte ich mich: Warum geschieht dies? Warum kann ich es nicht aufhalten? Und warum muss ich meinen schlimmsten Albtraum noch einmal erleben?

Diese Fragen, auf die es keine Antworten zu geben schien, führten jedoch zu einem Prozess, den ich heute »spirituelle Trennung« nenne. Denn diese Fragen zwangen mich, tief in mich hineinzuschauen und meine Innenwelt zu überprüfen. Viele schlaflose Nächte lag ich im Bett und versuchte herauszufinden, was schief gelaufen war und wie ich es geschafft hatte, so viel Zorn und Groll in meinem Partner zu erzeugen, während es doch meine innigste Sehnsucht war, eine glückliche Ehe zu führen. Wie konnte ich so blind gewesen sein? Was hatte mich davon abgehalten, die Anzeichen dieses ganzen Elends zu erkennen, die nun so klar erschienen?

Irgendwie wusste ich, falls ich die Teile von mir, die mich

davon abgehalten hatten, eine liebevolle, gesunde Beziehung zu haben, nicht finden und heilen würde, dann wäre ich dazu verurteilt, ein Leben ohne einen liebevollen Partner zu führen. Im Laufe der Zeit wurde mir zunehmend klar, dass ich diese Phase dazu benutzen konnte, mich entweder selbst fertig zu machen oder mich dafür zu entscheiden, in meiner Trennung einen spirituellen Prozess zu erblicken, eine Reise zur Ganzheit. Das war eine Chance, Verhaltensweisen, die mir nicht mehr nützten, zu beobachten, in Frage zu stellen und umzuwandeln. Tief im Inneren wusste ich, dass ich nur eine Wahl hatte: meine Trennung als Katalysator zu benützen, um mein Leben auf eine neue Grundlage zu stellen. Fortan konzentrierte ich mich darauf, mich selbst kennen zu lernen, meine Glaubensvorstellungen zu überprüfen und meine Urteile zu analysieren.

Spirituelle Weckrufe

Das Leben bietet uns viele Chancen, zu unserer göttlichen Natur, zu unserer höchsten Ausdrucksform zu erwachen. Manche Menschen nennen diese Chancen »spirituelle Weckrufe«. Meist sind sie in Zeiten großen Kummers zu vernehmen. Eine Trennung zählt dazu. Während dieser Krise haben wir die Chance, unsere Innenwelt zu erkunden und den Prozess einzuleiten, uns mit unserem ganzen Selbst, unseren lichten wie unseren dunklen Seiten intim vertraut zu machen.

Der Schmerz ist ein großartiger Motivator, der die Wände einreißt, die alte Verhaltensweisen intakt halten. Der Schmerz führt uns zu Gedanken und Ideen, die wir sonst beiseite schieben könnten, und zwingt uns, Antworten dort zu suchen, wo wir nie zuvor danach Ausschau gehalten haben. Der Schmerz öffnet unseren Geist für Ideen, die den Schlüssel zu neuer Erkenntnis, neuem Verständnis und neuer Freiheit enthalten. Der Aufruhr der Gefühle kann ein starker Katalysator sein, der uns wieder mit unserer göttlichen Natur verbindet. Er treibt uns zu einer Reise der Selbstentdeckung und nötigt uns zu lernen, unser ganzes Wesen zu lieben und zu akzeptieren. Wenn wir den Aufruhr unserer Gefühle beilegen, erlangen wir die Freiheit von Schmerz und hören endlich auf, die Muster unserer Vergangenheit zu wiederholen.

Jemand hat einmal gesagt, man lerne in zehn Tagen voller Leid mehr als in zehn Jahren voller Zufriedenheit. Der Schmerz kann Ihr größter Lehrer sein – ein Freund, der Ihnen sagt, welche Teile Ihres Lebens Aufmerksamkeit erfordern. Sri Swami Satchidananda, der Gründer der auf der ganzen Welt verbreiteten Integralen Yoga-Institute, bezeichnet den Schmerz als einen Weckruf. Er fordert einen auf, sich vorzustellen, man würde tief schlafen, bis man plötzlich vom Rauchmelder im Schlafzimmer geweckt wird. Erschrocken springt man aus dem Bett, läuft zum Schrank und holt einen Baseballschläger heraus. Man schlägt den Rauchmelder in tausend Stücke, bis er verstummt. Aber statt dann nach der Ursache für diesen Alarm zu suchen, stellt man den Schläger in den Schrank zurück, kriecht wieder ins Bett und schläft weiter.

Der Schmerz ist ein Alarm, eine Warnung, die uns signalisiert, dass etwas brennt. Wenn wir ein glückliches, zufriedenes Leben führen wollen, müssen wir wach bleiben und uns um die Flammen kümmern, die uns daran hindern, uns im Quell des inneren Friedens zu baden. Der Schmerz ist ein Signal dafür, dass in unmittelbarer Nähe ein Feuer von Emotionen wütet, dass etwas in uns der Pflege und Heilung bedarf. Sobald wir uns um unseren Schmerz kümmern, finden wir zurück zu Ruhe und innerem Frieden. Der Schmerz ist eine heilige Emotion, die uns entdecken lässt, wer wir wirklich sind.

Wenn Sie eine Trennung durchleben, ist dies eine Zeit, in der Sie radikal aufrichtig sein müssen, denn die Aufrichtigkeit ist die einzige Möglichkeit, den Schmerz und das Leiden zu beenden. Solange wir damit fortfahren, unsere Wahrheit und die Wahrheit unseres Partners zu verleugnen, leben wir weiterhin in isoliertem Schmerz. Als Menschen verstehen wir es meisterhaft, Verhaltensweisen zu rationalisieren, den

Betrug zu rechtfertigen und Tatsachen zu manipulieren, nur damit wir uns wohler fühlen. Aber welche Geschichten wir uns auch immer erzählen, wie sehr wir anderen die Schuld geben oder unsere Position rechtfertigen – auf einer gewissen Ebene kennen wir immer die Wahrheit. Denken Sie nur an die Bibelweisheit: »Die Wahrheit wird euch frei machen.« Indem wir bereit sind, uns unsere Geschichten genauer anzusehen, lassen wir zu, dass der Prozess der Wandlung eingeleitet wird.

Es könnte durchaus sein, dass dies die schwierigste Aufgabe ist, die wir uns je vorgenommen haben, denn es bedeutet, uns ganz und gar lieben zu lernen – das »Gute« ebenso wie das »nicht so Gute« an uns.

Man hat uns beigebracht, dass wir jemanden finden müssen, der uns liebt, damit wir das Gefühl haben, geliebt zu werden. Aber wenn diese Liebe nachlässt, dürfen wir nicht überrascht sein, dass wir in negative Programmierungen, die unsere Einstellungen zur Liebe und zum Leben bestimmen, zurückfallen, um uns dieses Nachlassen zu erklären. Angst, Enttäuschung, Traurigkeit und Einsamkeit werden dann vielleicht unsere ständigen Begleiter. Gedanken, dass wir nicht liebenswert oder nicht begehrenswert sind, tragen zu unserem Gefühl der Wertlosigkeit bei, während wir uns verzweifelt bemühen, eine Antwort auf die Frage zu finden, warum wir uns in dieser Lage befinden.

Oft werden wir deprimiert oder zornig und führen innere Dialoge wie »Keinem kann ich trauen«, »Das Leben ist beschissen« oder »Das werde ich mir nie wieder von jemandem antun lassen«. Unser Bewusstsein ist vollgestopft mit negativen Gefühlen und schmerzlichen Botschaften. Wenn wir diese giftigen Emotionen und negativen Vorstellungen unüberprüft lassen, wenden sie sich gegen uns selbst. Wenn wir unsere inneren Wunden vernachlässigen, sind kränkende Beziehungen, Suchtgefahr, Obsessionen, Depressionen, chronische Krankheiten und eine negative Einstellung zu uns selbst, zu anderen und zur Welt die Folge. Ja, schlimmer noch: Wenn wir die Chance nicht ergreifen, uns selbst zu betrachten und unseren Schmerz zu heilen, werden wir wahrscheinlich erneut versagen.

Es ist unbedingt erforderlich, dass wir die Zeit der Trennung zur Heilung nutzen. Die Heilung ist der Weg, der uns an einen Ort zurückführt, an dem wir die Vollkommenheit unseres Menschseins erkennen. Dieses Bewusstsein gibt uns die Chance, zur tiefsten Verbindung zurückzufinden, die einem Menschen gegeben ist – zu unserer Verbindung mit unserem göttlichen Schöpfer.

Die spirituelle Trennung

Bei einer spirituellen Trennung nutzen wir die Trennung dazu, unser Leben zu verbessern, wodurch unsere Erfahrung eher ein Gewinn als ein Verlust wird. Eine spirituelle Trennung versetzt uns in die Gegenwart unseres höheren Selbst zurück und heilt den Bruch zwischen unserem Ich und unserer Seele. Wenn wir unsere Trennung dazu nutzen, unsere Wunden zu heilen, zu lernen, zu wachsen und uns zu liebevolleren, bewussteren Menschen zu entwickeln, dann machen wir eine wahrhaft spirituelle Erfahrung und erleben eine Befreiung unserer Seele. Statt dass wir im Schmerz unseres gebrochenen Herzens stecken bleiben, ruft uns eine spirituelle Trennung dazu auf, uns wieder mit den höchsten Aspekten unseres Wesens zu verbinden. Hier, in der Gegenwart unseres höheren Selbst, können wir unsere Kraft, unsere Freude und die grenzenlose Freiheit zurückgewinnen, das Leben unserer Träume zu erschaffen.

Falls Sie gerade eine Trennung durchmachen, mag sich das wie eine Zumutung, eine unmögliche Aufgabe anhören. Vielleicht machen Sie gerade die schlimmste Erfahrung Ihres Lebens und können nicht einmal die Möglichkeit in Betracht ziehen, dass diese sich zu etwas Positivem wenden könnte. Oder vielleicht sind Sie erleichtert, endlich Schluss zu machen. Schmerz und Veränderung sind die Schlüssel, welche die Tür zu einem tieferen Verständnis unseres menschlichen Erlebens öffnen. Der Schmerz einer Trennung lässt unsere Abwehr zusammenbrechen, bis wir ganz und gar verwundbar sind. Und erst dann werden wir ruhig genug, um die großartigere Wirklichkeit von Frieden und Zufriedenheit zu erfahren.

Die sieben spirituellen Gesetze der Trennung

Sie sollten sich bewusst machen, dass das Zerbrechen Ihrer Beziehung einem höheren Zweck dient. Wenn Sie einige der grundlegenden spirituellen Gesetze des Universums verstehen, werden Sie entdecken, dass Sie diesen Schmerz aus einem bestimmten Grund erleiden. Diese Gesetze werden Sie durch den Prozess der Heilung führen und Sie an einen Ort tief in Ihrem Inneren zurückbringen, der von Weisheit, Wissen und Mitgefühl für das menschliche Erleben erfüllt ist.

1. Das Gesetz des Akzeptierens. Das erste und vielleicht wichtigste spirituelle Gesetz lautet: *Alles ist so, wie es sein sollte.* Nichts geschieht zufällig – in Wahrheit gibt es nämlich keine Zufälle. Wir entwickeln uns immer weiter, ob wir uns dessen bewusst sind oder nicht. Und unser Leben ist auf göttliche Weise für jeden von uns so angelegt, dass wir genau das bekommen, was wir brauchen, um unseren einzigartigen Entwicklungsprozess machen zu können.
2. Das Gesetz des Sich-Ergebens. *Wenn wir aufhören, Widerstand zu leisten, und uns mit der Situation abfinden, so, wie sie nun einmal ist, beginnen sich die Dinge zu ändern.* Unser Widerstand ist in erster Linie daran schuld, dass wir uns unser Recht zu heilen absprechen. Wir widerstehen aus Angst, dass unser Leben außer Kontrolle gerät oder dass wir mit Umständen konfrontiert werden könnten, mit denen wir nicht zurechtkommen, wenn wir loslassen und uns ergeben. Wenn wir jedoch bereit sind, unsere Lage zu betrachten und zuzugeben, dass wir nicht wissen, wie wir sie in Ordnung bringen sollen, dann sind wir so weit, die Hilfe zu bekommen, die wir brauchen.

3. Das Gesetz der göttlichen Führung. *Gott wird für Sie tun, was Sie allein nicht tun können.* Wenn Sie sich nicht selbst im Weg stehen und Ihre Abwehrhaltungen aufgeben, werden Sie demütig. Demut ist die Pforte, durch die das Göttliche in Ihr Leben gelangen kann. Ohne Demut hindert uns unser falscher Stolz oder unser Ich daran, die ganze Situation mit klaren Augen zu betrachten. Unser Ich behält die Führung, bis wir unseren selbstgerechten Glauben aufgeben, wir seien unabhängige und getrennte Wesen. Solange dieser Mythos intakt ist, halten wir die Tür für unsere höhere Weisheit geschlossen.
4. Das Gesetz der Veranwortlichkeit. *Mit göttlicher Führung können wir genau erkennen, wie wir an einer Trennung beteiligt sind und sie mit herbeigeführt haben.* Nun können wir die ganze Verantwortung für unsere Lage übernehmen und Frieden mit unserer Vergangenheit schließen. Wir können erkennen, dass wir den perfekten Partner gewählt haben, damit er uns die perfekten Lehren erteilt. Sobald wir Gott bitten, in unser Leben einzutreten und uns zu führen, beginnt unsere Heilung.
5. Das Gesetz der Wahlfreiheit. *Wenn wir die Verantwortung übernehmen, können wir uns für neue Interpretationen entscheiden, die uns zu eigenständigem Handeln befähigen.* Wir werden für unsere neue Wirklichkeit verantwortlich und erschaffen sie. Wir können uns von unserem Partner trennen und die karmischen Bande zerschneiden, indem wir die Aspekte von uns zurücknehmen, die wir auf unseren Gefährten projiziert haben. Wir können unsere unsinnigen Verhaltensweisen erkennen und lernen, in schwierigen Situationen zu agieren statt zu reagieren.
6. Das Gesetz der Vergebung. *Nachdem wir die karmischen Bande zerschnitten haben, sind wir in der Lage, Gott zu bitten, uns zu vergeben.* Indem wir um Vergebung bitten, können wir unsere Urteile und Glaubensvorstellungen von dem, was richtig und was falsch ist, fallen lassen und Mitgefühl für unser ganzes Selbst finden. Mitgefühl entwickelt sich, wenn wir die Vollkommenheit des Universums erle-

ben, wenn wir uns in einem anderen Menschen erfahren. Es stellt sich mit dem Wissen um die Schwierigkeiten und die Ambivalenz ein, ein Mensch zu sein. Mitgefühl ist die Gnade Gottes für die, die fragen. Sobald wir das Mitgefühl für uns empfangen haben, werden wir in der Lage sein, Mitgefühl und Vergebung auch für unseren Gefährten zu empfinden.

7. Das Gesetz der Schöpfung. *Die Freiheit der Vergebung zu erfahren öffnet die Tore zu einer neuen Wirklichkeit.* Vergebung zerreißt alle Bande, die uns an die Vergangenheit fesseln. Sie schenkt uns ein unschuldiges Herz, das von Liebe und Gespanntsein auf das Leben erfüllt ist. Dies ist die Zeit, eine neue Zukunft zu erschaffen.

Diese sieben spirituellen Gesetze sind eine Anleitung und werden als Bezugspunkt für Ihren persönlichen Heilungsprozess dienen. Dieses Buch führt Ihnen schrittweise vor, wie Sie diese spirituellen Grundprinzipien verstehen, praktizieren und sich zu Eigen machen können. Sie sind Ihnen dabei behilflich, Ihre Ängste zu überwinden, Ihren Schmerz zu heilen und die tiefere Bedeutung Ihrer Lage zu verstehen. Wenn Sie diese Gesetze beherzigen, werden sie Ihnen die Freiheit schenken, sich das Leben zu schaffen, von dem Sie schon immer geträumt haben.

Der freie Wille befähigt uns dazu, die Richtung zu wählen, in die unser Leben sich entwickeln soll. Wenn Sie sich für eine spirituelle Trennung entscheiden, nutzen Sie sie, um sich selbst zu heilen. Sie können sich dafür entscheiden, hart an sich zu arbeiten und sich auf der tiefsten Ebene zu heilen, oder Sie können sich dafür entscheiden, ein Opfer des Lebens und der Probleme anderer Menschen zu sein. Mit anderen Worten: Sie haben die Wahl, Ihre Trennung zu nutzen oder sich von ihr benutzen zu lassen. Solange Sie sich nicht bemühen, das Geschenk einer Situation oder eines Problems zu finden und anzunehmen, wird es Sie benutzen. Sie bleiben sein Gefangener und tragen es überall mit sich als eine offene Wunde herum.

Karmische Bande

Unsere emotionalen Wunden spiegeln unbewusst den Schmerz unserer Vergangenheit wider und führen uns an jene Orte in uns, die der Heilung bedürfen. Diese Wunden veranlassen uns, im Einklang mit Menschen zu sein, die gleiche oder passende ungeheilte emotionale Probleme haben. Mit diesen Menschen sind wir energetisch verbunden; ich nenne es »karmische Bande«. Hier ist unsere Bestimmung am Werk: Diese karmischen Bande – Bande des Schicksals – bringen Menschen in unser Leben, die ideal dafür geeignet sind, uns die spirituellen Erfahrungen zu vermitteln, die wir brauchen, um ganz zu werden.

Diese Bande funktionieren wie Radiowellen und lösen alle Erfahrungen der äußeren Welt aus, die wir benötigen, um unsere inneren Wunden zu heilen. Solange wir nicht die in diesen Wunden verschlüsselten Informationen und Lektionen empfangen, kommen wir nicht weiter. Karmische Beziehungen sind dazu da, dass wir lernen, wachsen und unser höchstes Potenzial entwickeln. Unsere Seele weiß, wer wir auf der höchsten Ebene sind, und selbst wenn wir auf der Ebene unseres bewussten Selbst vielleicht nicht verstehen, warum etwas geschieht, ist sich unsere Seele der Erfahrungen, die wir brauchen, doch jederzeit bewusst.

Selbst wenn Ihnen Unrecht getan, wenn Sie hereingelegt, betrogen oder misshandelt worden sind – nichts, was Ihnen in Ihrem Leben widerfährt, geschieht zufällig. Jede Situation dient dazu, Sie auf die nächste Bewusstseinsebene zu führen. Ihre Aufgabe ist es dabei, dies als wahr zu erkennen sowie herauszufinden, was jedes Ereignis in Ihrem Leben bewirken kann. Viele Schritte müssen getan werden, um zu dieser Wahrheit zu gelangen. Dieses Buch wird Sie in allen Phasen unterstützen, die erforderlich sind, um tiefe Heilung und Dankbarkeit zu erfahren.

Wir wachsen und heilen, wenn wir uns jedes Ereignis vornehmen und herausfinden, was es uns schenkt. Dann sind wir in der Lage, unsere Erfahrung zu nutzen, um anderen und uns etwas zu geben. Wenn Sie, wie ich, glauben, dass es keine Zufälle gibt und dass alles so geschieht, wie es geschehen sollte, dann können Sie davon ausgehen, dass das Scheitern Ihrer Beziehung oder Ehe letztlich zu Ihrem eigenen Besten ist. Noch einmal: Das Scheitern Ihrer Partnerschaft ist zu Ihrem eigenen Besten. Ich weiß, dass diese Vorstellung für Sie im Moment niederschmetternd sein mag, ja sie vielleicht sogar zornig macht. Aber ich verspreche Ihnen, dass sich die Dinge ändern werden, sobald Sie Ihr Leben aus dieser Perspektive betrachten. Es ist schon sehr viel damit getan, wenn Sie wissen, dass das Leben Ihr Lehrmeister ist und dass das Universum Sie in jedem Augenblick zur Erfüllung Ihres höchsten Selbst führt.

Sobald Sie die Erfahrung machen, dass Ihre Trennung beziehungsweise Scheidung ein Segen für Sie ist, beginnen Ihre offenen Wunden zu heilen, und Ihr verschlossenes Herz wird sich öffnen. Die Wandlung ist die natürliche Entwicklung, die sich dann vollzieht, wenn wir das Geschenk einer negativen Erfahrung finden – das Licht in der Finsternis. Sobald Sie diese wertvolle Lektion gelernt haben, werden Sie wieder entdecken, wie aufregend das Leben ist. Etwas wahrhaft Magisches vollzieht sich, wenn Sie sich wieder neuen Welten öffnen, Chancen erkennen, die Sie zuvor nicht zu sehen vermochten. Die Trennung wird ein heiliger Augenblick, wenn Sie sich dafür entscheiden, sie als einen Katalysator dazu zu benutzen, ein außergewöhnliches Leben zu führen.

In diesem Buch geht es darum, ein spirituelles Erwachen, eine Wandlung, eine Wiedervereinigung von Herz und Seele zu erleben. Ob Sie nun an einem gebrochenen Herzen leiden oder darunter, dass Ihre Träume geplatzt sind – dank diesem Prozess werden Sie Ihr Leben durch die Augen Gottes sehen.

Schritte zur Heilung

1. Suchen Sie sich ein Tagebuch aus, das Ihnen gefällt, und widmen Sie es einem einzigen Zweck: Es soll Ihnen dabei behilflich sein, durch Ihre Trennung zu

heilen und zu wachsen. Nutzen Sie es ausgiebig und häufig, um alle Gefühle, Gedanken oder Einsichten, die Ihnen kommen, zu artikulieren. Halten Sie Ihr Tagebuch während der Übungen in diesem Buch bereit.

2. Holen Sie ein paarmal langsam tief Atem und lassen Sie Ihren Körper und Geist völlig entspannen. Schließen Sie die Augen und lassen Sie zu, dass sich Ihre Aufmerksamkeit in der Gegend Ihres Herzens sammelt. Stellen Sie sich vor, wie es wäre, Ihre Trennung als spirituelle Reise zu nutzen. Denken Sie einen Augenblick lang darüber nach, dass die mit diesem Ereignis verbundenen Gefühle und Umstände dazu da sind, Sie zu wecken. Erklären Sie den Prozess, den Sie gerade durchmachen, zum heiligen Prozess, auf göttliche Weise gestaltet, um eine positive Veränderung in Ihrem Leben herbeizuführen. Dabei entdecken Sie vielleicht, dass in Ihnen Zorn, Empörung oder Widerstand dagegen aufsteigt, Ihre Trennung als spirituelle Reise zu akzeptieren. Vertrauen Sie darauf, dass alles, was sich in Ihnen einstellt, angemessen und völlig in Ordnung ist. Wenn Sie so weit sind, öffnen Sie langsam die Augen und schreiben Sie spontan Ihre Gefühle, Gedanken oder Einsichten in Ihr Tagebuch.

Das Gesetz des Akzeptierens

1 Die Dinge sind nicht immer, was sie scheinen

> Im tiefsten Winter erfuhr ich schließlich, dass in mir ein unbesiegbarer Sommer lag.
>
> ALBERT CAMUS, *L'été* (1954)

Das Akzeptieren ist das wesentliche Element, das es uns ermöglicht, den Heilungsprozess zu beginnen. Wir können jedoch eine Situation erst dann akzeptieren, wenn wir bereit sind, unsere Lebensumstände ohne Angst zu betrachten. Wir können nicht heilen, was wir nicht erkennen, und wir können nicht heilen, was wir nicht fühlen. Zu oft bleiben wir im Schmerz aus der Vergangenheit und in unseren Ängsten vor der Zukunft stecken und sind außerstande, unser Leben als ein Ganzes zu sehen. Unser getrübter Blick verhindert, dass wir wirklich in der Gegenwart leben und uns höheren Bewusstseinsebenen öffnen. »Nur dann, wenn wir den Mut haben, die Dinge genau so wahrzuhaben, wie sie sind, ohne Selbstbetrug oder Illusion«, heißt es im I Ging, »wird ein Licht aus den Ereignissen erstrahlen, das den Weg zum Erfolg erhellt.«

Das Akzeptieren erfolgt, wenn wir aufhören zu verleugnen und zu urteilen und bereit sind, die Gegenwart genau so wahrzunehmen, wie sie in diesem Augenblick ist – ohne jedes Drama, ohne jede fiktive Geschichte. Denn das Drama lässt uns in einer endlosen Spirale von Ausreden stecken bleiben, die uns daran hindern, zwischen Realität und Phantasie zu unterscheiden. Unser Drama dient als Abwehrmechanismus, der uns vor dem Schmerz der Vergangenheit schützen soll. Doch wenn wir in unserem Drama gefangen sind, leben wir nicht mehr im gegenwärtigen Augenblick. Vielmehr werden wir von jeder Erfahrung aus unserer Vergangenheit abhängig, die nicht geheilt wurde. Wir glauben, uns den Herausforderungen unseres Lebens zu stellen, während wir tatsächlich auf all unseren unerlösten Schmerz reagieren.

Wir müssen eine innere Haltung etablieren, in der wir alles, was in diesem Augenblick geschieht, als Aufruf betrachten, zu heilen, was uns in der Vergangenheit widerfahren ist. Und um aus den Grenzen unserer fiktiven Geschichte auszubrechen, müssen wir das, was wirklich ist, von dem, was unwirklich ist, unterscheiden. Was stammt aus der Vergangenheit und was geschieht jetzt? Was ist unser gegenwärtiger Schmerz und was ist der unerlöste Schmerz von gestern?

Die Dramatik unserer erfundenen Geschichte macht uns blind dafür, die Tatsachen unseres Lebens klar zu erkennen. Unser Drama ist stets persönlich. Sein Thema lautet: »Etwas widerfährt mir.« Unsere Geschichte lässt sich immer auf irgendein grundlegendes Problem zurückführen, das uns von Kindheit an begleitet. Zum Beispiel: »Ich bin nicht liebenswert«, »Ich kann Männern nicht vertrauen«, »Kein Mensch ist für mich da, wenn ich ihn brauche«, »Die Liebe hält nicht ewig«. Unsere Geschichte durchzieht unweigerlich ein roter Faden: »Das tut mir das Leben an.«

Ein wichtiger Aspekt unserer Heilung besteht darin, dass wir lernen, die Tatsachen von der Geschichte zu trennen. Die Tatsachen ergeben sich aus der unvoreingenommenen Beobachtung der Ereignisse unseres Lebens. Reine Fiktion hingegen ist die Geschichte, die wir aus unseren unerlösten Emotionen aus der Vergangenheit konstruieren. Nur selten basiert sie auf den Tatsachen. Hier einige Beispiele, die Ihnen dabei behilflich sein können, zwischen Fakt und Fiktion zu differenzieren:

»Meine Frau hat mich verlassen« (Fakt) kontra »Meine Frau hat mich verlassen, weil ich nicht liebenswert bin« (Fiktion);

»Mein Mann hat unser Bankkonto abgeräumt« (Fakt) kontra »Mein Mann hat mich betrogen und mein Leben ein für alle Mal ruiniert« (Fiktion);

»Mein Kind hat sich in der Schule emotional auffällig verhalten« (Fakt) kontra »Mein Kind ist durch meine Trennung fürs Leben geschädigt« (Fiktion).

Indem wir die Fakten unseres Lebens von der Fiktion unterscheiden, schaffen wir die Basis dafür, zu akzeptieren, was ist.

Als Dan und ich uns trennten, war ich voller Angst und wurde übertrieben dramatisch. Ich war überzeugt, dass mein Leben vorbei wäre und dass mein Sohn unter den gleichen emotionalen Problemen leiden würde, wie ich sie als Kind geschiedener Eltern erlebt hatte. Nachdem ich mich wochenlang zermartert hatte, beschloss ich, genau das, was in meinem Leben vorging, aufzuschreiben – ohne all die dramatischen Begleiterscheinungen. Meine Liste sah etwa so aus:

1. Ich habe kein eigenes Geld auf die hohe Kante gelegt.
2. Mein Mann will die Therapie abbrechen.
3. Es gibt für ihn keinen Grund, sich scheiden zu lassen, auch wenn wir nicht zusammenleben.
4. Ich werde finanziell von ihm abhängig sein, bis ich einen Job finde.
5. Ich werde mir einen Job suchen müssen.
6. Dan wird meinen Sohn Beau sechzehn Stunden in der Woche zu sich nehmen.
7. Wir werden unser Haus verkaufen.
8. Ich werde ein Haus für meinen Sohn und mich mieten.
9. Ich werde nicht mehr jeden Abend für Dan kochen.
10. Wir werden kein Ehepaar mehr sein.
11. Ich werde meine Rechnungen selbst bezahlen müssen.

Nach einem Blick auf die Liste verlor sich der ganze innere Lärm, der sich an so dramatischen Klagen entzündet hatte, wie dass Dan mich nicht mehr liebte oder dass ich in einer anderen Beziehung erneut versagen würde. Angesichts meiner tatsächlichen Lage erschien meine übertriebene Angst, ich würde fortan auf der Straße leben müssen, töricht. Auch der bestürzende Gedanke, Dan würde mir Beau wegnehmen, verging. In meinem Kopf hatten sich hunderte wahnsinniger Gedanken zu der Überzeugung verdichtet, dass mein Leben enden würde. Und so bedeutete die Unterscheidung zwischen Fakt und Fiktion eine große Befreiung. Die Fakten bewiesen, dass nur meine Ehe und nicht mein Leben enden würde. Und die Fakten zeigten, dass ich einige Dinge würde ändern müssen. Auch wenn ich diese Änderungen anfangs nicht begrüßte, wurde mir beim Aufschreiben klar, dass ich mit allen zurechtkäme.

Das Unterscheiden zwischen meiner Geschichte und den Fakten war eine Erfahrung, die mein Leben veränderte. Es gewährte mir die Freiheit, die tatsächlichen Ereignisse unabhängig von der dramatischen Hölle zu betrachten, in der ich gerade lebte. »Die göttliche Distanz ist dann gegeben, wenn das niedere Selbst von dem Drama, das es geschaffen hat, zurücktritt und zulässt, dass das höhere Selbst es anschaut und kommentiert, klar und emotionslos, aufrichtig und ohne zu zögern, vollständig und rückhaltlos«, erklärt Neale Donald Walsch, Autor der Reihe *Gespräche mit Gott*. Und er fährt fort: »Sie werden es wissen, wann dieser Prozess für Sie funktioniert, denn dann wird es keine Negativität geben, kein Urteilen, keinen Zorn, keine Scham, kein Schuldgefühl, keine Angst, keine Gegenklage und kein Gefühl, im Unrecht zu sein – bloß eine einfache Feststellung, dass es so ist. Und diese Feststellung kann sehr aufschlussreich sein.«

In der Geschichte unserer Trennung und im Drama unserer Umstände zu leben kostet einen hohen emotionalen Preis. Es kostet unseren Seelenfrieden und hindert uns daran, in der Gegenwart zu leben. Es verwehrt uns den Zugang zur Klarheit unseres höheren Selbst und lässt uns im Schmerz unserer Vergangenheit stecken bleiben. Die meisten von uns sind sich darüber nicht im Klaren, wie wir unsere Geschichte dazu benutzen, uns selbst wichtig vorzukommen oder beachtet zu werden. Indem wir unser Bedürfnis erkennen, die Trennung zu dramatisieren, gelingt es uns, die unbewussten Motive zu entlarven, die uns daran hindern, mit klaren, liebenden Augen zu sehen.

Eine Trennung veranlasst uns oft, auch die Dramen zu betrachten, die andere Menschen geschaffen haben. Linda war schon neun Jahre mit Warren verheiratet, bevor sie einen wunderschönen kleinen Jungen, Zachary, bekamen. Zwar hatte Warren seit mehreren Jahren gegen eine schreckliche Krankheit angekämpft, doch als ihr Sohn zur Welt kam, meinte Linda, ihr Leben miteinander sei nun komplett. Linda hatte sich immer der Vorstellung hingegeben, dass sie eines Tages eine richtige Familie haben würde, und nun schien sich dieser Traum zu erfüllen – sie hatte ihren Mann und jetzt auch ein eigenes Kind. Aber eines Tages, als Zachary erst drei Monate alt war, erklärte Warren Linda, der Stress, mit ihr zu leben, sei zu viel für ihn – so könne er nicht von seiner Krankheit genesen. Kurz darauf zog er aus.

Linda war emotional instabil und von Medikamenten abhängig. Ihre Geschichte lautete, dass sie diese Medikamente brauchte, um mit Warrens Krankheit fertig zu werden. Als Warren sie verließ, stürzte sie in eine tiefe Depression, überzeugt, dass es für sie keinen Grund mehr gab zu leben. Linda glaubte, ohne Warren wäre sie nichts und hätte für niemanden einen Wert – besonders nicht für ihren Sohn. Nun, da Warren aus ihrem Phantasieleben geflüchtet war, musste sie akzeptieren, dass sie dringend Hilfe brauchte.

Linda hatte nie Freunde gehabt, und vor allem hatte sie Angst. Obwohl sie eine attraktive, intelligente und sanftmütige Frau war, hielt sie sich für nutz- und wertlos. Sie lebte ihr Leben in dem Drama, dass sie der Welt nichts zu bieten hätte. Als Warren eine Freundin fand, war das für Linda daher die Art und Weise, wie Gott sich um Zachary kümmerte, denn sie glaubte, sie selbst sei dafür nicht gut genug. Aus der Perspektive ihrer Geschichte – dass sie »nie eine gute Mutter wäre« – konnte sie Warrens neue Beziehung nur so verstehen. Aufgrund ihrer eigenen schmerzlichen Kindheit war Linda vor Angst wie gelähmt, sie würde eine so schreckliche Mutter sein, wie ihre eigene Mutter es gewesen war. Doch Linda sehnte sich nach nichts so sehr, wie ihrem Sohn eine gute Mutter zu sein.

Warrens Auszug war der finsterste Augenblick in Lindas Leben, und sie geriet in einen negativen Strudel, der sie tief hinabzog, bis sie am Boden zerstört war. Und von da an nahm sie keine Medikamente mehr und akzeptierte zum ersten Mal in ihrem Leben Hilfe von außen. Ihr finsterer Augenblick entpuppte sich als wahrer Segen. Da Warren nicht mehr da war, begab sich Linda in Therapie, begann Bücher zu lesen, echte Freunde zu gewinnen und die Mutter zu werden, die sie immer sein wollte.

Linda hatte nämlich entdeckt, dass ihre Gefühle wichtig waren und dass sie all diese Gefühle empfinden musste, um zu heilen. Sie entdeckte auch den Unterschied zwischen Haben und Sein: Dass sie ihre Gefühle *hatte*, hieß nicht, dass sie mit ihnen *identisch war*. Und sie begriff, dass ihre übermäßige Hingabe an ihre Gefühle das Drama ihres Lebens und ihrer Trennung nährte. Linda lernte, zwischen Fiktion und Fakten zu unterscheiden, um aus der emotionalen Turbulenz ihres selbst erschaffenen Dramas auszubrechen. Nun betrachtete sie ihre Vorstellungen von sich selbst, um herauszufinden, was Fakt und was Fiktion war. »Sie hatte nichts zu bieten« (Fiktion) kontra »Sie hatte nie einen Job gehabt« (Fakt). »Ohne Warren konnte sie keine Familie haben« (Fiktion) kontra »Sie und Zachary waren eine wunderbare Familie« (Fakt). »Sie war nichts wert ohne Warren« (Fiktion) kontra »Sie war unschätzbar wertvoll als Mutter von Zachary und als Mitglied der Gesellschaft« (Fakt). »Sie war unwürdig und nicht liebenswert« (Fiktion) kontra »Zu gewissen Tageszeiten hatte sie das Gefühl, unwürdig und nicht liebenswert zu sein« (Fakt). »Sie brauchte Medikamente, um mit dem Leben fertig zu werden« (Fiktion) kontra »Sie musste lernen, mit den Dingen klarzukommen und selbstständig zu werden« (Fakt).

Obwohl Linda nie einen Job gehabt oder sich an einen geregelten Tagesablauf hatte halten müssen, war sie nach ihrer Genesung in der Lage, im Kindergarten ihres Sohns als Helferin mitzuarbeiten. Zu ihrer Überraschung schaffte sie es, früh aufzustehen und mit Zachary rechtzeitig in den Kindergarten zu kommen. In dieser Zeit entdeckte Linda auch, wie gut sie mit Kindern umgehen konnte. Da Linda an seiner Seite war, wurde Zachary sogar der kleine Star in seiner Gruppe, und Linda wurde von einem Tag auf den anderen glücklicher und selbstbewusster. Sie erkannte, dass das große Drama um ihr Leben von all ihren falschen Vorstellungen kreiert worden war. Die Leugnung der Wirklichkeit hatte die wahren Probleme verstellt. Der Wendepunkt kam, als sie auf triumphale Weise die Tatsache erkannte, dass sie die Kraft hatte, ihr Leben zu ändern. Erst als sie zwischen den Fakten und ihren Geschichten unterschied, war Linda imstande, ihre Situation zu akzeptieren.

Das Akzeptieren selbst der schlimmsten Umstände ist ein starkes Instrument, um sein Leben zu ändern. Selbst Drogenabhängigen und Alkoholikern, deren Lage furchtbar zu sein scheint, wird in ihrer Entziehungskur dringend nahegelegt, mit ihrem Leben fertig zu werden, so wie es ist. So heißt es im »Großen Buch« der Anonymen Alkoholiker: »Das Akzeptieren ist die Lösung für all meine Probleme heute. Wenn ich durcheinander bin, dann deshalb, weil ich irgendeinen Menschen oder Ort, ein Ding oder eine Situation – irgendeine Tatsache in meinem Leben – für inakzeptabel halte, und ich kann erst gelassen werden, wenn ich akzeptiere, dass dieser Mensch, dieser Ort, dieses Ding und diese Situation genau so sind, wie sie in diesem Augenblick sein sollen.« Wenn wir an diese weisen Worte denken, kann ein Augenblick des Leidens unversehens ein Augenblick des Friedens werden. Ohne den Glauben, dass das Leben genau so ist, wie es sein sollte, können wir Menschen, Orte und Dinge nicht akzeptieren, wie sie sind. Immer werden wir versuchen, die Außenwelt zu ändern, zu manipulieren und zu kontrollieren.

Die Trance der Verleugnung

Die Leugnung der Wirklichkeit ist ein Abwehrmechanismus des Ichs, bei dem wir unsere Augen verschließen und unsere Ohren zuhalten, so dass wir außerstande sind, das Leben so zu erleben, wie es wirklich ist – ohne die fiktive Geschichte. Diese Leugnung tötet alle anderen Wirklichkeiten ab, denn wenn wir in der Trance der Verleugnung stecken, glauben wir, dass das, was wir denken, fühlen und sehen, real sei.

Solange wir in der Verleugnungstrance sind, leben wir in einer selbst geschaffenen Illusion, die unseren Blickwinkel verengt. Ein Beispiel: Stellen Sie sich vor, Sie spazierten durch einen wunderschönen, sattgrünen Wald, mit hunderten verschiedener Arten von Pflanzen, Bäumen und Blumen, und plötzlich entdecken Sie inmitten dieser herrlichen Natur einen kleinen Flecken mit toten Bäumen. Fasziniert holen Sie Ihre Kamera heraus, stellen sie auf diesen kleinen Teil des Waldes scharf und machen ein Bild, auf dem nur die toten Bäume zu sehen sind. Später zeigen Sie Ihren Angehörigen und Freunden das Bild mit den toten Bäumen. Und nach einiger Zeit vergessen Sie das satte Grün des ganzen Waldes und beginnen zu glauben, dass Ihr Bild den wahren Zustand des Waldes wiedergebe.

Die Verleugnung bewirkt, dass wir uns nur auf das konzentrieren, was wir sehen wollen, um uns vor der ganzen Wahrheit zu schützen. Man hat uns beigebracht, wegzuschauen, mit dem Finger auf andere zu zeigen und anderen für unsere Probleme die Schuld zu geben. Aber diese Methode ist problematisch, denn sie lässt uns dem Wahn anheim fallen, dass wir die Heilige sind, während unser Partner der Sünder ist, dass wir das Opfer sind und unser Partner der Täter ist. So sind wir zornig, voller Groll und ohnmächtig angesichts unserer Lebensumstände – abgeschnitten von der Üppigkeit jenes Waldes und umgeben von den sterbenden Bäumen.

Während einer turbulenten Trennung kommt den meisten Menschen der klare Blick abhanden. Wir nehmen die Wirklichkeit nur verzerrt wahr. Um das große Ganze wieder zu erkennen, müssen wir tief durchatmen und uns die Zeit nehmen, die Fakten unserer gegenwärtigen Lage von unseren Ängsten vor dem, was in der Zukunft geschehen könnte, zu trennen. Ich erkannte dies klar und deutlich, als ich Mary kennen lernte. Mit 43 war sie schon fast ein Jahr von ihrem

Mann Kevin getrennt. Mary teilte mir mit, sie sei nicht mehr wütend auf ihren Mann. Und gleich darauf erklärte sie mir, er habe ihre Kinder misshandelt und sie würde um das alleinige Sorgerecht kämpfen, um sie zu schützen.

Im Grunde beschwerte Mary sich ständig über Kevin, erzählte mir, wie gefährlich er sei, und beteuerte, man müsse ihm verbieten, mit ihren Kindern zusammen zu sein. Ich wollte Näheres über die Misshandlungen durch Kevin erfahren, von denen Mary berichtet hatte, aber jedes Mal, wenn ich sie danach fragte, schilderte sie ein und denselben Vorfall: Kevin habe ihre Tochter Angela am Arm gepackt, woraufhin diese in Tränen ausgebrochen sei. Nachdem ich mir wochenlang hatte anhören müssen, was für ein schrecklicher Vater Kevin sei, bat ich Mary, all die Male auf einer Liste zu notieren, da er ihre Kinder misshandelt habe. Marys Liste war kurz. Auch wenn sie dies nur widerstrebend zugab, konnte sie sich eigentlich nur an zwei Vorfälle erinnern: das war wieder das eine Mal, als er Angela am Arm gepackt hatte, und der andere Vorfall, der sie veranlasste, um das Sorgerecht zu kämpfen, war ihr von einer Freundin erzählt worden. Sie sei Zeugin gewesen, dass Kevin ihren Sohn Kyle nach einem Fußballspiel angeschrien habe. Mary hatte sich andere Vorfälle ausgemalt und sich eingebildet, Kevin sei ein schlechter Vater. Sie hatte sich sogar eingeredet, Kevin habe die Kinder misshandelt, indem er sie in eine Kindertagesstätte brachte. Und die Krönung dieser Vorstellungen waren alle möglichen Vorfälle, die ihren Kindern in Zukunft zustoßen würden, wie Mary fürchtete.

Ich wollte dafür sorgen, dass Mary sich ein objektives Bild machte, und daher forderte ich sie auf, all die guten Seiten aufzulisten, die Kevin als Vater zu bieten hatte. Es vergingen ein paar Wochen, und sie konnte pro Woche nur ein oder zwei Dinge auf ihre Liste setzen, aber nach zwei Monaten hatte sie endlich acht positive Eigenschaften notiert. Ihre Liste sah so aus:

1. Kevin will einmal in der Woche Zeit für seine Kinder aufbringen.
2. Er hilft den Kindern gern bei den Hausaufgaben.
3. Er geht gern zum Fußballtraining, und gelegentlich betreut er sogar die Fußballmannschaft.
4. Er ermutigt sie bei all ihren außerschulischen Aktivitäten.
5. Er interessiert sich für die Naturwissenschaften und schafft es, Begeisterung für ein Thema zu wecken, das seine beiden Kinder eigentlich nicht ausstehen können.
6. Er macht bei besonderen Ereignissen gern Videoaufnahmen von den Kindern und klebt Fotos in Alben ein. (Mary selbst tat dies nie.)
7. Er fährt gern Ski, spielt Tennis und nimmt seine Kinder mit, um ihnen diese Sportarten beizubringen.
8. Er bringt den Kindern mehr Disziplin bei.

Solange Mary sich auf Kevins Temperament konzentrierte, war sie außerstande, sich ein objektives Bild zu machen. Ihre Anwälte hatten sie gewarnt, dass sie nicht genug Beweise habe, um das alleinige Sorgerecht zu beantragen, aber sie war so in ihrer Geschichte gefangen, dass sie den Wald vor lauter Bäumen nicht sehen konnte. Mary war nur imstande, sich auf ein paar tote Bäume in Kevins Wald zu konzentrieren.

Ich will damit nicht sagen, dass Misshandlungen okay sind oder dass Sie kein Recht haben, Ihre Kinder zu schützen, aber ich meine, wenn Sie eine Trennung erleben, können Sie sich nicht immer ein Gesamtbild machen. Sie neigen dazu, ob Sie wollen oder nicht, sich auf das zu konzentrieren, was nicht funktioniert und inakzeptabel ist. Sie schützen all Ihren Zorn, Ihr Bedauern oder Ihren Groll auf den Menschen, den Sie einmal mehr als jeden anderen geliebt haben.

Es ist wichtig zu begreifen, dass die Verleugnung eine Form des Selbstschutzes ist. Sie ist in unsere Psyche eingebaut und dient als Schild, hinter dem wir unser Leben weiterführen können. Sie tritt als Rationalisierung und Rechtfertigung auf und ist in unserem Verstand stets die Wahrheit. Es ist erstaunlich, wie leicht wir uns auf das kleine Bild konzentrieren können und dabei glauben, dass wir die ganze Wahrheit sehen. Aber um glücklich zu sein, statt Recht zu haben, müssen wir die Möglichkeit akzeptieren, dass die Dinge nicht immer sind, was sie zu sein scheinen.

Jemand hat mir einmal die Geschichte von zwei Engeln erzählt, die unterwegs sind und im Haus einer reichen Familie übernachten wollen. Als sie ankommen und um Quartier bitten, weigert sich die Familie rüde, die Engel in einem der vielen Gästezimmer des Hauses unterzubringen. Stattdessen bekommen sie einen kleinen Abstellraum im kalten Keller zugewiesen. Als die Engel ihr Bett auf dem harten Fußboden aufschlagen, erblickt der ältere Engel ein Loch in der Wand und repariert es. Als der jüngere Engel den älteren fragt, warum er die Wand repariert habe, obwohl ihre Gastgeber doch so unfreundlich gewesen seien, erwidert dieser: »Die Dinge sind nicht immer, was sie scheinen.«

Am nächsten Abend steigen die Engel nach einer langen Tagesreise im Haus eines sehr armen, aber sehr gastfreundlichen Bauern und seiner Frau ab. Nachdem sie mit ihnen ihr bescheidenes Mahl geteilt haben, besteht das Ehepaar darauf, dass die Engel im Ehebett schlafen. Als die Sonne am nächsten Tag aufgeht, treffen die Engel den Bauern und seine Frau in Tränen aufgelöst an. Ihre einzige Kuh, deren Milch ihre einzige Einnahmequelle war, liegt tot auf dem Feld.

Der jüngere Engel fragt den älteren Engel wütend: »Wie konntest du dies nur geschehen lassen? Das erste Paar hatte alles, gab aber ganz wenig, doch du hast ihm geholfen. Die zweite Familie hatte wenig, war aber bereit, alles mit uns zu teilen, und du hast ihre Kuh sterben lassen.« Voller Liebe und Mitgefühl erwidert der ältere Engel: »Die Dinge sind nicht immer, was sie scheinen. Als wir im Keller dieser Villa waren, bemerkte ich, dass in diesem Loch in der Wand Gold versteckt war. Da das Paar so von Gier besessen und nicht bereit war, sein Vermögen zu teilen, habe ich die Wand verschlossen, damit sie das Gold nicht mehr finden können. Und letzte Nacht, als wir im Bett des Bauern schliefen, kam der Engel des Todes, um seine Frau zu holen. Ich bat um Erbarmen und gab ihm stattdessen die Kuh. Die Dinge sind nicht immer, was sie scheinen.«

Wenn wir daran denken, dass es im Universum eine Ordnung gibt und dass die Dinge nicht immer sind, was sie scheinen, dann können wir über unseren eigenen Horizont oder unser Ich hinausschauen. Wenn wir uns von unserem Partner trennen, legen wir in den meisten Fällen unseren Schlachtpanzer an, und die Verleugnung setzt ein. Doch wir sollten uns unbedingt die ganze Wirklichkeit anschauen, besonders wenn wir Kinder haben. Wir müssen aus der Wirklichkeit unseres eigenen kleinen Ichs hinaustreten und die Fülle und Größe des objektiven Ganzen wahrnehmen. Das große Ganze schließt die Möglichkeit ein, dass unsere Partner in unserem Leben sind, um uns Licht und Heilung zu bringen, selbst wenn wir das nicht sehen können.

Die Menschen und Umstände sind aus einem bestimmten Grund so, wie sie sind, und auch wenn wir vielleicht nicht in der Lage sind zu erkennen, was für eine Gabe die schlechte Laune, die ordinäre Art oder die Nachlässigkeit eines Menschen ist, mag sie gerade das sein, was wir brauchen, um Zugang zu unserer eigenen einzigartigen Gabe zu finden. Kevins Temperament kann den Anstoß geben, den sein Kind braucht, um eines Tages für die Rechte von Kindern einzutreten. Die Gleichgültigkeit Ihrer Frau mag Sie vielleicht gerade dazu motivieren, mehr Zeit für Ihre Kinder oder für eine künftige Partnerin zu haben. Zu diesem Zeitpunkt brauchen Sie nichts weiter zu tun, als den ganzen Wald sehen zu wollen, statt nur einen kleinen Ausschnitt von toten Bäumen. Um eine aggressive Einstellung zugunsten einer empfänglichen aufzugeben, müssen Sie aus dem Schatten Ihres Dramas ins Licht der Realität treten.

Schritte zur Heilung

1. Sorgen Sie für eine ruhige Umgebung ohne Ablenkungen. Nehmen Sie einen Stift und einen Notizblock

und schreiben Sie Ihre Trennungsgeschichte auf, mit all den dramatischen Emotionen, die Sie hinsichtlich der Ereignisse empfinden, die sich abgespielt haben. Verwenden Sie Worte, die Ihre tiefsten, finstersten Gefühle ausdrücken. Sie sollen sich jetzt nicht selbst zensieren, sondern freundlich sein oder die Verantwortung für Ihr Handeln übernehmen. Erlauben Sie sich, alles vorzubringen, was im Hinblick auf Sie selbst, Ihren Partner und Ihre Scheidung gesagt werden muss.

2. Lesen Sie Ihre Trennungsgeschichte durch. Fragen Sie sich bei jedem Detail: »Ist dies Fakt oder Fiktion?«

3. Listen Sie nun die Fakten Ihrer Trennung auf, ohne jede Story, ohne jedes Drama oder Urteil.

2 Die göttliche Ordnung

Was die Raupe das Ende der Welt nennt,
nennt der Meister den Schmetterling.
RICHARD BACH, *Illusionen*

Das Gesetz des Akzeptierens erweckt uns zu dem tiefen Wissen, dass wir uns stets entwickeln, ob wir uns dessen bewusst sind oder nicht. Unser Leben ist auf göttliche Weise darauf angelegt, dass wir genau das bekommen, was wir brauchen, um unseren einzigartigen Entwicklungsprozess zu durchlaufen. Bevor wir verstehen, dass in Gottes Welt alles genau so ist, wie es sein sollte, nämlich vollkommen ohne jeden Makel, verbringen wir unser Leben damit zu wünschen, dass Menschen, Orte und Dinge anders wären. So verstricken wir uns in unsere inneren Kämpfe gegen das, was ist, mit dem Ergebnis, dass wir nur noch mehr Schmerzen erleiden. Doch sobald wir uns auf das Gesetz des Akzeptierens einlassen, beginnen wir zu erkennen, dass alles, was in diesem Augenblick geschieht, genau richtig ist. Wir entdecken, dass nichts auf der Welt zufällig geschieht, und noch mehr: dass es Zufälle nämlich gar nicht gibt. Solange wir die Vollkommenheit des Augenblicks und die Vollkommenheit des Universums leugnen, sind wir dazu verurteilt, ein Leben voller Angst, Schmerz und Hoffnungslosigkeit zu führen. Die Realität unserer Umstände zu leugnen ist ein Kampf, den wir nicht gewinnen können.

Als Jugendliche habe ich zutiefst unter der Scheidung meiner Eltern gelitten. Ganz gleich, wie viele Therapeuten ich aufsuchte oder wie sehr ich mich der Selbstbeobachtung hingab – die Tränen und die Trauer über den Verlust meiner

Familie saßen über zehn Jahre lang gleich unter der Oberfläche meines Bewusstseins. Damals konnte ich keinen Sinn darin sehen, so viel Schmerz und einen so tiefen Verlust erleiden zu müssen, aber wenn ich heute zurückschaue, erkenne ich, dass die Scheidung meiner Eltern und meine eigene Scheidung ganz und gar notwendig für meine spirituelle Reise waren. Diese beiden wichtigen Ereignisse ließen mich die Wurzeln meines Schmerzes entdecken und zeigten mir, dass all meine Gedanken, Vorstellungen und Verhaltensweisen von meinen ungeheilten emotionalen Wunden herrührten.

Die universale Intelligenz, die uns innewohnt, ist mit allem, was ist, und allem, was sein wird, verbunden und weiß genau, was wir brauchen, um unsere wahre Größe anzunehmen. Was jeder von uns benötigt, um sich zu entwickeln und zu wachsen, um die Schönheit seines einzigartigen Selbst zu verwirklichen, ist bereits in uns als Code angelegt. Dieser Code voller lebenswichtiger Informationen ist unser Führer, der uns unser wahres Selbst entdecken lässt. Diese universale Intelligenz leitet uns, die Menschen anzuziehen, die ideal geeignet sind, uns genau die Ereignisse und Gefühle erleben zu lassen, die wir brauchen, um zum höchsten Ausdruck unseres Selbst zu erwachen.

Ich musste Dan heiraten. Auf diese Weise unterstützte mich das Universum darin, mir über mein Potenzial klar zu werden und mich selbst zu verwirklichen. Ich musste jemanden heiraten, der mich unbewusst zu meinen Kindheitswunden zurückführen würde – der wusste, wie er mich frustrieren und auf jedes meiner Knöpfchen drücken konnte. Alles, was Dan sagte, was er tat oder nicht tat, durchlöcherte vollkommen die Abwehrmechanismen, welche die tief in mir verborgenen Wunden verdeckten. Meine Scheidung und aller damit verbundene Schmerz zwangen mich, in Frage zu stellen, wer ich war und was ich hier tat. Heute erkenne ich, dass hinter dem Schleier vieler traumatischer Ereignisse der Weg verborgen lag, der mich dahin führte, mein Schicksal zu erfüllen. Ich erfuhr, dass es viele Wirklichkeiten gibt: die, die wir sehen, die, die andere sehen, und natürlich jene, die keiner von uns sehen kann.

Diese Wahrheit wird in einer alten Sufi-Geschichte über einen Bauern und seinen Sohn wunderschön veranschaulicht. Als der Bauer eines Tages hinausgeht, um seine Tiere zu füttern, entdeckt er, dass sein einziges Pferd tot am Boden liegt. Schon bald hat sich die Neuigkeit im ganzen Dorf herumgesprochen, und die Nachbarn kommen vorbei und sagen: »Wir haben die furchtbare Nachricht gehört; wie schrecklich, dass du dein einziges Pferd verloren hast!« Der Bauer erwidert seinen Freunden: »Mag sein.«

Als der Bauer am nächsten Tag sein Land bestellt, kommt sein Sohn zu ihm und erzählt ihm, er habe gerade eine Herde wilder Pferde gefangen. Wieder erfährt das Dorf davon, und alle kommen zu dem Bauern und sagen: »Was für ein Glück, dass du mit dieser ganzen Pferdeherde gesegnet bist!« Erneut erwidert der Bauer nur: »Mag sein.« Ein paar Tage später wird der Sohn des Bauern bei dem Versuch, eines der Wildpferde zu zähmen, zu Boden geworfen und bricht sich das Bein. Als ein Nachbar von dem Unfall erfährt, kommt er vorbei und sagt: »Was für ein Pech du aber auch hast, das tut mir wirklich Leid!« Und wieder erwidert der Bauer: »Mag sein.« Viele Wochen vergehen, und der Sohn ist noch immer lahm. Der Kaiser sendet seine Boten aus, die alle gesunden jungen Männer in den Dörfern der Umgebung für eine Schlacht zusammentrommeln sollen. Als sie beim Haus des Bauern ankommen, sehen sie, dass sein Sohn verletzt ist, und mustern ihn aus. Die Bauern, die all ihre Söhne in der Schlacht verloren haben, kommen darauf wieder zum Haus des Bauern und sagen: »Was für ein Glück für dich, deinen Sohn zu Hause zu haben!« Und auch diesmal erwidert der Bauer: »Mag sein.«

Sie können niemals wissen, was das Leben bringen wird oder warum bestimmte Dinge geschehen. Das Gesetz des Akzeptierens lehrt uns, dass wir uns stets entwickeln, ob wir uns dessen bewusst sind oder nicht. Was sich vielleicht wie das Schlimmste ausnimmt, was Sie je erlebt haben, könnte Teil eines genialen Plans sein, der Sie an einen Ort der Erfüllung, des Friedens und der Zufriedenheit führt. Indem Sie Ihre

Lebensumstände akzeptieren, werden Sie augenblicklich von Ihrem inneren Kampf erlöst und damit frei, neue Möglichkeiten zu entdecken.

Akzeptieren heißt auch vertrauen. Vertrauen ist eine schwierige Aufgabe, wenn uns ein emotionaler Schmerz im Griff hält. Aber wir müssen begreifen, dass mehr geschieht, als wir im Augenblick erkennen können. Jeder von uns ist von einer Art unsichtbarem Netz umgeben, in das viele verschiedene Möglichkeiten für unser Leben verwoben sind. Während wir unseren Lebensweg beschreiten, haben wir ständig die Wahl, welchen Weg wir nehmen wollen. Jedes Ereignis enthält die Saat unbegrenzter Möglichkeiten für unsere Zukunft.

In jedem Augenblick stehen Ihnen viele verschiedene »Zukünfte« offen. Alle versuchen, Sie zu Ihrer göttlichen Natur zurückzuführen. Manche Wege sind einfacher als andere. Wenn Sie stets aus der Sicht Ihres niederen Selbst heraus wählen – des Teils, der ängstlich, abhängig und unzufrieden ist –, werden Sie fortwährend Berge von Schmerz und Jahre des Leidens erleben. Wählen Sie aber vom Blickwinkel Ihres höheren Selbst aus, werden Sie unterwegs wahrscheinlich noch immer auf viele Stolpersteine stoßen. Doch indem Sie akzeptieren, dass alles, was geschieht, genau das ist, was geschehen soll, können Sie sie kraftvoll überwinden, weil Sie wissen, dass Sie nicht allein sind, sondern sich in einer heiligen Partnerschaft mit dem Göttlichen befinden.

Es liegt ganz allein an jedem von uns, wann wir mit dem Universum tanzen wollen. Ein altes Sprichwort lautet: »Das Leben ist eine Schule für den Weisen und ein Feind für den Narren.« Wenn wir uns dafür entscheiden, weise zu sein, lernen wir aus unseren Fehlern und gewinnen Stärke aus unseren Schwächen. Wir nehmen uns die Zeit, die Ereignisse, die zu unserer gegenwärtigen Lage geführt haben, zu studieren und über sie nachzudenken, und wir nutzen das so gewonnene Wissen dazu, die Wunden aus unserer Vergangenheit zu heilen. Damit können wir ein Stück der großartigen Weisheit dieser Welt erlangen und uns dazu inspirieren lassen, unsere

Möglichkeiten zu erkunden, weil wir wissen, dass es einen ganz bestimmten Grund gibt, warum wir genau in diesem Augenblick genau an diesem Ort stehen.

Die göttliche Führung spricht zu uns durch gleichzeitig stattfindende Ereignisse. Oft sind wir uns nicht darüber im Klaren, warum wir uns gezwungen fühlen, gewisse Entscheidungen zu treffen, oder warum wir an einem Tag über etwas freudig erregt und am nächsten Tag davon angewidert sind. Wir wissen vielleicht nicht, warum wir entlassen oder von unserem Partner verlassen wurden. Doch wenn wir zurückschauen, erkennen wir oft, dass jeder Mensch und jedes Ereignis genau dazu bestimmt waren, uns dorthin zu bringen, wo wir in diesem Augenblick sind.

Oft ist es Ihnen unmöglich, den ganzen Berg zu sehen, wenn Sie ihn gerade besteigen. Während Sie sich über jeden Felsvorsprung nach oben kämpfen, denken Sie: Das ist doch verrückt. Warum bin ich hier? Wer hat mir das eingebrockt? Warum mache ich das bloß? Aber sobald Sie auf dem Gipfel sind, können Sie nach unten schauen und erkennen, wie weit Sie gekommen sind und wie großartig Ihre Leistung ist.

Sobald wir das Muster von Ereignissen, die uns zu diesem Augenblick geführt haben, wahrnehmen und erkennen, fangen wir an, ein bewusstes Leben zu führen. Diese für uns unsichtbaren Verbindungen, die hinter diesem Muster stehen, heißen Synchronizität. Das ist die magische Sprache des Lebens. Die Synchronizität ist unsere Straßenkarte, unser Führer zu den Möglichkeiten des Lebens. Indem wir diese bewusst wahrnehmen, können wir über die Lebensumstände hinaussehen und uns der inneren Verbindung der Menschen und Ereignisse in unserem Leben gewahr werden. Und wenn wir diese Ereignisse durch das Prisma der Synchronizität neu interpretieren, versetzen wir uns in die Lage, die göttliche Ordnung unseres einzigartigen Wegs zu erkennen.

Mein Leben lässt sich als eine großartige Übung verstehen zu akzeptieren, dass die Dinge immer so sind, wie sie sein sollen. Oberflächlich betrachtet scheinen die Ereignisse, die mich zu der Arbeit geführt haben, die ich gerade verrichte, zufällig und vereinzelt zu sein. Aber jedes Ereignis und jeder Umstand hat seinen Zweck – alle vermitteln mir neue Einsichten und befördern mich auf eine neue Ebene des Verstehens. Meine Aufgabe ist es, jeden Rückschlag oder jeden Erfolg als Teil eines größeren Plans für mich zu akzeptieren.

Wenn ich jetzt auf die Ereignisse zurückblicke, die zu meiner Scheidung führten, erkenne ich, dass es da eine göttliche Absicht gab. Sie begann zu wirken, als ich noch in Florida lebte, als Single und Miteigentümerin eines erfolgreichen Einzelhandelsgeschäfts. Auf der Suche nach einem Sinn in meinem Leben besuchte ich zahlreiche Workshops, Managementkurse und Kommunikationsseminare. Ich probierte alle möglichen Therapieformen aus, las zahllose Bücher und hörte mir stundenlang Selbsthilfekassetten an, um inneren Frieden zu finden. Jahrelang war ich mit meinem Leben ganz und gar nicht zufrieden. In dieser Zeit der Selbsterfahrung ging mir auf, dass ich mich zutiefst danach sehnte, nach Kalifornien zu gehen. Ich begriff zwar nicht, warum es mich danach verlangte, die Stadt zu verlassen, in der meine Familie und all meine Freunde lebten, doch ich fühlte mich verpflichtet, meine inneren Bedürfnisse zu erkunden.

Eines Tages, als ich gerade an einem dreitägigen Workshop zum Thema »Innere Entwicklung« teilnahm, hörte ich von einer Organisation namens Prison Possibilities. Irgendetwas an dieser karitativen Einrichtung weckte mein Interesse. Wieder entschied ich mich, meinem inneren Drang zu folgen, um zu sehen, wohin er mich führen würde. Jahrelang hatte ich davon gesprochen, ein Praktikum in einer solchen Organisation zu machen, aber mich nie ernsthaft darum bemüht. Ich erfuhr, dass diese Organisation sich dafür engagierte, »Das Forum«, ein Seminar zur inneren Entwicklung, in den Strafanstalten des Landes zu veranstalten. Ich beschloss, mich um eine Stelle als Praktikantin zu bewerben, und besuchte ein Seminar in einem Gefängnis in Colorado. Zwar hatte ich schrecklichen Bammel vor dem Engagement, das damit verbunden war, aber zugleich wusste ich, wenn ich die Chancen wahrnahm, die mir hier geboten wurden, würde ich wahrscheinlich irgendwo außerhalb der kleinen Realität landen, in der ich damals lebte.

Und wie das Leben so spielt: An dem Tag, als ich nach Colorado fahren wollte, erhielt ich vormittags ein Kaufangebot für mein Geschäft. Fast zwei Jahre lang hatte ich mich verzweifelt darum bemüht, meinen Laden zu verkaufen, aber vergebens. Die Aussicht, ihn endlich verkaufen zu können, war ebenso aufregend wie beängstigend, denn nun wäre ich zwar eine freie Frau, aber auch arbeitslos. Bei diesem Gedanken bekam ich buchstäblich weiche Knie. Ich war von meinen Gefühlen so überwältigt, dass ich meine Reise verschob. Tagelang war ich hin und her gerissen, das Geschäft zu behalten, das mir so viel Erfolg und Sicherheit gebracht hatte, oder es aufzugeben, um meinen eigentlichen Traum zu verwirklichen. Am Ende wusste ich, dass ich mich auf das Universum verlassen musste – es würde mich an den nächsten Bestimmungsort meiner Reise führen. Und mit dieser Entscheidung bestieg ich ein Flugzeug nach Denver in Colorado.

Am Morgen des zweiten Seminartags setzte sich ein sehr gut aussehender Mann neben mich auf eine der hinteren Bänke, wo alle Assistenten von Prison Possibilities saßen. Er stellte sich mir als Rich vor – der Präsident der Organisation. In dem Augenblick, da wir uns in die Augen sahen, wusste ich, dass mein Leben sich ändern würde. Wir verliebten uns auf dieser Bank in einem Gefängnis, und um es kurz zu machen: Vier Monate später verkaufte ich mein Geschäft, packte meine Sachen und zog von Florida nach San Francisco, um mit Rich zusammenzuleben.

Monatelang staunte ich über die vollkommene Fügung, die mich zu dem Gefängnisprogramm und zu der Begegnung mit Rich geführt hatte. Plötzlich wusste ich, wenn ich aus meinem Ich hinaustrat und der tieferen Intelligenz vertraute, die das Universum erfüllt, dann würde ich genau an den Ort geführt werden, wo ich dem idealen Menschen begegnete, der mich genau das lehrte, was ich lernen musste, um der Mensch zu werden, der ich immer sein wollte.

Während ich in der Bay Area lebte, besuchte ich die JFK

University und begann Kognitionswissenschaft und Transpersonale Psychologie zu studieren. Mit vierunddreißig erreichte ich endlich mein Ziel, das College abzuschließen. Es bedurfte einer Reihe synchronistischer Ereignisse, um mich genau an den Ort zu bringen, für den ich bestimmt war.

Während ich studierte, leitete ich auch Transformationsseminare für Landmark Education und träumte davon, eines Tages »Das Forum« in Gefängnissen zu leiten. Obwohl ich als Seminarleiterin erfolgreich war, schien jedoch niemand, mit dem ich in der Organisation über diesen Traum sprach, diese Vision zu teilen. Monatelang war ich nicht bereit, die Tatsache zu akzeptieren, dass niemand mich beim Verwirklichen meiner Träume unterstützte. Dann rief mich eines Tages eine Freundin an und überzeugte mich davon, dass ich auf dem Holzweg war und wahrscheinlich niemals »Das Forum« leiten würde.

Ich sträubte mich sehr gegen das, was ich von ihr zu hören bekam. Ich hatte es mir in den Kopf gesetzt, Amerika zu retten und alle Insassen in unseren Gefängnissen zu besseren Menschen zu machen. Aber tief in mir spürte ich, dass sie wohl Recht hatte. Tagelang gingen mir ihre Worte durch den Kopf, und ich musste an etwas denken, was Inayat Khan, ein Sufi-Lehrer, einmal gesagt hatte: »Wenn es für sie nicht richtig ist, dann ist es nicht richtig für dich, und wenn es für dich nicht richtig ist, dann ist es nicht richtig für sie.« Mit seiner leisen, sanften Stimme hatte er erklärt, dass alles in vollkommener Harmonie sei, und wenn das Universum und die Lebensumstände uns nicht darin unterstützen, das zu bekommen, was wir zu wollen glauben, dann nur deshalb, weil uns etwas Besseres erwartet, das uns auf eine Weise unterstützt, die wir zu diesem Zeitpunkt nicht erkennen können. Und wenn wir die Vollkommenheit nicht sehen können, dann nur, weil wir hinter einem Schleier der Illusion leben und uns von unseren eigenen Anliegen leiten lassen. Er versicherte uns, letztlich würden wir erkennen, dass die Umstände uns auf einen anderen Weg leiten, der uns zu einer höheren Wirklichkeit führen wird.

Die fehlende Ermutigung von Landmark Education brachte mich letzten Endes dazu, mich nach anderen beruflichen Möglichkeiten umzusehen. Ich brauchte Monate, um die Tatsache zu akzeptieren, dass es für mich an der Zeit war weiterzukommen. Aber sobald ich das tat, sobald ich mich von der Organisation trennte, erkannte ich, dass die Arbeit in meinem Leben eine neue Qualität annehmen sollte.

Zur selben Zeit endete meine Beziehung mit Rich. Mein Herz war voller Kummer, denn ich wollte unbedingt heiraten und ein Kind haben. Unsere Beziehung hatte sich festgefahren, und so beschlossen wir, uns zu trennen. Ich packte erneut meine Sachen, begrub meine Träume und zog um. Meine Kisten waren erst halb ausgepackt, da nahm ich an einer fünftägigen Konferenz in Santa Clara teil, wo ich Dan kennen lernte. Wir engagierten uns beide für ein Leben im Dienste der Menschheit. Stundenlang diskutierten wir darüber, wie jeder von uns die Welt verbessern könnte. Als Dan und ich beschlossen zu heiraten, war mein Herz voll freudiger Erregung. Endlich war ich dem Mann meiner Träume begegnet.

Ich zog nach San Diego, um mit Dan zusammen zu sein. Ich wurde gleich schwanger und begann sofort ein Zuhause für unsere Familie einzurichten. Die ersten zwei Schwangerschaftsmonate waren äußerst beschwerlich. Jeden Morgen war mir schlecht, und meine Übelkeit machte mich auch übellaunig – ich konnte mich über alles und jeden ärgern. In der Kleinstadt, in der wir lebten, war ich unglücklich und vermisste meine Freunde und Angehörigen. Noch nie hatte ich mich so allein gefühlt. Der Stress des Umzugs, der Abschied von meinem Job und vom College, die Schwangerschaft und die neue Ehe – das war mehr, als unsere Beziehung verkraften konnte. Und so weh es auch tat: Bevor unser Sohn Beau ein Jahr alt war, trennten Dan und ich uns.

Kurz bevor wir auseinander gingen, machte ich mir schreckliche Sorgen, wie ich es allein schaffen sollte. Es erschien mir nicht möglich, mich um Beau zu kümmern und zugleich einer neuen Arbeit nachzugehen. Doch kurze Zeit später bekam ich die Chance, bei Dr. Deepak Chopra im Chopra Center for Well Being zu arbeiten, das zufällig nur etwa drei Meilen von unserem Haus entfernt war. Seit ich Dr. Chopra zum ersten Mal in San Francisco erlebt hatte, hatte ich davon geträumt, bei ihm mitzuarbeiten. Ich begann eng mit Dr. David Simon, dem medizinischen Leiter des Chopra Center, zusammenzuarbeiten und entwickelte die Schattenarbeit, ein dreitägiges Seminar zur emotionalen Befreiung, das heute die Basis meiner Arbeit ist.

Dr. Simon und Dr. Chopra nahmen mich wie ein Familienmitglied auf und unterstützten mich darin, meine Fähigkeiten zu entwickeln. Erneut musste ich über die Vollkommenheit des Universums staunen. Da stand ich nun vor der größten Enttäuschung, die ich mir je hatte vorstellen können, und gleichzeitig bekam ich die Chance, einen meiner größten Träume zu verwirklichen.

Nach meiner Scheidung, als ich mir Gedanken darüber machen musste, wie ich meinen Lebensunterhalt bestreiten sollte, fragte meine Schwester Arielle mich, was ich tun könnte, um einen Beitrag für die Menschheit zu leisten und gleichzeitig davon zu leben. Ich schloss die Augen, und das erste, was mir einfiel, war die Idee, ein Buch über die emotionale Befreiungsarbeit zu schreiben, die ich in meinen Seminaren am Chopra Center leistete. Wie erleichtert und erstaunt war ich, als *Die dunkle Seite der Lichtjäger* im selben Monat herauskam, da Dans Unterhaltszahlungen an mich endeten. Dies bewies mir erneut, dass für mich schon gesorgt würde, wenn ich dem Universum vertraute und meinem Herzen folgte.

Sind all diese Ereignisse bloß Zufälle oder Ausdruck der grenzenlosen Magie des Universums? Es gab durchaus Zeiten, in denen mir nicht gefiel, was ich sah. Immer dann, wenn meine Lebensumstände sich in eine andere Richtung entwickelten, als ich es mir wünschte, musste ich das Gesetz des Akzeptierens anwenden. Am leichtesten fiel mir dies, wenn ich die Wahrheit über meine Lage laut aussprach. Als ich »Das Forum« im Gefängnis leiten wollte und einsah, dass dies nie geschehen würde, sagte ich mir immer wieder: »Ich werde ›Das Forum‹ im Gefängnis nicht leiten. Ich werde ›Das Forum‹

im Gefängnis nicht leiten.« Als mein Geschäft verkauft war und ich wusste, dass ich fortan mit meinen Ersparnissen würde haushalten müssen, wiederholte ich immer wieder: »Ich werde haushalten. Ich werde haushalten.« Indem ich die Wahrheit über meine unerwünschte Wirklichkeit immer wieder aussprach, war ich in der Lage, sie nicht mehr zu leugnen, sondern zu akzeptieren.

Ich kann jeden Umzug, jeden Bruch und jede Chance betrachten und erkenne, dass ich immer auch andere Entscheidungen hätte treffen können. Ich hätte in anderen Städten leben, in zahlreichen Organisationen ein Praktikum machen und mich auf alle möglichen Männer einlassen können. An jedem Wendepunkt hätte ich mich für andere Wege entscheiden können. Jeder Mensch, dem ich begegnet bin, und jedes Gefühl, das ich empfunden habe, hat mich in gewisser Hinsicht dorthin geführt, wo ich heute bin. Wenn ich hier so an meinem Computer sitze, kann ich ehrlich sagen, dass ich nie mit jemand anderem tauschen wollte. Wieder also habe ich die Wahl, entweder die Großartigkeit des Universums anzuerkennen oder die Scheuklappen aufzubehalten und so zu tun, als ob das Leben einfach nur zufällig geschähe.

Sobald wir die Welt akzeptieren, können wir uns dafür entscheiden, uns der Vollkommenheit unseres Lebens zu öffnen und zu erkennen, warum gewisse Ereignisse geschehen und warum bestimmte Menschen in unsere Welt treten. Marcel Proust hat einmal gesagt: »Die wahre Entdeckungsreise besteht nicht darin, neue Landschaften zu suchen, sondern neue Augen zu haben.« Mit neuen Augen können wir erkennen, dass alle Menschen und alle Ereignisse uns genau an den richtigen Ort führen, an dem wir uns befinden müssen, um unser persönliches und einzigartiges Talent auf diesem Planeten zum Ausdruck zu bringen.

Wenn wir die göttliche Ordnung akzeptieren, bewegen wir uns fortan leichter und passen uns dem Lauf der Dinge an, im Vertrauen darauf, dass der Fluss des Lebens uns dorthin bringen wird, wo wir hin müssen. Auch wenn wir in diesem

Augenblick nicht sehen, wohin wir gehen, vertrauen wir darauf, dass wir an einem sichereren Ort ankommen werden als dem, von dem aus wir gestartet sind. Doch solange wir die göttliche Ordnung in unseren gegenwärtigen Lebensumständen nicht akzeptieren, können wir unser Leben nur durch die Augen unseres Ichs betrachten. Und wenn unser Leben von unserem Ich gesteuert wird, statt mit dem natürlichen Lauf des Flusses dahinzutreiben, dann erwartet uns eine lange, beschwerliche Reise gegen den Strom.

Solange wir von der Ebene unseres Ichs aus agieren, leben wir in Angst und versuchen uns vor etwaigen Verlusten zu schützen. Wir fragen: »Warum passiert mir das?« Wir glauben, schlecht behandelt zu werden, und fürchten, dass jemand versucht, uns etwas wegzunehmen. Im Gegensatz zum Standpunkt unseres höheren Selbst erkennt unser Ich nicht das große Ganze. Es sagt: »Ich bin nicht du. Ich bin anders als du, und wenn ich nicht aufpasse, wirst du mir wehtun.« Unser höheres Selbst sagt: »Ich bin du. Und wenn etwas für dich nicht funktioniert, wird es auch für mich nicht funktionieren.« Auch wenn Sie die Vollkommenheit Ihres Lebens nicht erkennen, können Sie auf eines bauen: Das Gesetz des Akzeptierens wird Sie daran erinnern, dass Sie genau da sind, wo Sie sein sollen. Sie können sich auf dieses Vertrauen einstimmen, indem Sie nach Hinweisen Ausschau halten, dass alles, was geschieht, einem höheren Zweck dient. Und dieser Zweck besteht darin, Sie zu wecken und Ihnen auf Ihrer Reise den Weg zu weisen.

Inmitten unseres Schmerzes und unserer Verwirrung können wir uns nur schwer vorstellen, wohin uns dieser ganze Schlamassel führen soll. Unser niederes Selbst fällt unseren negativen Programmierungen zum Opfer und hat nur eine beschränkte Sicht der Dinge. Das war sicher auch bei Patrick und Jenny der Fall. Eines Tages kam Jenny nervös und aufgeregt von der Arbeit nach Hause und teilte ihrem Mann Patrick mit, dass ihre Ehe sie nicht befriedige. Mit schmerzerfülltem Blick gestand Jenny Patrick, dass ihre Unzufriedenheit sie veranlasst habe, eine Beziehung mit einem Mann einzugehen, den sie bei der Arbeit kennen gelernt hatte. Patrick war ebenso verletzt wie verwirrt. Die schockierende Mitteilung, dass seine Frau ihn betrogen hatte, ließ ihn vor Angst erstarren, und zum ersten Mal in seinem Leben war Patrick am Boden zerstört.

Nach vielen Wochen und tränenreichen Diskussionen stellte Jenny fest, dass sie Zeit brauchte, um sich auf sich selbst zu besinnen, und sie bat Patrick, aus dem gemeinsamen Haus auszuziehen. Als er ablehnte, beschloss Jenny, in ein Apartment zu ziehen und Patrick in ihrem Haus mit den beiden Kindern zurückzulassen.

Patrick war zutiefst deprimiert. Anfangs hatte er Schwierigkeiten, sich auf seine Arbeit zu konzentrieren und sich um die Kinder zu kümmern. Aber er gab sich große Mühe, die Dinge für die Kinder in den Griff zu bekommen, die nun die meiste Zeit seiner Obhut anvertraut waren.

In den Anfangsjahren seiner Ehe hatte Patrick das Geld nicht zusammenhalten können und die Familie mit großen Schulden belastet. Jenny war außerstande gewesen, mit ihrem Zorn und ihrem Groll gegenüber Patrick fertig zu werden. Gefangen in der Geschäftigkeit ihres Lebens, hatte sie kaum Zeit gehabt, sich mit ihren Emotionen zu befassen. Jenny hatte sich nie stark genug gefühlt, um sich den Problemen ihrer Ehe zu stellen, und deshalb die Rolle übernommen, Patricks Verhalten bis ins Detail zu steuern. Patrick hatte die Rolle des passiven Opfers angenommen und einfach alles mitgemacht, was Jenny wollte. Da Jenny Patricks Urteilsvermögen nicht traute, hatte sie das ganze Geld verwaltet und Patrick kurz gehalten. Beide hatten sich an ihre Rollen gewöhnt gehabt und sich damit abgefunden, ein Leben »in stiller Verzweiflung« zu führen.

Nach der Trennung litt Patrick unter dem Verlust seiner Ehe, während Jenny mit ihrer neuen Liebe zusammen war, das Leben als allein stehende Frau genoss und sich zum ersten Mal seit zwanzig Jahren frei fühlte. Da Patrick sich Jennys Verhalten gegenüber ohnmächtig fühlte, unternahm er nun alles, um stärker zu werden und Hilfe zu bekommen. Er begann das Akzeptieren zu üben, weil er wusste, dass ihm nichts anderes übrig blieb. Da er überzeugt war, dass das, was geschah, einen Sinn haben musste, machte er sich Mut weiterzumachen, indem er sich tagtäglich sagte: »Gott trägt mir niemals mehr auf, als ich schaffen kann.«

Ein paar Monate später erhielt Patrick bei der Arbeit einen Anruf von einer Frau, die am anderen Ende des Landes lebte. Amy konnte sich nicht daran erinnern, woher sie Patricks Telefonnummer hatte, aber sie interessierte sich für seine Arbeit als Lobbyist für eine Reform des Gesundheitswesens. Rasch wurden Amy und Patrick Telefonfreunde. Er fühlte sich ihr sofort nahe und freute sich auf ihre täglichen Telefongespräche. Schon bald vertraute Patrick Amy seine privaten Probleme an.

Diese neue Freundschaft trug dazu bei, seine innere Leere teilweise zu füllen. Er litt noch immer unter der Trennung und war außerstande, versöhnliche Gefühle gegenüber Jenny zu empfinden. Jeden Tag versuchte er sich einzureden, dass er in Ordnung und stark genug wäre, über den Aufruhr seiner Gefühle hinwegzukommen. Aber der Schmerz saß tief, und jedes Mal, wenn er daran dachte, dass seine Frau mit einem anderen Mann zusammen war, versetzte es ihm einen Stich. Obwohl Patrick seine Kinder so sehr liebte, bereitete es ihm Mühe aufzustehen, und es gab kaum etwas, worauf er sich in seinem täglichen Leben freute. Das einzige Licht in seiner finsteren Welt wurde sein tägliches Telefongespräch mit Amy.

In einem Augenblick der freudigen Erregung beschlossen Amy und Patrick, sich in der Nähe der Stadt, in der sie lebte, zu treffen. Als Patrick das Flugzeug verließ und Amy erblickte, wusste er, dass sich sein Schicksal ändern würde. Sein Herz tat sich auf, und zum ersten Mal seit vielen Monaten fühlte Patrick sich einfach gut. Amy und er verbrachten ein wunderbares Wochenende miteinander. Sie unterhielten sich über ihr Leben und stellten fest, wie viele Gemeinsamkeiten sie hatten. Amy verstand es bestens, Patrick aufzuheitern und ihm Mut zu machen. Stundenlang hörte sie ihm zu, als er über seinen Schmerz und seine Ängste sprach. Und dann ermunterte sie ihn, über seine gegenwärtige Lage hinauszublicken und sich an seine Träume zu erinnern. Zum ersten Mal nach zehn Jahren begann Patrick wieder an sich zu glauben.

Inzwischen war Jenny der Meinung, sie müsse wieder in ihr Haus zurückziehen und es wäre am besten, wenn Patrick in das Apartment einzöge, das sie gemietet hatte. Patrick war einverstanden. Knapp ein Jahr später waren Jenny und Patrick offiziell geschieden. Nun stand Patrick vor der schweren Aufgabe, genügend Geld für seinen eigenen Lebensunterhalt sowie für die Unterhaltszahlungen für seine Kinder zu verdienen. Amy überzeugte Patrick, dass er ein erfolgreicher Geschäftsmann werden könne, und sie versprach, ihm beizustehen, als er das Risiko einging, seinen Job aufzugeben, in dem er weniger als 40000 Dollar pro Jahr verdiente, um sein eigenes Unternehmen zu gründen. Er wusste, mit Amys Unterstützung würde ihm alles gelingen. Amy und Patrick beschlossen zu heiraten, und Amy zog in Patricks Apartment ein.

Wenn Patrick heute auf seine Krise, mit all der Angst, der Hoffnungslosigkeit und dem Schmerz zurückblickt, weiß er, wie vollkommen jedes einzelne Ereignis Teil eines größeren Plans war. Vier Jahre nach seiner Scheidung ist Patricks Unternehmen weitaus erfolgreicher, als er jemals angenommen hatte. Statt ständig an seine vergangenen Fehler erinnert zu werden, genießt Patrick nun ein Leben, das auf der Gegenwart und einer Zukunft voller außergewöhnlicher Chancen basiert. Mit 47 Jahren erfüllt er sich endlich seinen Kindheitstraum, Erfolg zu haben und mehr Geld zu verdienen, als er es sich je hätte vorstellen können. Er ist dankbar und völlig im Einklang mit seiner Seele. Amy und Patrick haben heute einen gemeinsamen Sohn und erschaffen sich eifrig das Leben ihrer Träume. Auch Jenny hat wieder geheiratet, und beiden Familien geht es bestens.

Indem wir Abstand von unseren persönlichen Erwartungen und Urteilen hinsichtlich dessen nehmen, wie unser Leben aussehen sollte, gewinnen wir Zugang zu den vielen Möglichkeiten, die das Universum für uns bereit hält. Doch solange wir uns selbst im Weg stehen, solange wir versuchen, ganz allein zu bestimmen, was richtig und was falsch ist, unterbrechen wir den natürlichen Fluss unserer persönlichen Entwicklung.

Hinter dem Schleier unserer zuweilen turbulenten Erfahrungen verbirgt sich das großartige, einzigartige Muster unseres Lebens. Das Universum bietet uns viele Chancen, unseren persönlichen Weg zum Glück zu finden. Wir müssen nichts weiter tun, als loszulassen und es Gott zu überlassen.

Schritte zur Heilung

1. Stellen Sie eine Liste von fünf schlimmen Erfahrungen zusammen, die Sie in Ihrem Leben gemacht haben. Schreiben Sie neben jede eine Lehre, die Sie daraus gezogen haben. Wie hat Ihnen diese Lehre in Ihrem Leben geholfen?

2. Stellen Sie eine Liste von zwanzig positiven Dingen zusammen, die sich aus der Trennung von Ihrem Partner ergeben haben. Aus der folgenden Beispielliste geht hervor, dass die Vorteile Ihrer Trennung bedeutend oder auch oberflächlich sein können. Es mag hilfreich sein, sich von Dingen, die Sie in Ihrer Beziehung geärgert, gestört oder traurig gestimmt haben, inspirieren zu lassen. Falls Sie keine finden können, bitten Sie Freunde und Angehörige, Ihnen zu helfen. Ihre Liste könnte etwa folgende Punkte enthalten:
   - Ich muss das Bad mit niemandem mehr teilen.
   - Ich habe mehr Zeit zum Lesen und zum Nachdenken über mich selbst.
   - Ich kann ich selbst sein, ohne jemand anderem gefallen zu müssen.
   - Ich muss das Abendessen nicht mehr zubereiten.

- Ich muss mich bei niemandem für mein Kommen und Gehen rechtfertigen.
- Ich kann wieder auf die Schule/Universität gehen, wenn ich will.
- Ich kann zu jeder Tages- und Nachtzeit Freunde und Angehörige einladen.

Das Gesetz des Sich-Ergebens

3 Der Weg des geringsten Widerstands

> Wir bitten Gott um Hilfe, wenn unsere Fundamente
> erschüttert sind, nur um zu erfahren,
> dass Gott sie erschüttert.
>
> CHARLES C. WEST

Das Gesetz des Sich-Ergebens sagt uns, dass sich die Dinge zu ändern beginnen, sobald wir aufhören, Widerstand zu leisten und uns mit der Lage abfinden, in der wir sind. Wir leisten Widerstand aus Angst, mit Umständen konfrontiert zu werden, mit denen wir nicht fertig werden. Unser Widerstand ist ein natürlicher Schutzmechanismus, ein Schild, mit dem wir uns unbewusst gegen Schmerz zu schützen versuchen. Wir leben in der Illusion, dass dieser Schild uns irgendwie davor schützen könne, den Verlust, das Schuldgefühl, den Kummer und die Qual unserer gegenwärtigen Lage zu empfinden. Am Ende aber schützt uns unser Widerstand nicht so sehr, wie er uns unser Recht auf Heilung nimmt. Unser Widerstand verhindert, dass wir erkennen, wie die Dinge sind, was wahr und was für unser Leben möglich ist. Indem wir uns ergeben, lassen wir von unseren Vorstellungen ab, wie das Leben sein sollte, und lassen zu, dass wir in der Gegenwart unseres Lebens sind, und zwar genau so wie es ist, ohne jede Interpretation oder Illusion.

Ein Jahr nach meiner Scheidung erlebte ich den Würgegriff des Widerstands aus erster Hand. Eines Tages erkundigte sich Dan während eines Telefongesprächs nach meiner finanziellen Lage. Er wollte wissen, an welchen Projekten ich gerade arbeitete und wie viel Geld ich bei jedem verdiente. Als ich den Hörer auflegte, hatte ich schweißnasse Hände, und ich spürte den Druck in meiner Brust und die Anspannung in meinem Körper. Ich hatte gerade ein Haus gekauft, das ich mir kaum leisten konnte, und nun hatte ich Angst, dass Dan weniger Unterhalt für die Kinder zahlen wollte. Im Rückblick wurde mir klar, dass ich Dan verheimlicht hatte, wie viel ich wirklich verdiente. Ich hatte meinen Erfolg heruntergespielt und meine finanzielle Lage in düsteren Farben dargestellt, so als ob ich meine Rüstung anlegte, um mich für den Kampf zu wappnen.

Kurz darauf erwachte ich eines Nachts – mitten in diesem paranoiden Zustand – und fragte mich: Was geht hier eigentlich vor? Wochenlang war ich voller Angst gewesen, und ich wusste, dass ich meinen Widerstand aufgeben musste. Ich wusste, wenn ich meine Angst loswerden wollte, musste ich ihr auf den Grund gehen und mich mit dem Schmerz befassen, der mit meinen Geldproblemen einherging. Also holte ich mein Tagebuch hervor und schrieb: »Wenn Dan die Unterhaltszahlungen an mich reduzierte, was würde dann passieren?«

1. Ich hätte ein geringeres monatliches Einkommen.
2. Ich könnte mir mein Haus nicht leisten.
3. Ich müsste das Haus verkaufen, das ich gerade gekauft habe.
4. Ich müsste zur Miete wohnen.
5. Ich müsste all das Geld, das ich habe, für meinen täglichen Lebensunterhalt verwenden.
6. Ich müsste meinen Unterhalt auf eine andere Weise finanzieren.

Zunächst war ich entsetzt. Ich wollte mir das Haus, das ich gerade gekauft hatte, unbedingt leisten können. Mir kamen die Tränen, und ich begriff, dass es da ein tieferes Problem geben musste. Ich versuchte meine erste Reaktion zu ergründen und erkannte, dass ich einfach nur Sicherheit und ein schönes Zuhause für Beau und mich haben wollte. Ich meinte, dass ich das verdiente. Ich schlug mein Tagebuch zu und ging wieder schlafen.

Als ich erneut aufwachte, sagte ich mir, dass ich das Problem irgendwie anpacken müsste, und darum sah ich mir meine Liste noch einmal an. Diesmal wurde mir klar, wenn es nicht noch schlimmer käme, könnte ich überleben. Ich würde weniger Geld haben, ich würde mir eine Mietwohnung nehmen und von meinen Ersparnissen leben; die Frage, die ich nun beantworten musste, lautete: Wie kann ich in dieser neuen Situation glücklich sein und ein wunderbares Leben führen?

Indem ich von der schlimmsten Möglichkeit ausging und meine Liste weiterführte, erkannte ich, dass ich auch im ungünstigsten Fall meinen Lebensunterhalt würde bestreiten können. Und nun war ich bereit, mich dem zu stellen, was ich für Dans Angriff hielt. Mitten in diesem Prozess hatte ich einen Augenblick der Klarheit: Mir ging auf, falls Dan mir nicht mehr so viel Unterhalt zahlen wollte wie bisher – wenn ich kämpfen, bitten oder mit Feindseligkeiten rechnen müsste –, dann wollte ich gar nichts mehr von ihm haben. Ich musste mich fragen: Möchte ich jeden Tag mit dem Gedanken leben, dass ich etwas von einem Menschen annehme, der sich über mich ärgert? Für mich gab es darauf nur ein klares Nein. Ich wusste, dass nicht jeder in der glücklichen Lage war, sich so zu entscheiden, aber ich zum Glück schon. Ich stellte fest, dass fast alles besser wäre, als von jemandem abhängig zu sein, der mich nicht freiwillig unterstützen wollte.

Am nächsten Morgen griff ich nervös zum Telefon und rief Dan an. Ich erklärte ihm, ich hätte das Gefühl, dass er mich wegen des Geldes befragt hatte, weil er seine monatlichen Unterhaltszahlungen reduzieren wolle. Ich erzählte ihm von meinem Unbehagen seit unserem Gespräch, und dann sagte ich die Worte, die ich mir nie zugetraut hätte: »Ich bin dankbar für jede Unterhaltszahlung, aber wenn du mir nicht mehr die Summe geben kannst, die du mir bisher gegeben hast, dann will ich überhaupt nichts mehr haben.« Und dann fügte ich hinzu, dass ich wahrscheinlich mein Haus würde verkaufen müssen, aber das sei ja nicht sein Problem. Ich würde schon irgendwie klarkommen.

Ich ließ mich auf meine Angst ein, gab meinen Widerstand auf, und dann sagte Dan zu meiner großen Überraschung: »Ich habe dir diese Fragen nicht aus diesem Grund gestellt. Ich habe mich nur gefragt, wie du deinen Lebensunterhalt bestreitest.« Er würde uns gern weiterhin finanziell unterstützen – es sei wichtig für ihn, dass Beau ein schönes Zuhause habe. Als ich mir vorgestellt hatte, Dan wolle seine Unterhaltszahlungen reduzieren, hatte ich befürchtet, ich würde es allein nie schaffen. Erst als ich bereit war, mich auf meine tiefsten Ängste einzulassen, entdeckte ich, dass ich auch im schlimmsten Fall nicht vor dem Ruin stehen würde.

Der Schmerz des Widerstands

Unser Widerstand lässt uns dem emotionalen Schmerz einer Situation nicht entkommen. Er hält uns stattdessen in der Wirklichkeit gefangen, die wir am liebsten verändern möchten. Dieser Widerstand rührt daher, dass wir wünschen oder wollen, unsere gegenwärtige Wirklichkeit wäre anders. Widerstand verursacht Stress. Stellen Sie sich vor, ich würde Sie gleich schlagen wollen, und Sie würden sich darauf einstellen. Spüren Sie die Angespanntheit in Ihrem Körper? Genau diese Reaktion spielt sich auch in uns ab, wenn wir einem Menschen oder einer Situation gegenüber Widerstand leisten.

Der Widerstand sperrt uns in unseren eigenen Willen ein, indem er andere Wirklichkeiten – als die gewünschte – leugnet. Solange wir in den Grenzen unseres Willens leben, fühlen wir uns getrennt und allein. Eingesperrt in unserem eigenen Willen, führen wir einen inneren Dialog, der sich nur um einen einzigen Gedanken dreht: »Es sollte nicht so sein!« Dann verwenden wir all unsere Energie darauf, die äußere Wirklichkeit unserer Lebensumstände zu verändern. Innerlich zerrissen bemühen wir uns, aus unserer Lage schlau zu werden, und kämpfen darum, das Verhalten unseres Partners in den Griff zu bekommen.

Das Sich-Ergeben widerspricht unserer natürlichen Reaktion, um unsere Rechte zu kämpfen und an dem festzuhalten, was unserer Meinung nach uns gehört. Aber solange wir uns nicht ergeben, kommen wir vom Schmerz unserer Trennung nicht los. Das Sich-Ergeben fällt besonders schwer, wenn wir verraten, verlassen oder betrogen wurden. Aber wenn wir akzeptieren, dass alles genau so geschieht, wie es sollte, können wir damit anfangen, uns mit der Situation abzufinden und dem natürlichen Fluss des Universums zu vertrauen. Um unser Leiden zu überwinden, müssen wir unserem Instinkt, festzuhalten, zuwider handeln und stattdessen einfach loslassen.

Als ich mich mit Tang Soo Do, einer koreanischen Form von Karate, beschäftigte, hat mir mein Lehrer, Meister John Gehosky, beigebracht, dass man manchmal am besten aus einer gefährlichen Position herauskomme, wenn man loslasse. Wenn zum Beispiel ein Angreifer meinen Arm packt, muss ich an ihn herantreten und den Arm völlig entspannen, statt ihn anzuspannen und zu versuchen, ihn wegzureißen. Das löst nämlich bei meinem Angreifer nur die natürliche Reaktion aus, noch fester zuzupacken. Wenn ich von ihm loskommen will, muss ich mich zuerst seinem Griff ergeben. Indem ich loslasse und mich entspanne, lockert sich der Griff meines Gegners auf natürliche Weise, was mir die Chance gibt, mich ihm zu entwinden.

Meine erste Reaktion besteht stets darin, gegen jede wahrgenommene Bedrohung Widerstand zu leisten. Doch erst wenn ich tief durchatme, mich entspanne und nachgebe, halte ich stand und kann über meine ganze Kraft und Stärke verfügen.

Alles, was Sie verändern wollen, alles, wovor Sie Angst haben, alles, was Sie nicht akzeptieren wollen, erzeugt inneren Widerstand. Wenn Sie sich gegen die unangenehmen Mitteilungen Ihres Partners sträuben, dann wird er Ihnen immer wieder das Gleiche mitzuteilen versuchen, bis er Gehör findet. Wenn er das Gefühl hat, dass Sie seine Botschaften abblocken oder ignorieren, wird er sich vielleicht verschließen und seinen Ärger verdeckt ausdrücken, und zwar auf eine unterschwellig aggressive Weise. Aber wenn Sie den Griff Ihrer Erwartungen lockern, tief durchatmen und sich dem öffnen, was er Ihnen sagen möchte, können Sie ihm aus einer Haltung des Sich-Ergebens heraus zuhören. Dies erfordert, dass Sie Ihr Herz erweichen, Ihre Erwartungen loslassen und mit unschuldigen Ohren zuhören. Damit gestehen Sie ihrem Partner das Recht auf seine Meinungen und Gefühle zu. Und nun sind Sie in der Lage, das, was er Ihnen zu sagen hat, ohne Abwehr, ohne Widerstand zu empfangen. Und oft muss ein Mensch nur Gehör finden, damit sein Ärger verraucht. Legen Sie also Ihre Rüstung ab und geben Sie Ihre Abwehrhaltung auf – um mit der inneren Haltung des Sich-Ergebens zuzuhören. So verzichten Sie für den Augenblick auf all Ihr Urteilen; Sie stellen sich nicht mehr vor, dass Sie Recht haben, und glauben auch nicht mehr zu wissen, was er sagen wird. Damit gelangen Sie an einen Ort der Ruhe, gewinnen einen umfassenderen Blick auf das Universum und erkennen, dass das, was da gerade mit Ihrem Partner geschieht, vielleicht gar nichts Persönliches ist. Dies gewährt ihm die Freiheit, sich mitzuteilen. Aber wenn Sie sich weigern, seine Wahrheit anzuhören, bleiben Sie genau daran, wovon Sie loskommen wollen.

Die Kraft des Sich-Ergebens

Indem wir uns ergeben, sagen wir: »So geht das Leben gerade mit mir um, und obwohl ich es gern anders hätte, werde ich zulassen, dass es so ist, wie es ist.« Wir lösen uns von der Vorstellung, wie wir unser Leben und unseren Partner gern haben möchten. Wenn wir an etwas hängen, sperren wir uns gegen jedes Resultat, das anders ist als das, was wir wollen, ebenso wie gegen alle Verhaltensweisen oder Gefühle unseres Partners, aber auch von uns selbst, die nicht zu unseren vorgefassten Vorstellungen passen. Jedes Mal, wenn sich etwas anderes als das erwünschte Resultat einstellt, regt sich sofort Widerstand in uns. Dann versuchen wir augenblicklich die Umstände zu verändern, damit sie unserer Wunschwirklichkeit entsprechen, und wenn uns das nicht gelingt, werden wir zornig, voller Groll, frustriert oder traurig.

Im heiligen Zustand des Sich-Ergebens sind wir in der Lage, Abstand vom Resultat zu nehmen. Um in diesen heiligen Zustand einzutreten, müssen wir uns in jedem Augenblick der Vollkommenheit des Universums gewiss sein. Wir müssen uns daran erinnern, dass es eine göttliche Ordnung gibt und dass alles genau so ist, wie es sein soll. Wenn wir merken, dass wir Widerstand leisten, Kontrolle ausüben oder festhalten, müssen wir tief durchatmen und mit jedem Atemzug bekräftigen, dass wir uns sicher fühlen können, wenn wir von unserer begrenzten Perspektive ablassen. Ebenso können wir uns sicher fühlen, wenn wir unser Partnerschaft oder unsere Ehe loslassen.

Es ist überaus lohnenswert, sich abzufinden. Wenn wir unseren Willen aufgeben, erlangen wir die Freiheit, im gegenwärtigen Augenblick zu sein, und nur wenn wir im gegenwärtigen Augenblick leben, sind wir in der Lage, all unsere Wahlmöglichkeiten zu erkennen – selbst diejenigen, die uns vielleicht zuvor verborgen gewesen sind. Das Sich-Ergeben schenkt uns Seelenfrieden und Vertrauen in die Güte des Universums.

Das Sich-Ergeben ist ein Akt des Mutes. Es ist ein göttlicher Weg, der uns Zugang zu Wirklichkeiten gewährt, die über das hinausgehen, was wir bereits kennen. Indem wir uns ergeben, finden wir den Mut, den Bereich des Persönlichen – den Teil von uns, der sich getrennt und allein fühlt – zu verlassen und ins Reich des Universums einzutreten, in dem wir alle miteinander verbunden sind.

Auch wenn wir alle einzigartig sind in unserer äußeren Erscheinung, sind wir doch in unserer Innenwelt ziemlich gleich. Zwar kommt es uns so vor, als ob wir allein wären, aber es gibt eine andere Wirklichkeit, in der wir alle Teil eines größeren Ganzen sind. Unser vermeintliches Getrenntsein ist eine Illusion. Es ist ein kosmischer Scherz, der uns suggerieren will, dass Sie und ich unabhängig voneinander seien, dass meine Handlungen meine und Ihre Handlungen Ihre seien.

Denken Sie einen Augenblick über die Möglichkeit nach, dass unser Getrenntsein nur eine Illusion ist. Und wenn wir nun in Wahrheit alle miteinander verbunden sind? Würden Sie dann noch immer versuchen, Ihren Kopf durchzusetzen, auf Kosten anderer? Würden Sie dann noch alles, was gesagt und was nicht gesagt wird, so persönlich nehmen? Würde Ihre Selbstbestimmung Sie dann immer noch zu Frieden und Zufriedenheit führen?

Eine erweiterte Perspektive

Im Yoga Vasishtha, einem alten Hindu-Text, heißt es, wir Menschen seien dem Ozean sehr ähnlich. Wenn wir auf den Ozean hinausschauen, erblicken wir zahllose Wellen – jede für sich eine andere Ausdrucksform innerhalb eines riesigen Körpers aus Wasser. Stellen Sie sich vor, jede Welle, jede Woge sei getrennt von den übrigen. Eine große Welle hat vielleicht Angst, zu groß zu sein, während eine kleine Welle unter der Meinung leidet, zu klein zu sein. Eine Welle vermutet, zu warm zu sein, eine andere glaubt, sie sei zu kalt. Und weil sie glauben, getrennt vom Ozean und voneinander zu sein, hat jede Woge, jede Welle und jede Schaumkrone Angst um ihr Dasein, wenn sie auf den Strand rollt.

Stellen Sie sich nun einen Augenblick lang vor, wie jede Welle verzweifelt versucht, den Ozean in ihre Richtung zu ziehen. Stellen Sie sich vor, wie jedes Mal, wenn eine Welle zufällig eine andere Welle überlappt oder sie auf den Strand schwappen lässt, die benachteiligte Welle vor Gericht geht oder schmollt und sich weigert, in den Ozean zurückzukehren. Stellen Sie sich vor, wie sich zwei wunderschöne Wellen miteinander vereinen und drei kleine Wellen zur Welt bringen. Was wäre nun, wenn sich im Laufe der Zeit die Gezeiten ändern und die beiden Wellen in entgegengesetzter Richtung zu rollen beginnen, wenn die größeren Wellen aufspritzend aufeinander klatschen, statt die kleinen Wellen darin zu unterstützen, stärker, größer und unabhängiger zu werden? Stellen Sie sich vor, dass jede von den größeren Wellen nur daran interessiert ist, die kleinen Wellen mit sich zu ziehen. Denken Sie darüber nach, wie das Leben im Ozean wäre, wenn jede Welle sich für getrennt von den übrigen hielte und ihren Willen nur auf ihr persönliches Wohlergehen ausrichtete. Wie wäre es, wenn jede Welle sich selbst ernst nähme oder die Handlungen der anderen Wellen persönlich nähme? Was geschähe, wenn jede Welle aufhörte, sich nach dem natürlichen Fließen der Gezeiten zu richten? Was würde passieren, wenn alle Wellen jedes Mal, wenn sich die Winde drehen und das Wasser in eine andere Richtung bewegen, einen Riesenwirbel machen würden?

Wenn Sie auf den Ozean hinausschauen, ist es beinahe unmöglich, jede Welle als getrennte Einheit wahrzunehmen – natürlicherweise sehen wir, wie sich alles innerhalb dieses Körpers aus Wasser befindet, weil man uns beigebracht hat, es so zu sehen. Um zu heilen, muss jeder von uns sich darüber im Klaren sein, dass wir wie die Wellen im Ozean sind. Es mag den Anschein haben, dass wir getrennt sind, weil die meisten von uns nichts anderes erfahren haben, aber wie jede Welle, die auf den Strand rollt, werden wir letztlich wieder im universalen Geist aufgehen, uns mit der kollektiven Energie des Universums wieder vereinen.

Wenn Sie erkennen, dass Sie Teil eines größeren Ganzen sind, können Sie sich jenseits Ihres Ichs, jenseits Ihrer persönlichen Anliegen, jenseits Ihrer begrenzten Ansichten über Ihr Leben und die Welt erfahren. Aus einer größeren Perspektive können Sie erkennen, wie gewaltig Ihre wahre Natur ist. Wenn Ihnen aufgeht, welche Größe Sie haben – Sie sind der ganze Ozean, nicht nur eine getrennte Welle -, gewinnen Sie wieder Vertrauen in die Großartigkeit des Universums. Vertrauen ist der Schlüssel, der es Ihnen ermöglicht, Ihren Willen dieser Wahrheit unterzuordnen.

Das Ich transzendieren

Um unser Vertrauen zurückzugewinnen, müssen wir die natürliche Ordnung des Lebens betrachten. Nur auf diese Weise können wir unser Ich transzendieren. Unser Ich ist zwar ein wichtiger Aspekt von uns, aber wir müssen immer daran denken, dass es seine Aufgabe ist, uns einzigartig zu machen, uns als getrennte Individuen zu markieren. Das Ich definiert sich als »Selbst«, das sich von »Anderen« unterscheidet. Unsere Egos kämpfen wild entschlossen darum, die Kontrolle zu behalten, wobei sie immer alles persönlich nehmen und versuchen, irgendein Ideal oder Bild aus der Vergangenheit wiederherzustellen. Ständig erinnert uns das Ich daran, wie unser Partner uns verletzt oder irregeführt hat. Und eilfertig deckt es seinen Betrug und seine Indiskretion auf. Während uns die Falle unseres Ichs gefangen hält, sind wir zudem dazu verurteilt, ständig unsere Fehler und persönlichen Schwächen zu wiederholen beziehungsweise aufrechtzuerhalten. Jeder Mensch, dessen Geist vom selbstgerechten negativen Geplapper seines Ichs erfüllt ist, kann bezeugen, dass es ihm wie eine unfreiwillige Form von Selbstquälerei vorkommt.

Sich zu ergeben ist eine schwierige Aufgabe für das Ich, da es auf der Angst basiert. In einer Gesellschaft, in der alle verzweifelt darum kämpfen, anders, unabhängig und stark zu sein, gilt sich zu ergeben oft als Zeichen von Schwäche oder Dummheit. Man hat uns beigebracht, uns hinzustellen und zu kämpfen, um jeden Preis Recht zu behalten. Man hat uns gesagt, Führernaturen seien stark und Gefolgsleute schwach. Man hat uns beigebracht, allen anderen zu misstrauen, und wir glauben, wenn wir nicht kämpfen, haben wir vielleicht nicht genug Liebe, Geld oder Zeit für unsere Kinder übrig.

Kampf oder Flucht ist die erste Reaktion des Ichs: »Ich werde es dir heimzahlen, oder ich werde mich von dir zurückziehen.« Das sind Schutzmechanismen, die uns davon abhalten sollen, zum inneren Kern des Problems, zum Kern unseres Schmerzes vorzudringen. Ohne Heilung werden Zorn, Verletztheit, Verrat, Angst, Paranoia, Verlust und Frustration zum negativen Geplapper, das Ihnen ständig sagt, dass Sie Recht und alle anderen Unrecht haben. Wenn Ihr Partner Sie verlassen hat, hören Sie dann vielleicht: »Das darf nicht sein. Das ist nicht fair!« oder »Das dürfte eigentlich nicht passieren.« Wenn Sie selbst die Trennung herbeigeführt haben, fühlen Sie sich vielleicht schuldig im Hinblick auf das, was Sie getan haben. Dann hören Sie vielleicht: »Ich hätte das nicht tun sollen, Schau dir nur all die Menschen an, denen ich wehgetan habe« oder »Ich habe alles kaputt gemacht!«

In Ihrem Verstand stoßen Sie ständig gegen eine Wand von unerfüllten Erwartungen, Enttäuschungen und alten Verletzungen, die Ihnen sagen: »So habe ich mein Leben nicht geplant. So sollte ich nicht ausschauen und so sollte ich mich bestimmt nicht fühlen.« All die Vorstellungen, die wir uns in der Vergangenheit davon gemacht haben, wie unser Leben oder unsere Partner sein sollten, erschweren es uns, uns mit der Realität abzufinden. Weil wir versuchen, uns vor dem Schmerz zu schützen, hüten wir uns oft auch davor, die ganze Wahrheit über uns selbst zu erfahren. Dies führt uns mitten ins Leiden. Dr. Spencer Johnson, der Autor von *The Precious Present*, hat einmal gesagt: »Leiden ist einfach der Unterschied zwischen dem, was ist, und dem, wie ich es gern hätte.«

Das Unbekannte annehmen

In Deepak Chopras Bestseller *Die sieben spirituellen Gesetze des Erfolgs* heißt es: »Im Sich-Lösen liegt die Weisheit der Ungewissheit … in der Weisheit der Ungewissheit liegt die Freiheit von unserer Vergangenheit, vom Bekannten, dem Gefängnis vergangener Prägung. Und in unserer Bereitschaft, ins Unbekannte, das Feld aller Möglichkeiten, einzutreten, überlassen wir uns dem schöpferischen Geist, der den Tanz des Universums instrumentiert.«

Die Angst vor dem Unbekannten, die Angst, mit leeren

Händen dazustehen, und die Angst vor der Zukunft hindern uns daran, uns zu lösen. Vielleicht glauben wir, wenn wir noch mehr an unserem Geld, unseren Kindern, unseren Ressentiments oder unseren Meinungen festhalten, sind wir in der Lage, unsere Welt im Griff zu haben. In Zeiten traumatischer Erfahrungen ist es eine natürliche Reaktion, Angst zu haben und festzuhalten, weil wir dies für die einzige Möglichkeit halten, die gewünschten Resultate zu erzielen. Aber Angst – und alle Formen von Kontrolle basieren auf Angst – führt mit Sicherheit zu Schmerz und Leiden.

Sobald wir jedoch bereit sind, uns von unseren Lebensumständen zu lösen, gewinnen wir das Gefühl von Freiheit zurück. Der ständige Drang, dass alles nach »unserem Kopf« gehen muss, hört auf. Die gewaltige Last, die wir mit uns herumschleppen, schwindet, und wir erleben die Kraft unseres authentischen Wesens. Wenn wir nicht mehr versuchen, den Ozean in unsere Richtung zu lenken, erleben wir das Leben mit der Leichtigkeit eines Surfers, der auf einer Welle reitet.

Wenn Sie sich lösen, geben Sie damit keineswegs Ihre Absicht auf, die Dinge zu ändern. Sie überlassen vielmehr die Resultate Gott, dem Universum, einer Macht, die größer ist als Sie, so dass diese Macht die Umsetzung eines Plans einleiten kann, der unser aller höchstes Gut zum Ziel hat. Sich lösen heißt im Augenblick leben und mit der Ungewissheit der Zukunft einverstanden sein.

Als ich Natalie kennen lernte, hatte sie gerade ihre Ausbildung abgeschlossen und bemühte sich, eine Privatpraxis als Psychotherapeutin aufzubauen. Natalies Problem bestand darin, dass sie niemals mit ihren Finanzen zurechtkam. Bei einem unserer Gespräche erzählte sie mir, ihr Exmann Matthew, von dem sie seit über elf Jahren geschieden war, würde noch immer für ihren Unterhalt aufkommen. Das kam mir merkwürdig vor: Natalie hatte keine Kinder und war nur ein paar Jahre verheiratet gewesen. Ich spürte, dass Natalie dieses Geständnis peinlich war, und daher fragte ich sie, was sie dabei empfinde, Geld von Matthew anzunehmen. Sie gab zu, dass ihr das nicht gefiel, aber sie befinde sich in einer schwierigen Lage und sei überzeugt, dass sie ohne Matthews Unterstützung ihren Lebensunterhalt nicht bestreiten könne.

In den nächsten beiden Monaten versuchten Natalie und ich, gemeinsam ihre Ängste wegen des Geldes und ihre lähmende Überzeugung zu durchleuchten, dass sie es ohne einen Mann nicht schaffen würde. Als wir endlich zum Kern des Problems gelangten, erkannte Natalie, dass sie keinen Glauben und kein Vertrauen hatte. Sie meinte, wenn sie aus Matthew kein Geld herausholte, würde sie irgendwann auf der Straße landen. Natalie wusste, dass ihre finanziellen Nöte ihren Exmann belasteten, aber sie wusste auch, dass er ein netter Kerl war und ihr das Geld nie verweigern würde. Die Tatsache, dass sie Matthew wissentlich ausnutzte, verschlimmerte nur noch ihr geringes Selbstwertgefühl. Da es Natalie an Vertrauen fehlte und sie nicht bereit war, sich zu ergeben, stand sie ihrem Glück selbst im Weg.

Doch eines Tages beschloss sie, nicht mehr festzuhalten. Sie wollte in ihrem Leben weiterkommen und Platz schaffen für einen neuen Partner. Natalie erklärte mir: »Ich möchte, dass Gott mein Partner ist – statt eines Mannes.« Sie wusste, sie würde aus dem Kokon ihres Exmannes ausbrechen müssen, wenn sie jemals ihre Angst überwinden wollte, nicht allein für sich sorgen zu können. Voller Befürchtungen setzte sie sich zwei Monate später einen Termin, griff zum Telefon und teilte Matthew mit, dass er ihr vom 1. Juli an kein Geld mehr überweisen müsse.

Schweißgebadet und zitternd akzeptierte Natalie ihren Quantensprung, den ersten Schritt, um zu ihrer Kraft zu finden. Als der 1. Juli kam, bemerkte sie nicht einmal, dass sie gar keinen Scheck bekam. Sie war so damit beschäftigt, bei anderen Therapeuten für sich Reklame zu machen, ihren Patientenstamm aufzubauen und ihre neue Gewohnheit des Loslassens zu praktizieren, dass sie völlig vergaß, auf Hilfe angewiesen zu sein. Im darauf folgenden Jahr verdiente Natalie mit ihrer Privatpraxis statt 26000 über 80000 Dollar. Überdies nahm sie nicht mehr nur an kleinen Läufen teil, sondern erfüllte sich einen Traum, indem sie beim Boston Marathon mitlief. Natalie leistete ausgezeichnete Arbeit und erlangte in jedem Bereich ihres Lebens die Freiheit, nach der sie sich gesehnt hatte. Schließlich war sie eine freie Frau, die auf die Größe und Liebe des Universums vertraute.

Als Natalie losließ und sich löste, gewann sie ihre eigene Kraft zurück. In einem Brief schrieb sie mir: »Sobald ich losließ und mich von meinen Kindheitsvorstellungen löste, fand ich meine Kraft. Nun kenne ich Gott.« Indem sie sich ergab, konnte Natalie dem natürlichen Fließen des Universums vertrauen und zu ihrer authentischen Kraft finden, die ihr eine ganz neue Welt voller Möglichkeiten eröffnete.

Dem Prozess vertrauen

Eine Trennung ist ein Prozess des Loslassens. Bei manchen Menschen vollzieht er sich innerhalb des ersten Jahres, bei anderen dauert er länger. Das Universum leitet uns, und wenn wir es zulassen, nimmt es sich unserer an. Doch wenden wir uns von dieser Wahrheit ab, leben wir in permanenter Angst und klammern uns an alles, was uns vermeintlich Sicherheit bringt.

Mein Freund Gerhard vergleicht den Prozess der Trennung gern mit seinen Segeltörns. Eines Tages segelte er von dem Land, das er kannte, zu einer kleinen, fernen Insel. Ein paar Stunden lang konnte er das Land noch sehen, das er verlassen hatte. Aber je weiter er segelte, desto kleiner wurde sein Heimatland, bis es schließlich in der Weite des Ozeans versank. Nun konnte er den Ort, den er verlassen hatte, nicht mehr sehen, und die Insel, zu der er fuhr, war noch nicht in Sicht. Er fühlte sich verloren, und so hielt er im Wasser nach der richtigen Richtung Ausschau. Gerhard hatte gelernt, dass man ins Wasser schauen muss, statt nach dem fernen Ziel zu suchen. Wenn man ins Wasser schaut, weiß man, dass sich das Schiff bewegt und man vorankommt.

Wenn Sie zu sehr auf das Ergebnis fixiert sind, können Sie leicht in Panik geraten und die Tatsache übersehen, dass Sie

Schritt für Schritt vorankommen. Wenn Sie von der Sicherheit Ihrer Vergangenheit wegdriften und Ihre Zukunft noch nicht am Horizont auftaucht, können Sie tiefe Einsamkeit erleben und sich verloren fühlen, auf einem Meer aufgewühlter Gefühle dahin treibend. Ähnlich verhält es sich, wenn Sie sich von der Außenwelt lösen: Sie lassen Ihre Selbstbestimmung und Ihren Willen fahren. Sich lösen ist ein Zustand des mühelosen Fließens. Es ist ein Ort, an dem die Ungewissheit und das Unbekannte sich zu einem anmutigen Tanz vereinen. Es ist ein Ort, an dem wir im vollkommen Unvollkommenen Frieden finden können.

Von allen großen Weisen wissen wir, dass wir vollkommene Wesen sind und es unser Geburtsrecht ist, Frieden und Zufriedenheit zu erleben. Die Außenwelt ist unsere Schultafel, unser Spielfeld, und wenn uns nicht gefällt, wie sie aussieht oder sich anfühlt, können wir von vorn beginnen und eine ganz neue Zeichnung entwerfen. Alle äußeren Besitztümer sind vorläufig – die Liebe unseres Partners, unser Zuhause, unser Status in der Gesellschaft oder unser Beruf. Solange wir gebunden sind, sind wir Sklaven, nichts als Gefangene unserer Wünsche und Geiseln dessen, was wir für wichtig halten. Wir sind mit Handschellen an unsere Wünsche und Abneigungen gefesselt und schleppen sie überall mit uns herum.

Erst wenn wir loslassen und uns vom Ergebnis lösen, richten wir uns auf das höchste Gut unserer Seele aus. Wenn die Gezeiten wechseln und uns in eine unbekannte Richtung treiben, bleiben wir stark und sicher, verankert in dem Wissen, dass wir auch auf den aufgewühltesten Wellen in die Wärme und Behaglichkeit des Ozeans zurückfließen können. Und dann entdecken wir den Frieden und die Zufriedenheit, die tief im Kern unseres Wesens zu Hause sind. Wir genießen die Sicherheit zu wissen, dass alles, was wir brauchen, in uns selbstliegt. Und wenn wir den Glauben und das Vertrauen haben, dass wir Teil dieses größeren Ganzen sind, können wir uns ergeben. Unser Vertrauen in das Universum bildet einen festen Boden unter unseren Füßen. Es lässt uns in die Weisheit eintauchen, dass unser Leben sich so entwickelt, wie es sollte, und dass das Universum für jeden von uns einen Plan hat. Indem wir uns ergeben, lassen wir unseren Widerstand gegen das fahren, was in unserem Leben geschieht. Sich zu ergeben ist das höchste Zeichen von Stärke und die Grundlage eines spirituellen Lebens.

Wenn wir uns ergeben, bekräftigen wir damit, dass wir nicht mehr im Schmerz leben wollen. Darin drückt sich ein tiefes Verlangen aus, unsere Kämpfe zu überwinden und unsere negativen Emotionen umzuwandeln. Dann führen wir ein Leben jenseits unseres Ichs, jenseits des Teils von uns, der uns ständig daran erinnert, dass wir getrennt, anders und allein sind. Sobald wir uns ergeben, können wir zu unserem wahren Wesen zurückkehren und uns mühelos in dem kosmischen Tanz namens Leben bewegen. Kraftvoll verkünden wir damit die vollkommene Ordnung des Universums.

Wenn Sie Ihren Willen aufgeben, sagen Sie damit: »Auch wenn die Dinge nicht genau so sind, wie ich sie gern hätte, werde ich mich meiner Wirklichkeit stellen. Ich werde ihr direkt ins Auge blicken und zulassen, dass sie so ist und nicht anders.« Sich-Ergeben und Gelassenheit sind Synonyme – Sie können das eine nicht erfahren, ohne gleichzeitig das andere zu erleben. Wenn Sie also nach Gelassenheit suchen, dann ist sie nicht weit. Sie müssen nur als Generalmanager des Universums zurücktreten. Vertrauen Sie darauf, dass es für Sie einen größeren Plan gibt und dass er rechtzeitig verwirklicht wird, wenn Sie sich nur ergeben.

Sich ergeben ist ein Geschenk, das Sie sich selbst machen können. Es ist ein Akt des Glaubens. Damit geben Sie zu verstehen: Ich kann zwar nicht erkennen, wohin dieser Fluss fließt, doch ich vertraue darauf, dass er mich in die richtige Richtung tragen wird.

Schritte zur Heilung

Es ist wichtig, dass Sie sich den folgenden Übungen mit ganzer Aufmerksamkeit widmen. Alle Antworten, die Sie brauchen, liegen in Ihnen – Sie müssen nur still genug werden, um sie zu hören.

1. Lassen Sie sich viel Zeit und geben Sie sich völlig dem Prozess hin. Sie können dazu ein paar Kerzen anzünden, sanfte Musik auflegen und für eine förderliche Atmosphäre sorgen. Halten Sie Ihr Tagebuch und einen Stift bereit.
   Wenn Sie bereit sind, schließen Sie die Augen und holen fünf Mal langsam und tief Atem. Benutzen Sie Ihren Atem dazu, Ihren Körper zu entspannen und Ihren Geist zu beruhigen. Stellen Sie sich nun mit geschlossenen Augen die folgenden Fragen. Schreiben Sie die Antworten in Ihr Tagebuch.
   - Wogegen leiste ich in meinem Leben Widerstand?
   - Wovor habe ich Angst?
   - Was wird geschehen, wenn ich mich der Situation ergebe?
   - Was bringt es mir, wenn ich den Widerstand aufrechterhalte?
   - Wer wird in dieser Situation verletzt?
   - Welche Hindernisse müssen beseitigt werden, bevor ich mich ergeben kann?

2. Die folgende Übung hat den Zweck, dass Sie Ihre Ängste identifizieren und sich das schlimmstmögliche Ergebnis vorstellen, um schließlich herauszufinden, was Sie tun können, um die Situation umzudrehen, damit Sie davon profitieren. Bereiten Sie sich vor, indem Sie sich etwa eine halbe Stunde Ruhe gönnen. Legen Sie wieder Ihr Tagebuch und einen Stift bereit. Wenn Sie möchten, sprechen Sie ein Gebet, in dem Sie um den Mut bitten, sich Ihren schlimmsten Ängsten zu stellen. Holen Sie drei Mal langsam, tief und konzentriert Atem, wobei Sie durch die Nase ein- und durch den Mund ausatmen. Sobald Sie ruhig und entspannt sind, stellen Sie sich diese Fragen und legen

eine Liste Ihrer schlimmsten Ängste an, ohne sie zu zensieren.

- Welches sind meine schlimmsten Ängste angesichts dessen, was gerade in meinem Leben geschieht?
- Was ist das Schlimmste, was passieren könnte?

Betrachten Sie nun das schlimmste Ergebnis, indem Sie sich vorstellen, dass das, wovor Sie Angst haben, tatsächlich eingetreten sei. Stellen Sie sich nun diese Fragen:

- Da dies geschehen ist – was kann ich tun, um glücklich zu sein?
- Welche Schritte muss ich tun?
- Mit wem kann ich Kontakt aufnehmen?
- Wo kann ich hingehen?
- Was muss ich ändern?

Wenn wir mit dem schlimmstmöglichen Ergebnis in Frieden leben können, sind wir frei.

3. Legen Sie eine Liste aller Dinge an, die Ihnen am Trennungsprozess nicht gefallen.

4. Schreiben Sie eine neue Fassung Ihrer Trennungsgeschichte, in der Sie die Fakten und Ihre Gefühle übertreiben – machen Sie sie fünfzig Mal schlimmer.

Das Gesetz der göttlichen Führung

4 Sie sind nicht allein

Du kannst den Engel nicht sehen und nicht die Luft.
Du kannst meine Liebe zu dir nicht sehen,
doch sie ist überall.

UNBEKANNTER AUTOR

Das Gesetz der göttlichen Führung beweist, dass Gott für Sie tun wird, was Sie für sich nicht tun können. Sobald Sie Ihr kleines Ich dem größeren Plan der göttlichen Führung überlassen haben, brauchen Sie die Abwehrmechanismen nicht mehr, mit denen Sie sich vor Ihrem Exmann oder Ihrer Exfrau geschützt haben. Wenn wir schließlich unsere Vorstellung davon aufgeben, wie die Dinge sein sollten, öffnen wir uns für eine neue Wirklichkeit. In Gegenwart der göttlichen Führung werden wir demütig – unser Stolz wird von Offenheit und der Bereitschaft zu lernen abgelöst. Diese Demut ist die Tür, durch die das Göttliche in unser Leben Einzug halten kann. Ohne Demut glauben wir, es allein schaffen zu können. Ohne Demut hindert uns unser falscher Stolz oder unser Ich daran, die ganze Situation mit klaren Augen zu sehen. Unser Ego hat das Sagen, bis wir unseren Glauben aufgeben, wir seien unabhängige und getrennte Wesen. Solange dieser Mythos intakt ist, halten wir die Tür zu unserer höheren Weisheit geschlossen.

Auch wenn es nicht so scheinen mag, ist die Trennung eine Chance, zu unserem göttlichen Schöpfer zurückzufinden und auf ihn zu bauen. Meditation und Gebet beruhigen unseren Geist, besänftigen unsere Emotionen und unterstützen uns darin, zu der Hoffnung und der freudigen Erregung zurückzukehren, die wir als Kinder hatten. Negative Emotionen erinnern uns daran, dass wir aus diesem Zustand der Unschuld herausgefallen sind, hinein in eine Wolke der Angst. Unsere Ängste bestehen aus unserem Zorn, unserem Schmerz, unseren Sorgen, unserem Groll und unserem Kummer, während unser Glaube aus Hoffnung, Möglichkeiten, Vertrauen und innerer Gewissheit hinsichtlich der Güte des Universums besteht. Angst und Glaube können nicht miteinander existieren. Die Angst verschließt uns, während der Glaube uns öffnet.

Wenn wir glauben, dann wissen wir, dass das Licht oder das Gute kommen wird, auch wenn wir es vielleicht in diesem Augenblick nicht sehen können. Der Glaube lässt uns wissen, dass es etwas außerhalb von uns gibt, das uns führt und unterstützt. Der Glaube öffnet die Tür zu neuem Wissen und neuen Anschauungen und verleiht uns Zugang zur ewigen, zeitlosen Weisheit.

Während meiner Trennung von Dan besuchte meine Schwester Arielle mich, um zu sehen, wie es mir ging. Ich hatte gerade eines meiner emotionalen Tiefs – ich fühlte mich verloren, einsam und hatte schreckliche Angst, es allein nicht zu schaffen. Arielle forderte mich auf, mich zu setzen und die Augen zu schließen. Dann fragte sie mich: »Wovor hast du Angst?« In Gedanken wiederholte ich diese Frage immer wieder. Bald wurde ich von dem Gefühl überwältigt, dass ich ganz allein wäre und dass niemand da wäre, um mir zu helfen. In diesem Augenblick erlebte ich all die anderen Male in meinem Leben wieder, als ich mit meinem Schmerz allein gewesen war. Ich hatte das Gefühl, als ob ein Messer in eine offene Wunde in meiner Brust gestoßen würde. Ich konnte kaum atmen. Ich empfand eine so tiefe Traurigkeit, dass ich für jede andere Wirklichkeit blind war. Meine größe Angst hatte die Oberhand gewonnen. Ich glaubte, ich wäre für immer in den leeren, schmerzlichen Gefühlen meiner Einsamkeit gefangen.

Arielle hielt mich im Arm, als ich weinte und meine Traurigkeit herausließ. Dann erklärte sie mir, Angst sei nichts weiter als zu vergessen, dass alles in Ordnung ist. Sie erinnerte mich daran, dass selbst in diesen Augenblicken der Verzweiflung ein göttliches Wesen bei uns ist. Wenn ich Hilfe haben wolle, müsse ich nichts weiter tun, als die Augen schließen und darum bitten. Ein paar Minuten lang saßen wir nebeneinander und beteten, ich möge meinen Glauben wiederfinden – ich möge einen Bewusstseinswandel erleben, der so groß sei, dass ich wüsste, ich wäre nie allein gewesen und würde nie allein sein. Ich musste mich nur in jedem Augenblick daran erinnern, dass dieses Wesen bei mir ist. Sofort wusste ich, dass ich allem äußeren Anschein zum Trotz nie allein war.

Die Trennung von unserem Lebenspartner macht die Leere in uns sichtbar. Meist glauben wir, eine feste Beziehung oder Ehe mache uns zu ganzen Menschen. Und nun, da die Einheit zusammengebrochen ist, bleibt uns nur noch das Gefühl, unvollständig, verloren, allein, fehlerhaft und durcheinander zu sein. Wir glauben, unsere Tränen der Trauer, unsere Mauern der Resignation und unsere Schmerzensschreie seien vom Zusammenbruch unserer Beziehung oder Ehe verursacht worden, aber in Wahrheit steckt mehr dahinter, als uns bewusst ist. Ein Großteil unseres Schmerzes rührt daher, dass wir getrennt sind, aber nicht bloß von unserem Gefährten, sondern von unserer göttlichen Mutter, unserem Schöpfer.

Sarah war in ihrem emotionalen und spirituellen Wohlbefinden viele Jahre lang von ihrem Mann abhängig gewesen. Als ich sie kennen lernte, war sie seit zwölf Monaten von dem Mann getrennt, den sie für die Liebe ihres Lebens gehalten hatte. Es gab viele Tage, an denen Sarah sich vor Einsamkeit verzehrte. Sie fühlte sich zerbrochen und allein und versank in Depressionen, die oft wochenlang anhielten.

Ihre Hoffnungslosigkeit veranlasste Sarah, Hilfe zu suchen, wieder in die Kirche zu gehen und stundenlang Selbsthilfebücher zu lesen. Auf einer bewussten Ebene wusste sie, dass es irgendwo eine Macht gab, die ihr helfen konnte, denn sie hatte in dieser dunklen Zeit ein paar Tage und Stunden erlebt, in denen sie sich hoffnungsvoll und sicher gefühlt hatte. Aber Sarah konnte anscheinend die guten Gefühle nicht festhalten. Sie blieb in ihren negativen Selbstgesprächen gefangen, in denen sie sich immer wieder sagte, sie sei schuld daran, dass ihre Ehe in die Brüche gegangen war, und wenn sie ihrem Mann mehr Aufmerksamkeit gewidmet und die Dinge getan hätte, die er von ihr verlangte, dann hätte sie noch immer das Einzige auf der Welt, das sie liebte. Ihr negatives Selbstgespräch schloss sie von der Macht aus, die ihr helfen konnte. Zwar hatte sie Augenblicke der Klarheit, doch unvermeidlich fiel sie in die Falle ihres getrennten, unzufriedenen Ichs zurück.

Als ich Sarah fragte, was das Gefühl von Hoffnung und Frieden in ihr erweckt habe, erkannte sie, dass sich dieses Gefühl immer dann einstellte, wenn etwas oder jemand sie daran erinnerte, dass sie versuchte, alles allein zu schaffen – dass sie versuchte, das Schiff in die gewünschte Richtung zu steuern, während sie aber die Mannschaft am Ufer zurückgelassen hatte, statt die Unterstützung, die sie brauchte, mitzunehmen. Sarah musste nur sanft daran erinnert werden, dass sie das Schiff nicht ganz allein steuern musste. Wenn sie sich von der ganzen Mannschaft, die ihr zur Verfügung stand, unterstützen ließ, musste sie nichts weiter tun, als sich in Gedanken dem Gebet zu widmen, und schon würde sie aus dem Schmerz der Depression ins Licht der Hoffnung erhoben.

Die Trennung stößt uns zurück in die kleine, zerbrochene Schale unseres Ichs, aber um vollkommene Heilung zu finden, müssen wir in den Schoß des Göttlichen zurückkehren. Um unsere Göttlichkeit auf der tiefsten Ebene zu erleben, müssen wir aufhören, dem lärmenden inneren Geplapper zu lauschen, das unseren Verstand besetzt. Rama Berch, der Direktor der Master Yoga Academy, hat mir einmal erklärt: »Ich erlaube meinem Verstand nicht, einen Gedanken ohne meine Einwilligung zu denken.« Wir müssen uns bewusst machen, dass wir nicht dieses negative innere Geplapper sind und dass wir als einzige die Kraft haben, ihm die Aufmerksamkeit zu entziehen.

Wenn wir erkennen, dass wir in der kleinen Stimme unseres Ichs gefangen sind, können wir für einen Augenblick innehalten, die Augen schließen, ein paarmal langsam und tief durchatmen und unsere Gedanken auf eine höhere Bewusstseinsebene heben. Wir müssen das negative Geplapper unseres niederen Selbst ins Licht unseres höheren Selbst rücken, indem wir laut sagen: »Ich will meine Zeit und meine Energie nicht mehr darauf verwenden, auf den Zweifel, die Angst und die Selbstverurteilung zu hören.« Wir müssen uns versichern, dass dieses Geplapper nicht den Teil von uns widerspiegelt, der mit Gott oder einer höheren Macht verbunden ist, sondern vielmehr die Stimme des Teils von uns ist, der getrennt, allein und verletzt ist. Sobald wir begreifen, dass wir nicht auf unsere Zweifel und Ängste hören müssen, können wir uns öffnen, um das Gesetz der göttlichen Führung zu empfangen, das uns bestätigt, dass Gott für uns tun wird, was wir für uns nicht tun können, und dass unser Ich das Sagen haben wird, bis wir aus unserem Glauben heraustreten, dass wir unabhängige und getrennte Wesen sind.

Das Bewusstsein, dass wir nicht allein sind, lässt uns auch darauf vertrauen, dass wir uns auf etwas Größeres stützen können, wenn wir unseren Partner loslassen. Selbst wenn Sie mehr als er zum Zusammenbruch Ihrer Ehe beigetragen haben, verdienen Sie es dennoch, geheilt und wieder mit der höheren Macht verbunden zu werden. Vielen Menschen hat man beigebracht, wenn sie gute Menschen sind, werde Gott sich um sie kümmern, und wenn sie schlecht sind, dann nicht. Das ist eine Lüge. Gott ist immer da und wartet darauf, dass Sie Ihren Willen und Ihre Getrenntheit aufgeben, so dass er mit Ihnen statt hinter Ihnen gehen kann.

Wie wir Gott kennen lernen

Der Gott, von dem ich hier spreche, ist kein allmächtiges Wesen, das außerhalb von uns lebt, sondern vielmehr eine universale Kraft, die im Kern unseres Wesens existiert und uns mit allem, was ist und was sein wird, verbindet. Er ist eine allumfassende Energie, die ebenso stark wie weise ist, eine Kraft, die oft als Geist, Liebe, universales Bewusstsein, göttliche Ordnung oder göttliche Natur bezeichnet wird. Gott hat viele Namen, und viele Wege können Sie zu dem göttlichen Wesen in Ihnen führen. Zunächst einmal müssen Sie nur den aufrichtigen Wunsch haben, Gott kennen zu lernen, sowie offen dafür sein, sich von dieser Kraft zum richtigen Handeln führen zu lassen.

In seinem Buch *Die Kraft der universellen Energie* lehrt uns Emmet Fox, Gott sei unser Wissen um die Wahrheit, und dieses Wissen um die Wahrheit sei an sich die Gegenwart Gottes. Aber er spricht nicht von einem intellektuellen Wissen, sondern von der konkreten Erfahrung Gottes. Nicht von einem Wissen in unseren Köpfen, sondern von einem Erleben unserer Herzen. Unser intellektuelles Wissen von Gott hindert uns oft daran, Gott zu erfahren, denn dieses Wissen in unseren Köpfen begrenzt im Grunde die Möglichkeit von etwas Größerem.

In diesem Prozess, in dem wir uns vom Schmerz der Trennung erholen, überrascht es nicht, dass wir uns nur auf das verlassen wollen, was wir sehen können. Wir verlassen uns auf unseren Verstand, weil unser Herz so verletzt ist. Aber das intellektuelle Wissen kann die Tür zu neuen Möglichkeiten verschließen und uns in einer starren Wirklichkeit einsperren und damit verhindern, dass etwas Neues auftaucht. Um uns über unsere Verletztheit hinaus zu entwickeln, müssen wir das Göttliche jenseits unseres Intellekts erfahren. Wir müssen darauf vertrauen, dass wir mehr sind als unsere Zweifel, Ängste und negativen Gedanken. Wir sind mehr als der Wirrwarr der Gefühle, den wir in diesem Augenblick erleben.

Wenn wir bereit sind, über das hinauszugehen, dessen wir uns gewiss sind, ergeben wir uns dem »Geist des Anfängers«, wie die Buddhisten es nennen. Der Anfängergeist bezeichnet den Zustand des unschuldigen Kindes, den Zustand des Staunens, in dem wir lebten, bevor wir feste Vorstellungen von der Welt entwickelten. Um zu diesem Ort der Unschuld zurückzukehren, müssen wir aufgeben, was wir wissen, und unsere Urteile und Anschauungen loslassen. Wir müssen bereit sein, in der Ungewissheit zu leben, nicht zu wissen, wer wir sind und wer Gott ist. Dann werden wir offen und sind in der Lage, aus unseren Köpfen aus- und in unsere Herzen einzuziehen.

Zu Beginn meiner Trennung war ich sicher, dass Dan mir meinen Sohn wegnehmen wollte. Obwohl ich keinerlei Beweise für diese Befürchtung hatte, war ich besessen von der Möglichkeit eines Kampfs um das Sorgerecht, wann immer ich Angst hatte und mich allein fühlte. Nach einigen Diskussionen mit meiner Freundin Rachel war ich mir darüber im Klaren, dass meine Angst, Beau zu verlieren, den einzigen Menschen, den ich liebte und an dem ich mich damals festhalten konnte, in meiner Besessenheit zum Ausdruck kam. Jedes Mal, wenn ich daran dachte, dass Dan mir Beau wegnehmen würde, raste mein Herz, und ich war voller Traurigkeit. Ganz gleich, was die anderen mir sagten – nachts litt ich allein mit meinen negativen Gedanken.

Nachdem ich wochenlang immer tiefer in meine Traurigkeit versunken war, kam mir der Gedanke, um Führung zu bitten. Auch wenn ich wusste und glaubte, dass mir von einer höheren Macht geholfen werden konnte, vergaß ich das inmitten meiner Ängste anscheinend immer wieder. Also holte ich mir einen Block kleiner gelber Haftnotizzettel und fing an, auf mehrere Zettel »Gott liebt und beschützt mich« zu schreiben. Als ich genügend beieinander hatte für jedes Zimmer in meinem Haus, klebte ich sie überall hin, so dass ich es nicht mehr vergessen konnte. Ich steckte sie in meine Handtasche und klebte sie in mein Auto, und jedes Mal, wenn mir der Gedanke kam, Dan würde mir Beau wegnehmen, atmete ich tief durch und versetzte mich wieder in den Geist des Anfängers. Ich sagte mir, ich wisse nicht, wie sich das Leben entwickeln werde, und ich könne nur mein eigenes Verhalten steuern und nicht das anderer Menschen. Dann versicherte ich mir laut, dass Gott mich liebe und beschütze. Ich wiederholte diese Worte immer wieder, bis ich eine gewisse Erleichterung zu verspüren begann.

Nachdem ich wochenlang eine Haltung des Nicht-Wissens

kultiviert hatte und offen dafür war, göttliche Liebe und göttlichen Schutz zu empfangen, spürte ich, wie meine Angst schwand. Wenn ich heute zurückblicke, erkenne ich, dass meine Ängste, Dan würde mir Beau wegnehmen, völlig irreal waren. Mein Verstand hatte mir da einen Streich gespielt. Es lag einzig und allein an mir, dieses Spiel mitzuspielen oder mich an einen Ort jenseits des Verstandes zu begeben, um in einer friedvollen und sicheren Wirklichkeit zu leben.

Bitten Sie um Hilfe

Heilung wird Ihnen zuteil, wenn Sie so mutig und demütig sind, um Hilfe zu bitten – dies ist ein Akt des Glaubens. Zu glauben fällt Ihnen wahrscheinlich am schwersten, wenn Sie voller Enttäuschung, Traurigkeit, Zorn oder Reue sind. In solchen Zeiten müssen wir daran glauben, dass wir den Glauben wiederfinden. Wir müssen uns an Zeiten in unserem Leben erinnern, in denen wir den Glauben hatten und der Glaube uns beistand.

Der Glaube ist ein Zustand des vollständigen Vertrauens. Er lässt uns wissen, dass wir alle miteinander verbunden sind und von einer höchsten Intelligenz geleitet werden, die letztlich nur unser Bestes im Sinn hat. Der Glaube erlaubt uns, an einen authentischen Ort der Kraft zurückzukehren, an dem wir darauf vertrauen können, dass unser Leben sich positiv entwickeln wird. Der Glaube lebt gleich hinter der Mauer der Angst, die uns daran hindert, mit offenem Herzen zu leben. Der Glaube glaubt ohne einen Schatten des Zweifels, dass das Universum gut ist. Und erst der Glaube ebnet Engeln und Wundern den Weg, in unser Leben zu treten.

Da ist zum Beispiel die Geschichte von Julie, einer allein erziehenden Mutter von vier kleinen Kindern. Ihr Mann war gerade aus ihrem Leben verschwunden und hatte sie ohne einen Cent sitzen lassen. Julie wusste, dass sie Arbeit finden musste, und darum zog sie an einem kalten, windigen Morgen ihr bestes Kleid an und verfrachtete ihre Familie in ihren

Caravan. Zu fünft fuhren sie zu jeder Fabrik, jedem Laden und jedem Restaurant in ihrer Kleinstadt. Ohne Erfolg. Die Kinder blieben eng zusammengepfercht im Wagen und versuchten still zu sein, während Julie einen Arbeitgeber nach dem anderen verzweifelt davon zu überzeugen suchte, dass sie bereit sei, zu lernen und alles zu tun, nur um einen Job zu bekommen. Tage vergingen, und noch immer hatte sich nichts ergeben. Zuletzt versuchte es Julie bei einer Fernfahrerkneipe ein paar Meilen außerhalb der Stadt. Die Besitzerin, eine alte Frau namens Granny, bot Julie an, sie könne während der Nachtschicht als Kellnerin arbeiten. Julie würde von dreiundzwanzig Uhr bis sieben Uhr morgens arbeiten, für 4,65 Dollar die Stunde plus Trinkgeld. Granny sagte ihr, sie könne noch in dieser Nacht anfangen.

Julie raste nach Hause und rief ihre Babysitterin in der Nachbarschaft an. Sie versprach dem Mädchen, dass die Kinder bereits schliefen und sie auf dem Sofa übernachten könne. Das Mädchen war einverstanden. An diesem Abend, als Julie und ihre Kinder sich zum Beten hinknieten, dankten sie alle Gott dafür, dass er Mami einen Job verschafft hatte. Und dann fuhr Julie los, um ihren neuen Job am Big Wheel Truck Stop anzutreten. Obwohl es ein harter Job war, dankte Julie Gott dafür, dass sie ein Dach über dem Kopf, zu essen, warme Kleidung und vor allem Liebe im Herzen hatten.

Als die Reifen an ihrem alten Caravan undicht wurden, musste Julie jeden Abend auf dem Weg zur Arbeit anhalten, um Luft nachzufüllen, und jeden Morgen vor der Heimfahrt noch einmal. An einem trüben Herbstmorgen, als Julie sich gerade auf den Heimweg machen wollte, entdeckte sie zu ihrer großen Überraschung vier Reifen auf der Rückbank. Sie war völlig aus dem Häuschen. »Neue Reifen!«, rief sie so laut, dass sich alle Leute auf dem Parkplatz nach ihr umdrehten. Kein Zettel, nichts, bloß diese großen, schönen, brandneuen Reifen. Julie war überzeugt, dass sie einen Schutzengel hatte.

Weihnachten kam, und Julie hatte kein Geld, um Spielzeug für die Kinder zu kaufen. Doch eines Tages fand sie eine Dose mit roter Farbe und machte sich daran, einige alte Spielsachen zu reparieren und anzumalen. Dann versteckte sie sie im Keller, so dass der Weihnachtsmann an Weihnachten etwas abliefern konnte. Und jeden Tag, wenn Julie mit der Arbeit fertig war, betete sie von ganzem Herzen, dass ihre Kinder ein unvergessliches Weihnachten hätten.

Am Weihnachtsmorgen eilte Julie um sechs Uhr von der Arbeit zu ihrem Auto. Sie hoffte, zu Hause zu sein, bevor die Kinder aufwachten, so dass sie die Geschenke aus dem Keller holen und unter ihren kleinen Christbaum legen konnte. Es war noch dunkel, als sie sich dem Auto näherte, und sie konnte nicht viel erkennen, aber irgendwelche dunklen Schatten schienen im Wagen zu sein. Oder war das nur eine nächtliche Täuschung? Irgendetwas sah doch anders aus, aber sie wusste nicht, was.

Julie schaute durch eines der Seitenfenster in den Caravan hinein. Dann blieb ihr vor Staunen der Mund offen stehen. Ihr alter, verbeulter Wagen war bis oben hin voller Kartons in allen Formen und Größen. Rasch öffnete sie die Fahrertür, kletterte hinein und kniete sich auf den Fahrersitz. Sie griff nach hinten und öffnete den obersten Karton. Darin waren lauter kleine Bluejeans, in den Größen 2 bis 10. Sie schaute in einen anderen Karton: Er war voller Hemden, die zu den Jeans passten. Dann äugte sie in einige andere Kartons – sie enthielten Süßigkeiten und Nüsse, Bananen und Tüten voller Lebensmittel: einen riesigen Schinken, Konservendosen mit Gemüse, Kartoffeln sowie eine Tüte mit Waschpulver und Reinigungsmitteln. Und im letzten Karton schließlich fand sie drei große Spielzeuglastwagen und eine wunderschöne kleine Puppe.

Julie fuhr durch die leeren Straßen nach Hause, während langsam die Sonne am erstaunlichsten Weihnachtstag ihres Lebens aufging. Sie seufzte erleichtert – Gott hatte ihre Gebete erhört. Und dann schluchzte sie vor Dankbarkeit. Als sie ihr Haus betrat, schlief noch alles, und darum stellte sie behutsam alle Spielsachen unter den sparsam geschmückten kleinen Baum. Als die Kinder aufstanden, entdeckten sie Julie, der die Tränen über die Wangen liefen. Sie konnte einfach nicht aufhören zu weinen. Dann erzählte sie ihren Kindern, dass Gott ihre Gebete erhört habe, und ermunterte sie, ihre Geschenke auszupacken. Julie sah zu und genoss jedes Lachen und jeden Freudenschrei der Kinder. Sie schwor sich, die Freude in den Gesichtern ihrer Kinder an diesem einzigartigen Weihnachtsmorgen nie zu vergessen. Von diesem Augenblick an war Julie sicher, dass Gott uns erhört, und sie wusste, dass sich in dieser Dezembernacht Engel am Big Wheel Truck Stop herumgetrieben hatten.

Jeder von uns ist jetzt, in diesem Augenblick, von Engeln umgeben. Sie wohnen um die Ecke, arbeiten in Ihrem Büro, gehen in Ihrem Viertel auf Streife, rufen Sie an, um einfach bloß Hallo zu sagen, und sind da, um Sie weinen zu hören. Sie unterrichten Ihre Kinder – sie sind Ihre Kinder. Sie beten für Sie und passen für Sie auf, auch wenn Sie es vielleicht nie erfahren. Sie sehen sie fast jeden Tag – ohne sie überhaupt zu erkennen.

Glauben Sie an Wunder

Gerade dann, wenn wir uns am verletzlichsten und unsichersten fühlen, sollten wir unser Herz öffnen und die Barrieren beseitigen, die uns daran hindern, die Liebe und die Unterstützung des Universums zu spüren. Das dritte spirituelle Gesetz fordert uns auf, darauf zu vertrauen, dass es eine göttliche Führung gibt, die uns leitet. Auch wenn es vielleicht eine schwierige Aufgabe zu sein scheint, wenn wir gerade verletzt oder verraten wurden, ist es doch die einzige Möglichkeit, unser Herz zu heilen und die Liebe wieder zu erleben. Wir können die Barrieren durchbrechen, die wir errichtet haben und die uns daran hindern, uns und andere Menschen zu erfahren, indem wir uns einfach nur von unseren vorgefassten Vorstellungen trennen, die wir uns vom Leben und von unseren Partnern gemacht haben.

Wunder kann es nur geben, wenn wir offen sind, sie zu

empfangen. Wenn wir uns zu sicher sind, wer unser Partner oder unsere Partnerin ist und wie er oder sie in jeder Situation reagieren und sich verhalten wird, dann lassen wir diesem Menschen keinen Raum mehr, sich anders zu geben. Aber wenn wir loslassen und uns der Vorstellung öffnen, dass jeder von uns sich in jedem Augenblick ändern kann, dann lassen wir zu, dass die Menschen und Umstände anders sind als erwartet. Wenn Sie an der Überzeugung hängen, dass Sie es allein nicht schaffen oder dass Sie nicht genug Geld haben, um Ihren Lebensunterhalt zu bestreiten, dann verschließen Sie sich dem Wunder, ob es nun in Form eines Jobs, eines Darlehens oder einer zusätzlichen Hilfe seitens Ihres Partners erscheint.

Suchen Sie sich Unterstützung

Wenn wir bereit sind, gewährt uns das Universum die Unterstützung, die wir brauchen. Sie kann Ihnen in Form eines Buches, eines Therapeuten, einer Gruppe, eines neuen Freundes oder einer neuen Idee zuteil werden. Wenn wir unseren Glauben pflegen, werden wir auf göttliche Weise genau zu dem Menschen, dem Gedanken oder der Situation geführt, den oder die wir benötigen.

Jill hatte mit einundzwanzig geheiratet. Mit fünfunddreißig kam sie dahinter, dass ihr Mann Henry eine Affäre hatte. Jill war Mutter von drei Kindern, und als ihr Mann das Interesse an ihr zu verlieren schien, konzentrierte sie sich vermehrt auf ihre Kinder. Jill und Henry bemühten sich etwa ein Jahr lang, wieder miteinander klarzukommen, aber mit ihrer Ehe ging es nur noch weiter bergab.

Als Jill Henry schließlich aufforderte auszuziehen, zog er sofort zu seiner Freundin. Jill fühlte sich zurückgewiesen und nicht geliebt. Sie wartete drei Wochen darauf, dass ihre beiderseitigen Freunde sie anrufen und sich um sie kümmern würden, aber keiner tat es. Sie sah ein, dass sie etwas würde tun müssen, denn sie brauchte dringend Unterstützung. Jede

Nacht, nachdem sie die Kinder zu Bett gebracht hatte, betete Jill um ein Zeichen, irgendetwas, das ihr über diese schreckliche Zeit hinweghelfen würde. Sie glaubte fest daran, dass ihr diese Hilfe zuteil würde.

Und dann erblickte sie eines Morgens, als sie die Zeitung las, ihr Zeichen. Für den nächsten Abend wurde die Zusammenkunft einer Fördergruppe für allein erziehende Eltern in einer örtlichen Synagoge angekündigt. Jill bat ihre Mutter, auf die Kinder aufzupassen, und ging zu diesem Treffen. Sie war überrascht, wie lebhaft alle Teilnehmer waren. Die Männer wie die Frauen waren warmherzig und offen, und alle begannen ihre Erfahrungen auszutauschen. Die Gruppe nannte sich »Die Fallengelassenen«, worüber Jill zugleich lachen und weinen musste, aber sie war erleichtert, dass wieder etwas Humor in ihr Leben einkehrte. Jill nahm am Gruppengeschehen teil, und nach fünf Wochen hatte sie eine Verabredung mit einem der Mitglieder. Sie amüsierte sich großartig, und ihr neuer Bekannter hielt sie für reizend und lachte sogar über ihre Witze. Sie begann sich wieder schön und begehrenswert zu finden.

Jill gewann viele neue Freunde, und drei Jahre später, nachdem sie aktiv in der Fördergruppe mitgearbeitet hatte, lernte sie David kennen. Sie heirateten, und David ermutigte Jill, sich ihren Traum zu erfüllen und Jura zu studieren. Mit dreiundvierzig bestand sie ihr Examen, und heute ist sie in einer Anwaltskanzlei tätig. Wenn Jill zurückschaut, fragt sie sich, wie sie jemals mit ihrem ersten Mann verheiratet gewesen sein konnte. Der Glaube und das Vertrauen öffneten ihr die Augen für die göttliche Intervention, die sie darin unterstützte, in ihrem Leben weiterzukommen.

Inmitten unseres Schmerzes, selbst wenn alles in unserem Leben drunter und drüber geht – wir werden krank, wir verlieren das Sorgerecht für unsere Kinder, unsere Freunde lassen uns im Stich oder wir haben kein Geld mehr –, müssen wir uns versichern: »Gott lädt uns nie mehr auf, als wir bewältigen können.« Auch wenn wir die Liebe Gottes vielleicht nicht erkennen oder fühlen – stets leitet und beschützt sie uns, und wenn wir uns dessen weiterhin bewusst sind, werden wir die Dinge meistern. Wenn wir leiden und allen Aufruhr unserer Trennung empfinden, dann nur, weil wir zugelassen haben, dass unser Bewusstsein auf die Ebene hinabsinkt, wo Angst und Beschränkung regieren.

Wenn wir uns inmitten unseres Schmerzes weigern, etwas anderes zu akzeptieren als die Wirklichkeit von Frieden, Liebe und Sicherheit, und wir an dieser Wirklichkeit als unserer Wahrheit festhalten, wird unser Bewusstsein geläutert, und neue Gedanken werden sich einstellen. Diese Gedanken erheben uns, statt uns hinabzuziehen. Sie gewähren uns Hoffnung und neue Möglichkeiten statt Verzweiflung und Hoffnungslosigkeit.

Beruhigen Sie Ihren Geist

Frieden kann nur in einem stillen Geist existieren.

Nach meiner Scheidung von Dan hatte ich das Gefühl, mein Leben gerate außer Kontrolle. Mich darum zu bemühen, allein für meinen Lebensunterhalt aufzukommen, damit fertig zu werden, eine allein erziehende Mutter zu sein, und mich tagtäglich um den Haushalt zu kümmern – das war mehr, als ich schaffen konnte. Ich merkte, dass ich mich ständig darüber beklagte, wie chaotisch mein Leben sei. Schließlich ging mir auf, dass ich nur dann davon erlöst würde, wenn ich jeden Tag Zeit damit verbrachte, in mich zu gehen. Ich beschloss, mich wieder einer täglichen Meditationspraxis zu widmen. Eines Tages, als ich still dasaß, erkannte ich, dass das Chaos, über das ich mich beklagt hatte, von meinem eigenen negativen inneren Dialog genährt wurde. So wurde die Meditation das Instrument, mit dem ich ungeachtet meiner äußeren Umstände meinen inneren Frieden zurückgewann.

Der Schmerz der Trennung treibt uns tief in unseren negativen inneren Dialog, indem er all unsere Klagen, Werturteile, Verletzungen und Enttäuschungen aus der Vergangenheit ans Licht zerrt. Das ständige Geplapper, das uns unaufhörlich durch den Kopf geht, formt die Welt, in der wir leben, und gestaltet die Wirklichkeit unserer Gegenwart und unserer Zukunft. Erst wenn wir erkennen, dass unsere Gedanken nichts weiter sind als von Phantasie und Angst erfüllter innerer Lärm, können wir unser Leiden überwinden und ein emotionales Gleichgewicht erlangen.

Wenn wir meditieren, versinken wir in der Stille, die jenseits unserer Gedanken existiert. Die Praxis der Meditation führt uns über unseren bewussten Verstand hinaus, in den stillen Frieden der göttlichen Führung. Beim Meditieren stellen wir jede Tätigkeit ein, werden still und beobachten stumm unsere Gedanken und Emotionen. Das Ziel der Meditation besteht darin, uns wieder mit uns zu verbinden, indem wir uns von den automatischen, immergleichen Gedanken lösen, die uns an das Drama und den Schmerz unserer Trennung fesseln.

Die Praxis der Meditation ist einfach. Setzen Sie sich ruhig und bequem hin, schließen Sie die Augen und beginnen Sie, indem Sie ein paarmal lange, langsam und tief Atem holen. Atmen Sie bewusst, indem Sie Ihre ganze Aufmerksamkeit auf die Bewegung und das Geräusch Ihres Atems richten. Spüren Sie Ihren Atem, wie er die Kehle passiert und in die Brust und den Bauch eindringt. Richten Sie Ihr Gewahrsein weiter auf das Herein- und Hinausfließen Ihres Atems, und wenn es zu einem Gedanken, einem Gefühl oder einer körperlichen Empfindung wandert, lenken Sie es sanft zum Atem zurück. Am Anfang werden Sie vielleicht nur fünf oder zehn Minuten still sitzen können, aber mit einiger Übung werden Sie feststellen, dass Sie täglich dreißig oder vierzig Minuten heiliges Schweigen zu genießen vermögen.

Um Frieden inmitten des Chaos zu finden, können Sie auch eine andere Technik praktizieren, die des »Stillwerdens«, wie mein Freund und Lehrer Sarano Kelly es nennt. Dabei müssen Sie sich eine oder zwei Minuten Zeit nehmen, um still zu werden und um sich wieder mit Ihrem höheren Selbst zu verbinden, so dass Sie sich Ihrer Handlungen bewusster sind und bessere Entscheidungen treffen können. Bevor Sie den Hörer abheben, um mit Ihrem Exmann oder Ihrer Exfrau zu telefonieren, bevor Sie Ihren Anwalt aufsuchen, um mit ihm über ein Schlichtungsverfahren zu sprechen, bevor Sie die Kinder von der Schule abholen, bevor Sie die Rechnungen bezahlen – jedes Mal also, wenn Sie im Stress sind –, nehmen Sie sich einen Augenblick Zeit, um still zu werden.

Sie können die Übung »Stillwerden« gleich jetzt ausprobieren, indem Sie die Augen schließen und fünf langsame, tiefe Atemzüge tun. Stellen Sie sich einfach vor, sie würden in den stillen, ruhigen Ort in Ihnen versinken, während Sie weiteratmen. Lassen Sie all Ihre Gedanken, all Ihre Ängste, all Ihre Sorgen – nur für einen Augenblick – völlig von sich abfallen. Lassen Sie sie in der Erde versickern.

Unser innerer Frieden wird nur dann wiederhergestellt, wenn wir lernen, uns jenseits des ununterbrochenen Dialogs zu bewegen, der durch unseren Kopf rauscht. Wenn unser Geist ruhig, völlig still ist, ohne jeden Gedanken, dann existieren keine Probleme und kein Schmerz.

Die Kraft des Gebets

Das Gebet erhebt unser Bewusstsein und heilt unser Herz. Und wenn unser Herz voller Hoffnung, Glauben und Vertrauen ist, strahlen wir ein Selbstvertrauen aus, das sich auf jeden Bereich unseres Lebens auswirkt. Das Gebet ist das Instrument, das uns dabei hilft, unser Bewusstsein auf eine spirituelle Ebene zu heben, auf der all unsere Probleme verschwinden. Wenn wir uns auf eine spirituelle Praxis einlassen, arbeiten wir nur auf ein Ziel hin: die Läuterung unseres Geistes. Durch das Gebet befreien wir uns vom Selbstzweifel und von der Selbstverurteilung und schaffen Raum, damit Liebe, Dankbarkeit und Hoffnung unser Bewusstsein durchdringen können. In der Finsternis der Trennung kann das Gebet unser Zufluchtsort sein, der uns den Frieden und die Klarheit vermittelt, die wir so dringend brauchen.

Emmet Fox erklärt uns, dass wir aufhören müssen, an die

Schwierigkeiten zu denken, worin auch immer sie bestehen. »Die Regel lautet: Denken Sie über Gott nach. Aber wenn Sie über Ihre Schwierigkeiten nachdenken, denken Sie nicht über Gott nach.« Sie müssen Gott aktiv und bewusst in Ihrem Herzen und in Ihrem Leben willkommen heißen. Sie müssen daran glauben, dass Gott sich um Sie und Ihre Familie kümmern kann und wird.

Während der schlimmsten Zeiten meiner Scheidung nutzte ich das Gebet als eine Möglichkeit, meine Seele zu nähren und mir Gottes trostreiche Liebe vor Augen zu führen. Wenn ich morgens die Augen aufschlug, sprach ich ein Gebet, in dem ich Gott bat, für mich zu tun, was ich selbst nicht für mich tun konnte. Ich wusste, wenn ich von meinen negativen Emotionen befreit werden könnte, läge ein Tag des Friedens vor mir, aber wenn ich keine Möglichkeit fand, meine negativen Gedanken und Gefühle zu überwinden, würde ich einen weiteren Tag voller Zorn, Frustration und Angst erleben. Das Gebet wurde die Medizin für mein gebrochenes Herz.

Wann immer ich Angst habe, deprimiert bin, mich fürchte oder zornig bin, versichere ich mir wieder und wieder, dass Gott mich liebt. Ich bete darum, die Situation akzeptieren zu können und so weise zu sein, die richtigen Entscheidungen zu treffen. Sinn und Zweck des Gebets ist es, den Fokus unseres Bewusstseins zu verlagern, und wenn wir das Gebet als spirituelles Heilmittel nutzen, erlöst es uns von unserer Angst und unserem Leiden und ersetzt sie durch Glaube und Vertrauen.

Wenn Sie das Universum darum bitten, Ihr Partner zu sein und Sie auf dem Weg zur Ganzheit zu leiten, dann wird es Ihnen helfen. Wenn Sie leiden, können Sie leicht in das unsinnige Muster verfallen, sich selbst Leid zu tun. Vielleicht glauben Sie sogar, dass Sie es verdienen, sich selbst Leid zu tun, aber wenn Sie beten, werden Sie aus Ihrem Leiden in die Erfahrung von Glaube und der Präsenz des Göttlichen erhoben.

Die Bitte um göttliche Führung ermöglicht es Ihnen, die

Partnerschaft des Universums zu erfahren. Für die meisten Menschen besteht der schwierigste Schritt darin, sich Gott nicht mehr im Kopf vorzustellen, sondern ihn im Herzen zu erleben. Durch Meditation, Rituale und die Hingabe im Gebet können wir eine Bewusstseinsverlagerung herbeiführen, den ersten Schritt zu einem außergewöhnlichen Leben.

Schritte zur Heilung

1. Richten Sie sich in Ihrem Haus oder in Ihrer Wohnung einen Altar ein. Ein Altar erinnert Sie daran, dass Sie nicht allein sind. Es ist Ihr Raum, in dem Sie beten, meditieren, Tagebuch führen, weinen oder über Ihr Leben nachdenken können. Es soll für Sie ein »heiliger Raum« sein, den Sie auch als solchen behandeln. Er kann in Ihrem Schlafzimmer oder in jedem anderen Bereich Ihres Zuhauses sein. Ein Altar wird im Allgemeinen nach und nach entstehen, indem Sie Dinge sammeln, die Sie inspirieren und an Liebe und Mitgefühl erinnern. Auf meinem Altar habe ich Bilder von vielen Heiligen. Ich habe darauf ein Bild von meinem Sohn und von allen anderen Familienangehörigen stehen, die ich liebe. Vielleicht möchten Sie auch je ein Bild von sich selbst als Kind und als Erwachsener aufstellen. Das Bild sollte jeweils aus einer Zeit stammen, in der Sie sich glücklich oder zufrieden fühlten. Ihren Altar können Sie mit einem schönen Schal oder einem anderen Stück Stoff bedecken. Schmücken Sie ihn mit Bildern, Kerzen und anderen Gegenständen, die Ihnen Trost spenden. Dazu sollte auch irgendein Symbol Ihres Glaubens gehören. Vielleicht möchten Sie eine Bibel oder eine andere heilige Schrift, eine Buddhastatue oder ein Gebetbuch darauf legen. Sollten Sie keine Gebetbücher haben, die Ihnen gefallen, denken Sie sich Ihr eigenes Gebet aus, drucken es auf einem besonderen Papier aus und legen es auf Ihren Altar.

Ihr Altar wird Ihnen ein Ort der Ruhe sein, an dem Sie beten, meditieren und inneren Trost finden können.

2. Nehmen Sie sich jeden Tag etwas Zeit für die Meditation. Suchen Sie sich dafür einen bequemen Ort in Ihrem Zuhause aus, wo Sie möglichst nicht gestört werden. Sitzen Sie bequem da und beobachten Sie Ihren Atem. Während Sie einatmen, sagen Sie sich: »Ich werde geliebt«, und während Sie ausatmen, sagen Sie: »Ich bin liebenswert«. Atmen Sie ein: »Ich werde geheilt«, und atmen Sie aus: »Ich bin ganz«. Tun Sie dies am Anfang zehn Minuten am Tag und verlängern Sie allmählich die Zeit, die Sie still verbringen.

3. Wählen Sie ein Gebet, das Sie zu Ihrem Trennungsgebet machen. Sprechen Sie es mit der Absicht, Ihr Herz zu heilen. Wenn Sie kein Gebet kennen, suchen Sie sich eines aus einer heiligen Schrift oder einem Gebetbuch heraus, das Ihnen zusagt. Sie können auch Ihr eigenes Gebet erfinden. Sobald Sie eines gewählt und es aufgeschrieben haben, begeben Sie sich zu Ihrem Altar, stellen, setzen oder knien sich bequem hin und wiederholen dann Ihr Gebet mindestens fünf Mal laut oder stumm für sich. Beenden Sie Ihr Gebet mit den Worten: »Ich danke dir, Gott, dass du mir zugehört hast. Ich weiß, dass mein Gebet bereits erhört wird, während ich es spreche.«

Das Gesetz der Verantwortung

5 Emotionale Verantwortung

> Die einzigen Teufel auf der Welt sind die,
> die sich in unseren Herzen herumtreiben.
> Hier sollte die Schlacht geschlagen werden.
>
> MAHATMA GANDHI

Das Gesetz der Verantwortung sagt uns, dass wir zu heilen beginnen, sobald wir Gott gebeten haben, in unser Leben zu treten und uns zu führen. Mit der Hilfe und Unterstützung unseres göttlichen Beschützers können wir uns auf die Reise in unsere innere Welt begeben. Steht Gott uns zur Seite, gewinnen wir die Kraft, die wir brauchen, um uns unser emotionales Gepäck anzueignen. Und dies kann nur dann gelingen, wenn wir erkennen, welche Rolle wir beim Scheitern unserer Ehe oder Beziehung gespielt haben. Auch wenn wir vielleicht noch nicht so weit sind, diese Aufgabe zu akzeptieren, ist es nun an der Zeit, uns wieder auf uns selbst zu konzentrieren und aufzuhören, anderen vorzuwerfen, die Quelle unseres Leidens zu sein.

Wenn Sie sich von Ihrem Partner oder Ihrer Partnerin trennen, sind Sie möglicherweise versucht, sich auf seine oder ihre Missetaten oder Mängel zu konzentrieren. Sie zeigen mit dem Finger auf Ihren Exgefährten, weil Sie vielleicht Angst haben, in Depression und Reue zu versinken, wenn Sie auf sich selbst schauen. Aber die einzige Möglichkeit zu heilen besteht darin, dass Sie genau das tun. Um die ganze Verantwortung für Ihr eigenes Leben zu übernehmen, müssen Sie sich Ihrer Angst stellen. Sie müssen tief in sich hineinblicken und Ihre Trennung nicht als die Ursache Ihrer Probleme betrachten, sondern als ein Symptom all Ihrer ungelösten emotionalen Schwierigkeiten. Sie müssen akzeptieren, dass Ihr Schmerz und Ihre Probleme tief in Ihnen selbst wurzeln. Auch wenn es Ihnen in diesem Augenblick als eine ungeheure Aufgabe erscheinen mag, die Verantwortung zu übernehmen – Sie haben keine Alternative, wenn Sie emotionale Freiheit erlangen wollen.

Als Dan und ich uns trennten, nahm ich es ihm übel, dass er mir so viel unnötigen Schmerz bereitete. Ich war überzeugt, wenn er nur tun würde, was ich wollte, hätten wir keine Probleme mehr. Ich lebte in der Illusion, dass mein Schmerz nichts mit mir zu tun hatte – einzig und allein Dan war daran schuld. Ich war sicher, wenn er alles auf die Reihe kriegte, wäre ich okay. Und so begann ich all die Änderungen aufzulisten, die meiner Meinung nach aus Dan den Menschen machen würden, der er sein sollte. Meine Liste sah etwa folgendermaßen aus:

- Dan muss zur Therapie gehen und an seinen ambivalenten Emotionen arbeiten.
- Dan muss die Kontrolle aufgeben und zulassen, dass ich seine Lehrerin bin.
- Dan muss aufhören zu leugnen, was wirklich in unserer Ehe vorgeht.
- Dan muss aufhören, mir die Schuld an unseren Problemen zu geben.

Nachdem ich meine Liste studiert hatte, ging mir auf, dass das Rezept, das ich für Dan ausstellte, genau die Medizin enthielt, die ich brauchte, um mich selbst zu heilen. Also setzte ich meinen Namen an Stelle von Dans ein, und dann sah meine Liste so aus:

- Ich muss zur Therapie gehen und an meinen ambivalenten Emotionen arbeiten.
- Ich muss die Kontrolle aufgeben und zulassen, dass Dan mein Lehrer ist.
- Ich muss aufhören zu leugnen, was wirklich in unserer Ehe vorgeht.

- Ich muss aufhören, Dan die Schuld an unseren Problemen zu geben.

Obwohl es mich maßlos ärgerte, musste ich zugeben, dass ich eine Menge ambivalenter Emotionen hatte, die geheilt werden mussten. Als ich meine Abwehrhaltungen durchschaute, erkannte ich, dass ich darum gekämpft hatte, unser Leben in den Griff zu bekommen, weil ich glaubte, »es besser zu wissen«. Ständig wehrte ich mich dagegen, mich Dans Führung zu überlassen. Etwas schwieriger war es schon für mich zu erkennen, wie viele Lügen ich erzählt hatte, da ich mir eingeredet hatte, die Wahrheit zu verschweigen sei doch keine Lüge. Und natürlich war leicht zu erkennen, dass ich immer mit dem Finger auf Dan gezeigt und ihm die Schuld an allem gegeben hatte, was in unserem Leben nicht funktionierte. Ich wusste, um mich zu heilen, musste ich aufhören, Dan die Schuld zu geben, und eingestehen, dass ich genauso viel Schuld am Scheitern unserer Ehe hatte.

Uns unserer Gefühle bewusst zu sein ist von grundlegender Bedeutung, wenn wir unser Herz heilen wollen. Unsere giftigen Emotionen bleiben lebendig, bis wir die Lehren annehmen, die sie uns zu erteilen versuchen. Zu Beginn meiner Trennung von Dan waren meine Gefühle außer Kontrolle. Gerade war ich glücklich, doch im nächsten Augenblick konnte ich wütend sein. Ich konnte in Tränen ausbrechen, während ich die Windeln wechselte, oder einen Anfall von Angst erleben, während ich das Geschirr aufräumte. Diese Gefühle hatten weder Sinn noch Zweck – sie kamen und gingen einfach. Aber dann wies mich eine Freundin sanft darauf hin, dass das alles meine Emotionen waren, die in mir lebendig waren. An jenem Tag hörte ich auf, Dan die Schuld zu geben, und machte mir all meine negativen Gefühle zu Eigen.

Jedes Mal, wenn ich eines dieser unerwünschten Gefühle erlebte, setzte ich mich hin und schloss die Augen. Dann versuchte ich genau zu identifizieren, was ich in diesem Augenblick fühlte und warum. Wenn ich mich traurig fühlte, fragte ich mich: Worüber bin ich traurig? Über den Verlust eines

Sexpartners? Über den Verlust, den es bedeutet, dass der Vater meines Sohns nicht mehr zu Hause ist? Über den Verlust meiner Sicherheit? Über den Tod eines Traums? Indem ich die Quelle meiner Traurigkeit identifizierte und akzeptierte, begann meine Heilung.

Oft glaubte ich, ich wäre traurig, weil ich nicht mit Dan schlafen konnte, aber als ich ruhig wurde und einige tiefe Atemzüge tat, ging mir auf, dass ich traurig war, weil ich so weit weg von meiner Familie war. Daher ist es so wichtig, dass wir die Augen schließen, in uns gehen und uns selbst befragen, weil uns unser Kopf oft etwas anderes sagt als unser Herz. Nachdem ich die Quelle meiner Traurigkeit herausgefunden und benannt hatte, holte ich mein Tagebuch und begann drauflos zu schreiben und alle Gedanken und Gefühle festzuhalten, die ich im Augenblick erlebte. Ohne darüber nachzudenken, was oder warum ich schrieb, ließ ich einfach zu, dass ich schrieb, mich gleichsam über das Papier läuterte. In eines meiner Trennungstagebücher schrieb ich:

»Heute erwachte ich in tiefer Leere. Mit dem Gefühl, total unverbunden zu sein, stand ich auf und versuchte so zu tun, als wäre ich okay. Aber um die Wahrheit zu sagen – ich bin's nicht. Ich fürchte mich so, habe Angst vor dem Rest meines Lebens. Wo werde ich hingehen, und was werde ich tun? Wer wird mich beschützen und sich um mich kümmern? Schließlich hatte ich geglaubt, jemand hätte sich um diesen Teil meines Lebens gekümmert, und meine Einsamkeit wäre vergangen. Aber da stehe ich nun wieder, weiter zurückgeworfen als seinerzeit, als meine Ehe begann. Nun habe ich noch mehr Sorgen, muss einen weiteren Menschen ernähren, mich um eine weitere Seele kümmern. Ich ertrinke in einem Meer von Traurigkeit. Wohin auch immer ich schaue, erblicke ich ein weiteres Hindernis, eine weitere Sperre.«

Jedes Mal, wenn ich einen Tagebucheintrag beendet hatte, schloss ich die Augen und betete zu Gott, er möge mich heilen. Dann erinnerte ich mich an andere Zeiten in meinem Leben, als ich das gleiche Gefühl gehabt hatte. Oft brachten diese Erinnerungen noch mehr Schmerz und noch mehr Traurigkeit mit sich. Wenn dies geschah, atmete ich in meinem Schmerz tief durch und ließ diese alten Gefühle zu. Dann nahm ich mein Tagebuch erneut zur Hand und schrieb auch über diese vergangenen Erfahrungen, die mit dem gleichen Schmerz verbunden waren. Wenn ich fertig war, holte ich einige weitere Male langsam und tief Atem und konzentrierte mein ganzes Bewusstsein auf das Gefühl. Dann betete ich erneut darum, mein Herz möge geheilt werden. Dabei ging mir auf, dass ich erst heilen, mich erst besser fühlen konnte, wenn ich meine Gefühle »in Besitz genommen« und die Verantwortung für mein Handeln und mein Nichthandeln übernommen hatte.

Setzen Sie sich dem Sturm aus

Nur wenn wir unsere Emotionen in Besitz nehmen, können wir die Macht und die Kontrolle über unser Leben zurückgewinnen. Ohne zu fühlen, können wir nicht heilen. Wenn wir uns daher dem Sturm unserer turbulenten Emotionen aussetzen, stellt dies einen bedeutsamen, heiligen Akt in unserem Leben dar. In dieser Zeit lernen wir unser tiefstes Selbst kennen. Im Sturm unserer Gefühle können wir die ganze Tiefe unserer Verletztheit und die Qual unseres gebrochenen Herzens spüren. Dann liegen unsere inneren Konflikte bloß, und unser Bild von uns selbst wird in Frage gestellt.

Eine Trennung gehört für die meisten von uns zu den finstersten Zeiten in unserem Leben, in denen wir alle und alles in Frage stellen. Wenn wir uns von unserem Partner trennen, wirkt sich das auf jeden Aspekt unseres Lebens aus und erschüttert das Fundament unseres gesamten Seins. Unversehens kann die freundlichste Frau zur rasenden Furie werden, und der großzügigste Mann beginnt vielleicht zu lügen und sein Geld zu verstecken. Gute Mütter und Väter verstoßen plötzlich gegen alle Regeln, kommen zu spät, wenn sie ihre Kinder abholen sollen, und ziehen vor ahnungslosen Ohren über ihre Expartner her. Die wohlmeinendsten Menschen können rachsüchtig werden und bereit sein, alles ihren Anwälten zu überlassen, statt sich den Wünschen ihres Feindes zu beugen. Dieser ganze Wahnsinn ist symptomatisch für unsere ungeheilten emotionalen Wunden. Zorn, Bitterkeit, Kummer, Angst, Schuld- und Schamgefühle treiben uns zu Verhaltensweisen, die unser Glück sabotieren. Die Zeit ist reif, unsere Gedanken, Ansichten und Werturteile auf den Prüfstand zu stellen, während wir mutig zum Kern unseres Schmerzes vordringen.

Marc war gerade dabei, sich von seiner Frau zu trennen, mit der er sieben Jahre verheiratet gewesen war, als er an der Schattenarbeit teilnahm. Er wirkte defensiv und zornig, aber als ich ihn aufforderte, seine schmerzlichen Emotionen zu benennen, erwiderte er, er sei sich keiner bewusst. Ich fragte Marc, warum seine Ehe am Ende sei, und er erklärte, seine Frau habe sie beendet, nachdem sie herausgefunden habe, dass er sich mit einer anderen Frau traf. »Was für ein Mensch würde seine Frau betrügen?«, fragte ich. Das Wort, das ihm in den Sinn kam und aus seinem Mund drang, war »Betrüger«. Darauf sagte ich: »Marc, Sie sind ein Betrüger.« Sofort öffnete er die Augen und schrie: »Aber ich bin doch kein Betrüger. Ich musste jemanden finden, um Sex zu haben, da meine Frau nicht wollte!« Ich fragte Marc, ob er es für fair halte, seiner Frau die Schuld an seinen außerehelichen Affären zu geben, und da saß er einfach da und schüttelte vor Scham den Kopf. Dann gestand er, dass er das Wort »Betrüger« schon immer gehasst habe, da es genau das Etikett war, das er seinem Vater angehängt hatte, der seine Mutter betrog.

Ich ermutigte Marc, tiefer in den Prozess einzusteigen, und erklärte ihm, um heilen zu können und Frieden mit dem zu schließen, was er getan hatte, müsse er sich das Gefühl, ein Betrüger zu sein, zu Eigen machen. Ich forderte ihn auf zu wiederholen, was ich ihm vorsagte: »Ich bin ein Betrüger. Ich bin ein Betrüger. Ich bin ein Betrüger.« Nachdem Marc dies zwanzig oder dreißig Mal wiederholt hatte, befand er sich endlich in der Gegenwart der Qual und des Schmerzes, die er empfand, weil er seine Frau betrogen hatte. Er war von

Schuldgefühlen, Schmerz, Scham und der Traurigkeit darüber überwältigt, dass er genauso wie sein Vater geworden war, so, wie er nie sein wollte.

Marc musste tief durchatmen, seinen Tränen freien Lauf lassen und bei seinen Gefühlen bleiben, bevor er schließlich diese tiefe emotionale Wunde akzeptieren konnte. Er hatte seiner Frau ihren fehlenden Sexualtrieb so lange zum Vorwurf gemacht, bis er sich eingeredet hatte, er habe ein Recht, sie zu betrügen. Nachdem er diese Gefühle – seinen Zorn, seine Traurigkeit, den Schmerz des Verlustes und den Kummer – zuzulassen vermochte, gelangte er zu der Demut und Verletzlichkeit seiner eigenen Unvollkommenheit. Und erst dann konnte er ob seiner Handlungen Reue empfinden.

Indem er sich auf den Sturm seiner Emotionen einließ, konnte Marc die wahren Gefühle entdecken, die unter seiner Abwehrhaltung verborgen lagen. Dadurch, dass er den Schmerz an die Oberfläche treten ließ, öffnete er den Raum für neue Emotionen.

Nach stundenlanger Kontemplation beschloss Marc, sich endlich dem Schmerz seiner Kindheit zu stellen und Frieden mit dem Teil von sich zu schließen, der so sehr seinem Vater glich. Aber nun befand er sich an einem ruhigen, mitfühlenden Ort, von dem aus er die notwendigen Veränderungen herbeiführen konnte, ohne sich oder seine Frau zu verletzen. Sobald Marc in die Wahrheit seines emotionalen Schmerzes eintrat, hörte er auf, mit dem Finger auf seine Frau zu zeigen, und übernahm die volle Verantwortung für seine Handlungen und den Schmerz, den er verursacht hatte.

Um die widersprüchlichen Energien zu lösen, die an der Wurzel unseres Schmerzes liegen, müssen wir sie spüren und akzeptieren, was wir gefühlt oder getan haben, und zwar ohne Widerstand oder Wertungen. Während wir jede Emotion, also quasi jede Energie in Bewegung, durchleben, erfahren wir einen tiefen und stillen inneren Frieden. Indem wir unsere Gefühle in Besitz nehmen, können wir tiefer in die Stille eintauchen, die in uns liegt. In dieser Stille erkennen wir das Licht in der Dunkelheit, und dann fangen wir an, Entscheidungen zu treffen, die uns heilen statt uns Niederlagen beizubringen.

Sind Sie bereit zu heilen?

Unsere giftigen Emotionen – unser Zorn, unser Groll, unsere Eifersucht, unsere Schuldgefühle und unsere Scham – nagen an uns und beanspruchen unsere Aufmerksamkeit. Diese Gefühle lassen sich nur durch Anerkennung, Liebe und Mitgefühl heilen. Erst dann verlieren sie ihre Macht über uns. Doch solange wir sie nicht beachten, fühlen wir uns ängstlich, müde und krank. Für viele Menschen verkehrt sich ihr unterdrückter Zorn in Depression, die sie lähmt und daran hindert, in ihrem Leben weiterzukommen. Was der Heilung giftiger Emotionen oft im Weg steht, ist ein tiefes Gefühl der Resignation, eine Versagensangst, das Gefühl, ohnmächtig zu sein und keine Kontrolle über das eigene emotionale Wohlbefinden zu haben. Wenn wir uns aber dazu verpflichten, unsere bitteren Emotionen loszulassen, geben wir dem Universum gegenüber eine Erklärung ab, dass wir bereit sind, die Verantwortung für unser Leben zu übernehmen.

Manche Menschen wollen sich einfach nicht von ihrem emotionalen Gift trennen und nichts dagegen tun. Doch statt zuzugeben, dass sie nichts tun wollen, sagen sie: »Ich kann nicht.« Aber das ist eine Lüge – »Ich kann nicht« ist eine unverantwortliche Art und Weise, »Ich will nicht« zu sagen. Verantwortung zu übernehmen heißt zuzugeben: »Ich habe das getan.« Selbst wenn ich nicht erkennen kann, wie oder warum ich es getan habe – allein die Tatsache, dass dieses Problem in meinem Leben ist, sagt mir, dass ich es mit herbeigeführt habe.

In einem meiner Seminare lernte ich Jody kennen, eine junge Frau, die darunter litt, dass ihre Beziehung zerbrochen war. Schon bevor das Seminar begann, teilte Jody allen, mit denen sie sprach, ihre Überzeugung mit, sie würde nichts aus diesem Wochenende herausholen und dieses Seminar würde ihr sowieso nichts bringen. Jody hatte sich eingeredet, ihr Schmerz wäre größer und anders als der Schmerz aller anderen. Wenn ich die Seminarteilnehmer aufforderte, die Augen zu schließen, um eine Übung zu machen, dann saß Jody da und hielt die Augen offen. In den Pausen, in denen alle anderen Teilnehmer ihre »Hausaufgaben« zu machen versuchten, plauderte Jody eifrig mit jedem, der ihr zuhören mochte.

Am Ende des dritten Tages, als alle anderen freudig ihre Einsichten und ihre Liebe einbrachten, hockte Jody schmollend auf ihrem Stuhl. Als ich am Ende zu ihr ging und wissen wollte, wie es ihr gehe, schaute sie mich bloß an und sagte: »Ich hab Ihnen ja gesagt, ich würde es nicht bringen!« Doch das lag nicht daran, dass Jody es nicht »bringen« konnte, sie wollte nur nicht die Verantwortung für ihren eigenen Heilungsprozess übernehmen und weigerte sich, die Arbeit zu leisten, die dazu notwendig gewesen wäre. Jody wartete darauf, dass es »einfach passierte«.

Der erste Schritt, die Verantwortung zur Heilung Ihres Schmerzes zu übernehmen, besteht darin zuzugeben, dass es *Ihr* Schmerz ist. Im zweiten Schritt treffen Sie dann die Entscheidung, ihn aufzugeben. Sie können das! Fragen Sie sich: Will ich an diesem Schmerz festhalten? Will ich noch eine Woche, einen Monat, ein Jahr oder gar ein Leben lang mit der Bitterkeit herumlaufen, die sich bereits jetzt in mein Gesicht eingegraben hat? Bin ich bereit, mich zu ändern?

Sie müssen unbedingt begreifen, dass nur dann eine Emotion von hoher Intensität in Ihnen ausgelöst werden kann, wenn sie sich mit einer anderen Wunde in Ihnen verbindet. Denn auch wenn es viele Möglichkeiten gibt, sich darum zu drücken, mit Ihren Gefühlen umzugehen, spricht doch sehr viel dafür, dass sich diese Gefühle irgendwann in Ihrem Leben wieder melden werden, wenn Sie nicht aufrichtig mit ihnen umgegangen sind. Wenn Sie wieder einmal großen Kummer haben, werden sie ihre hässlichen kleinen Köpfe erneut heben. Dann verstehen Sie wirklich die Redensart »Du kannst davonlaufen, aber du kannst dich nicht verstecken«.

Unsere Gefühle benennen

Wenn wir unsere Gefühle – die positiven wie die negativen – benennen und lernen, unsere emotionale Welt zu begreifen, stehen uns neue Möglichkeiten offen, mit unserem Leben zurechtzukommen. Um die ganze Bandbreite menschlicher Emotionen zu verstehen, müssen wir nur einmal ein paar Stunden mit einem Baby verbringen. In einem Augenblick lächelt es, wälzt sich vor Freude herum, und eine Sekunde später schreit dieses gerade noch so fröhliche Baby wie besessen. Doch so rasch, wie der Zorn aufgetaucht ist, verschwindet er auch wieder und weicht einem anderen emotionalen Zustand.

Babys führen uns in ihrer Unschuld das ganze Spektrum der Emotionen vor. Sie demonstrieren die Flexibilität und Wandlungsfähigkeit unserer Gefühle; sie führen uns die Stille tiefen Friedens und die Impulsivität des Zorns vor. Als Kinder akzeptieren wir all unsere Gefühle, ohne sie zu bewerten. Wir begreifen, dass der Ausdruck unserer Emotionen die einzige Möglichkeit ist, unsere Bedürfnisse und Wünsche zu äußern. Und erst, wenn man uns sagt, dass es nicht okay ist zu weinen, sondern dass wir still sein und mit diesem Geschrei aufhören sollen, beginnen wir zu selektieren.

Das negative Feedback der Menschen, die wir lieben und die älter sind als wir, leitet den Prozess der Verfälschung unserer Gefühle ein. Da wir sehen, welche schlechten oder guten Reaktionen unsere Emotionen bei ihnen auslösen, verbergen wir unsere wahren Gefühle und unterdrücken unseren authentischen Ausdruck. Wenn wir feststellen, welche Emotionen wir sicher zum Ausdruck bringen können und welche wir am besten verbergen, ziehen wir entscheidende Schlüsse, die oft unser ganzes Leben lang Bestand haben. Und schon bald stecken wir mitten in einem Mischmasch von teilweise bis zur Unkenntlichkeit unterdrückten und weggedrängten Gefühlen.

Für viele Menschen ist der von ihrer Trennung ausgelöste unkontrollierbare Schwall negativer Emotionen eine neue

Erfahrung. Oft höre ich von Klienten, die sich mitten in einem Scheidungsprozess befinden: »Ich hatte keine Ahnung, dass ich jemals so zornig werden könnte« oder »Ich hätte nie gedacht, dass ich jemanden so sehr hassen könnte«. Zorn, Eifersucht, Hass, Scham, Verlegenheit oder Schuldgefühle – all diese Gefühle müssen ans Tageslicht gebracht und geheilt werden. Die meisten Menschen versuchen einfach, Möglichkeiten zu finden, wie sie ihre unwillkommenen Emotionen verbergen, loswerden oder medikamentös behandeln können, statt sie zu erforschen und zur Wurzel ihrer Existenz vorzudringen.

Erlösen Sie Ihre giftigen Emotionen

Stellen Sie sich vor, Sie haben gerade eine Mineralwasserflasche geschüttelt. Wenn Sie nun den Deckel schnell abschrauben, spritzt das unter Druck stehende Wasser heraus, und Sie werden nass. Halten Sie diese Flasche aber über den Ausguss und schrauben den Deckel langsam ab, entweicht der Druck der Kohlensäure sachte, und das Wasser beruhigt sich.

Auch unsere Emotionen benötigen einen sicheren Behälter, um heilen zu können. In Zeiten des Kummers, wenn unsere Gefühle durcheinander sind, versuchen sie herauszuplatzen, damit der innere Druck ein wenig nachlässt. Wenn wir voller Zorn sind, finden wir Dinge in der Außenwelt, über die wir uns ärgern. Wenn wir traurig und deprimiert sind, kreieren wir entweder unser eigenes Trauma, um Ausreden für unsere schlechten Gefühle zu haben, oder wir konzentrieren uns auf die negativen Aspekte anderer. Solange wir nicht in uns hineinschauen und die Verantwortung für unseren eigenen Anteil an unserer Trennung übernehmen, werden wir ständig nach einer äußeren Ursache für unsere Gefühle suchen. Daher ist es so wichtig, in uns zu gehen, um unsere Wunden zu heilen, uns die Zeit zu nehmen, eine sichere Möglichkeit zu finden, um das, was in uns ist, herauszulassen.

Unser Schmerz enthält verschlüsselte Botschaften, und

wenn wir sie verstehen, erheben sie uns auf neue Bewusstseinsebenen. Unglücklichsein, Angst, Furcht und Niedergeschlagenheit sind die Folgen, wenn wir mit unseren schmerzlichen Emotionen nicht richtig umgehen. Statt unsere unangenehmen Gefühle für etwas zu halten, das es loszuwerden gilt, müssen wir sie als das erkennen, was sie sind: etwas, das uns nach innen führt, damit wir uns auf der tiefsten Ebene heilen können. Erst wenn wir genau das akzeptieren, was wir in diesem Augenblick empfinden, selbst wenn es Zorn und Hass sind, können wir unsere giftigen Emotionen erlösen und damit heilen. Wenn wir uns die Zeit nehmen, auf die Gefühle zu hören, die in uns lebendig sind, beginnen wir unsere Traurigkeit in Freude, unseren Zorn in Mitgefühl, unsere Furcht in Glauben und unseren Schmerz in Lust umzuwandeln.

Projizieren Sie Ihre Emotionen nach außen

Sherri ist achtunddreißig Jahre alt, kinderlos und seit vier Jahren geschieden. Seitdem wartet sie darauf, dem Mann ihrer Träume zu begegnen und eine Familie zu gründen. Ein halbes Jahr lang glaubte Sherri, sie hätte diesen Mann endlich in Josh gefunden. Sherri und Josh lernten sich über beiderseitige Freunde kennen, hatten den gleichen ethnischen Hintergrund und teilten viele Ansichten über Religion und Familie. Sherri war außer sich vor Freude. Doch eines Tages meldete Josh sich einfach nicht mehr. Er rief nicht mehr an, schickte keine E-Mails mehr. Als Sherri ihrerseits bei Josh anrief, hob niemand ab. Sherri war am Boden zerstört und versank in eine schwere Depression.

Als sie zu mir kam, erblickte ich eine schöne junge Frau mit ganz traurigen Augen. Etwas in ihr war gestorben, und das sah man ihr an. Wir kamen ins Gespräch, und Sherri erzählte von all den Ereignissen, die sie dazu gebracht hatten, mich aufzusuchen. Zehn Jahre lang war sie mit Allen verheiratet gewesen, einem Alkoholiker, der sie ständig beschimpfte. Sherri berichtete mir von Dingen, die sie für ihre gemeinsamen Probleme hielt, und als ich sie fragte, wie die Geschichte ausgegangen sei, erzählte sie mir, dass Allen eines Tages sauer auf sie gewesen sei und einfach aufgehört habe, mit ihr zu reden. Fast ein Jahr lang hätten sie im selben Haus miteinander gelebt, und er habe nie mehr ein einziges Wort mit ihr gesprochen. Als sie sich endlich dazu entschloss, ihn zu verlassen, wollte sie nichts von ihm haben und ging einfach mit ihren Scheidungspapieren weg. Auch seither hatten sie nicht mehr miteinander gesprochen.

Lange saßen Sherri und ich schweigend da. Und dann begann sie zu weinen und erzählte mir eine andere Geschichte, und zwar über ihren Vater. Als Sherri noch auf der High School war, ging sie eines Abends mit ihren Freundinnen aus. Sie musste immer bis um 22 Uhr zu Hause sein, aber an diesem Abend wollte Sherri aus irgendeinem Grund länger bleiben. Als sie um Mitternacht heimkam, wurde sie von ihrem Vater erwartet, der im dunklen Wohnzimmer saß. In seiner Wut warf er ihr jedes Schimpfwort an den Kopf, das ihm einfiel. Dann stand er auf und erklärte ihr, sie sei für ihn gestorben, und von dem Augenblick an weigerte sich Sherris Vater fast ein halbes Jahr lang, mit ihr zu reden.

Ihre Lebensgeschichte kam mir fast unglaublich vor. Drei der wichtigsten Männer in ihrem Leben hatten einfach aufgehört, mit ihr zu reden. Als ich Sherri fragte, was sie aus diesen Situationen gelernt habe, antwortete sie nicht. Sie starrte mich nur an. Dann räumte sie überaus bekümmert ein, dass sie nie an einen Zusammenhang gedacht habe. Für Sherri war jeder Mann ein Problemfall für sich gewesen.

Sherri und ich machten uns daran, alle giftigen Emotionen aufzudecken, die in ihr waren. Ich versicherte ihr, es gebe wirklich keine Zufälle, und wenn sie nicht aus diesen Vorfällen lernen und den Schmerz, den sie empfand, erforschen würde, dann würde sie ihn wahrscheinlich weiterhin mit sich herumtragen. Ich forderte Sherri auf, die Augen zu schließen und langsam und tief durchzuatmen. Ich wollte, dass sie mit einem anderen Gefühl außer der Traurigkeit in Kontakt kam.

Wir brauchten zwei Wochen, aber in der zweiten Woche, als Sherri in sich ging und sich fragte, was sie außer ihrer Traurigkeit noch empfand, stellte sie schließlich eine Verbindung zu ihrem Zorn her. Plötzlich erlebte diese ziemlich sanftmütige, stille Frau einige sehr heftige Emotionen. Der ganze Zorn und die ganze Wut, die sie so lange verleugnet hatte, brachen endlich aus ihr heraus. Zunächst richteten sie sich gegen ihren Vater; in der vierten Woche verlagerten sie sich auf ihren ersten Mann, und in der fünften Woche war sie in der Lage, ihren Zorn gegen Josh zu richten. Statt sich selbst die Schuld zu geben und deprimiert zu sein, konnte sie nun über ein Gefühl sprechen und schreiben, das seit vielen Jahren tief in ihr geruht hatte.

Ich forderte Sherri auf, nach einer Möglichkeit zu suchen, ihren Zorn auf eine sichere Weise nach außen zu projizieren. Für die Frauen in ihrer Familie war Zorn nie eine akzeptable Emotion gewesen, und daher hatte sie schreckliche Angst davor, sich frei zu äußern. Sie beschloss, es mit »Kisschenschlagen« zu probieren. Am Anfang drosch sie zwei Minuten lang auf ein paar Kissen ein und hörte dann wieder auf. Ich schlug Sherri vor, in einen Musikladen zu gehen, sich die fieseste, scheußlichste CD von Nine Inch Nails zu kaufen, die sie finden konnte, und sie aufzulegen, während sie ihre tägliche Zornbefreiungsübung machte. Es dauerte eine Zeit lang, aber eines Tages gestattete Sherri sich schließlich, einfach loszulassen. Und dann kamen jahrealter Zorn, Wut und Schmerz heraus. Sie machte noch ein paar Monate weiter, und je mehr sie ihre angestauten Gefühle auf eine sichere Weise herausließ, desto besser fühlte sie sich.

Ich wollte, dass Sherri aus ihrem Schmerz auch eine Lehre zog. Eines Tages besuchte sie mich und sagte: »Ob Sie's glauben oder nicht – als ich letzte Woche Ihr Haus verließ, versuchte ich herauszufinden, was all diese Männer mir beibringen wollten, und da ging mir auf: Sie alle versuchten mir beizubringen, mich selbst zu lieben.«

Sie erklärte mir, sie sei immer so gemein zu sich selbst gewesen, und erst, als sie an jenem Tag mein Haus verlassen hatte und in ihr Auto eingestiegen war, da sei ihr klar geworden, wie gemein sie gewesen sei. Und als sie sich hinters Lenkrad gesetzt habe, da habe sie das Gleiche getan wie immer. Sie habe den Rückspiegel so verstellt, dass sie sich darin sehen konnte, habe sich ins Gesicht geschaut, und dann habe sie diese Worte in ihrem Kopf gehört: »Du bist so hässlich. Warum sollte irgendjemand dich lieben? Fahr nach Hause und leg etwas Make-up auf!« Sherri begann zu weinen, überwältigt von der Gemeinheit ihrer inneren Stimme. In einem Augenblick der Gnade bemerkte Sherri, dass die Außenwelt nur die Art und Weise widerspiegelte, wie sie sich selbst misshandelte. Endlich erkannte sie, dass die Männer in ihrem Leben, die sie fertig gemacht hatten, ihr nur zu zeigen versuchten, dass sie sich selbst fertig machte.

Sobald Sie Ihre Emotionen auf gesunde Weise nach außen projizieren, müssen Sie sich selbst oder Ihren Partner nicht mehr fertig machen. Jede Emotion, die verleugnet, verdrängt oder unterdrückt wird, führt ein Eigenleben, untergräbt Ihr Selbstwertgefühl und stört Ihren inneren Frieden. Stellen Sie sich vor, Sie nehmen einen Schluck saure Milch, und statt sie auszuspucken, schlucken Sie sie hinunter. Nun wird Ihr Magen und alles darin von diesem sauren Geschmack durchdrungen, und Ihnen wird schlecht. Genauso ist es, wenn wir unsere Gefühle hinunterschlucken. Sie zerfressen uns innerlich, machen uns zornig, frustriert, nervös, schwach und müde. Sie müssen unbedingt begreifen, dass die Lösung nicht darin bestehen kann, Ihrem Partner Ihre saure Milch ins Gesicht zu spucken. Denn dies erzeugt nur noch mehr Gift. Aber es gibt Möglichkeiten, Ihre negativen Gefühle herauszulassen, ohne dabei jemandem wehzutun.

Während unserer Trennung sagte mir Dan am Telefon oft Dinge, die meinen Zorn erregten. Ich wusste, ihn anzuschreien würde alles nur noch schlimmer machen, also holte ich tief Atem und sagte ihm, ich würde ihn zurückrufen. Nachdem ich aufgelegt hatte, schnappte ich mir einen Plastikbaseballschläger, ging ins Ankleidezimmer und schlug auf ein Kissen ein. Zwei Monate lang ließ ich das Kissen und den

Schläger einfach im Ankleidezimmer liegen, weil ich ständig so voller Zorn und Groll war, dass ich kaum an etwas anderes denken konnte. Nachdem ich genug geschrien und meinen Zorn am Kissen ausgelassen hatte, fühlte ich mich stets befreit. Eine neue Gelassenheit umgab mich, und ich konnte klarer denken. Dann schrieb ich alles in mein Tagebuch und betete zu Gott, er möge mich in meinem Bemühen unterstützen, zu heilen, ohne Dan wehzutun oder meinen Zorn an Beau auszulassen. Und dann hob ich den Hörer wieder ab und rief Dan zurück, um unsere Unterhaltung fortzusetzen.

Unsere giftigen Emotionen können sich auf andere verheerend auswirken und ihnen Wunden zufügen, die vielleicht ein Leben lang nicht verheilen. Wenn wir lernen, wie wir unsere Emotionen auf gesunde Weise herauslassen können, dann bewahren wir uns und andere vor der negativen Wucht unserer emotionalen Ausbrüche.

Vor kurzem hörte ich eine Geschichte von einem kleinen Jungen namens Jimmy, der recht jähzornig war. Eines Tages gibt Jimmys Vater ihm eine Tüte Nägel und erklärt ihm, jedes Mal, wenn sein Jähzorn mit ihm durchgehe, müsse er einen Nagel in den Zaun hämmern. Am Ende des ersten Tages hat Jimmy zwanzig Nägel in den Zaun geschlagen. Im Laufe der nächsten Wochen, als Jimmy lernt, seinen Zorn zu beherrschen, geht die Zahl der Nägel, die er jeden Tag in den Zaun hämmern muss, allmählich zurück. Jimmy kommt dahinter, dass es leichter ist, sein Temperament zu zügeln, als diese Nägel in den Zaun zu schlagen. Schließlich kommt der Tag, da Jimmy gar nicht mehr die Beherrschung verliert. Aufgeregt erzählt Jimmy seinem Vater davon, und der schlägt vor, dass Jimmy nun für jeden Tag, an dem er sein Temperament zu zügeln vermag, einen Nagel herausziehen soll.

Die Tage vergehen, und schließlich kann Jimmy seinem Vater berichten, dass alle Nägel wieder draußen sind. Sein Dad nimmt ihn an der Hand und führt ihn zum Zaun. »Das hast du gut gemacht, mein Sohn«, sagt er, »aber schau dir nur die Löcher im Zaun an. Der Zaun wird nie wieder so sein wie vorher. Wenn du Dinge im Zorn sagst, hinterlassen sie genau solche Spuren wie diese. Du kannst einem Menschen ein Messer in den Bauch stoßen und es wieder herausziehen. Es spielt keine Rolle, wie oft du sagst: ›Tut mir Leid‹ – die Wunde bleibt.«

Beschimpfungen hinterlassen oft genauso üble Wunden wie physische Misshandlungen. Damit wir in unseren Partnern oder Kindern keine Löcher hinterlassen, müssen wir Licht in die verborgenen dunklen Ecken in unserem Innern bringen. Sobald wir uns unserer offenen Wunden bewusst sind, fangen wir an, unsere emotionale Welt in den Griff zu bekommen. Dann können wir uns bewusst dafür entscheiden, mit unseren Emotionen auf gesunde Weise umzugehen, statt in die Dunkelheit zu fallen und anderen wehzutun.

Es braucht nur ein wenig Licht, um unsere dunklen Gefühle zu vertreiben, aber unser Licht finden wir gerade in der Dunkelheit. Jenseits unseres Zorns, unseres Grolls und unseres Schmerzes befindet sich ein Meer der Liebe, das so großartig und so gewaltig ist, dass es jede Wunde wegzuspülen vermag. Zünden Sie in einem dunklen Zimmer eine Kerze an oder betätigen Sie den Lichtschalter, dann erleben Sie die Macht des Lichts und wie schnell die Dunkelheit verschwindet.

Kein anderer kann Ihre giftigen Emotionen erlösen; niemand kann Ihnen die üblen Auswirkungen ersparen, wenn Sie einen Liter saure Milch nach dem anderen hinunterschlucken. Sie sind der einzige Mensch, der diese Entscheidung treffen kann. Sie und die Menschen, die sich am meisten aus Ihnen machen, sind am Ende verletzt, wenn Sie nicht die Verantwortung für Ihre Emotionen übernehmen, ganz gleich, wer wem was angetan hat. Erst wenn Sie dafür sorgen, dass Sie all Ihre saure Milch loswerden, kommen Sie in Ihrem Leben weiter.

Beziehungsinventur

Wenn Sie die Verantwortung dafür übernehmen, dass es um Ihr Leben, Ihre Emotionen und Ihre negativen Gefühle geht, erzeugen Sie eine innere Bewegung, die Sie darin unterstützt, sich von Ihren Schmerzen zu befreien und sie in Zukunft nicht mehr haben zu müssen. Solange Sie fortfahren, jemand anderem die Schuld zu geben, verharren Sie in der Illusion, Sie wären im Hinblick auf Ihre Verfassung ohnmächtig. Solange Sie nicht die volle Verantwortung für die Lebensumstände übernehmen, in denen Sie sich befinden, sind Sie nicht in der Lage, sie zu ändern. Sobald Sie aber akzeptieren, dass Sie beim Kreieren Ihrer Lebensumstände die Hauptrolle spielen, können Sie damit anfangen, sich dem zu stellen und das zu bejahen, was in Ihnen ist.

Wir treten diese Reise an, indem wir eine Inventur unserer Beziehung machen. Wenn wir im Hinblick auf unsere Handlungen, Verhaltensweisen und Fehler rigoros aufrichtig sind, können wir klar erkennen, was wir zum Zusammenbruch unserer Partnerschaft beigetragen haben. Die geringste Spur von Verleugnung oder Selbstschutz lässt uns darin verharren, anderen die Schuld zu geben, und verhindert, dass wir in unserem Leben weiterkommen. Hier ist zum Beispiel Sherris Beziehungsinventur:

1. Ich habe mich nicht für die Bedürfnisse meines Mannes interessiert.
2. Ich habe mehr Geld ausgegeben, als ich seiner Meinung nach sollte.
3. Ich habe Pläne mit meiner Familie und meinen Freunden gemacht und ihn davon abgehalten, das Gleiche zu tun.
4. Ich habe ihn an der kurzen Leine gehalten und überwacht, wo er sich aufhielt.
5. Ich habe seine Art, sich zu kleiden, kritisiert.
6. Ich wollte keinen Sex haben.
7. Ich habe ihm die Schuld daran gegeben, dass ich unglücklich war.

8. Ich habe meine eigenen Werte ignoriert, um ihn dazu zu bringen, mich zu lieben.
9. Ich habe mich nicht mit meinen Kindheitswunden befasst und meinen Zorn an ihm ausgelassen.
10. Ich habe mich dauernd über Dinge beklagt, die er nicht getan hat.

Ihre giftigen Emotionen brauchen Verständnis und Mitgefühl. Nur indem Sie Ihre Gefühle in Besitz nehmen, erlangen Sie die Kraft, sie zu verändern. Solange Sie anderen vorwerfen, wie Sie sich fühlen, sind Sie zu einem Leben im Leiden verurteilt. In diesem Augenblick mögen Sie sich gefangen fühlen – ohnmächtig, sich Ihren Emotionen zu stellen. Aber Sie müssen nur geduldig und bereit sein, all das zu lieben, wovor Sie Angst haben. Dann werden Sie mit dem Geschenk des Friedens und der Gelassenheit gesegnet werden.

Schritte zur Heilung

1. Schließen Sie die Augen und atmen Sie drei Mal langsam und tief durch. Fragen Sie sich zunächst: »Was fühle ich in diesem Augenblick?« Nachdem Sie der Emotion einen Namen gegeben haben, erlauben Sie sich, das zu fühlen, was Sie gerade fühlen. Wenn Sie bereit sind, konzentrieren Sie Ihre ganze Aufmerksamkeit auf das Gefühl und lassen sich langsam atmend auf dessen Energie ein. Stellen Sie fest, welche Werturteile Sie über diese Emotion haben, und schreiben Sie sie auf. Falls Sie Zorn empfinden, könnten Sie schreiben: »Ich hasse meinen Zorn, weil meine Mutter dauernd zornig war« oder »Alle haben mir gesagt, dass nur dumme Menschen zornig werden, und daher ist es mir peinlich, wenn ich zornig werde.« Nachdem Sie Ihre Werturteile aufgeschrieben haben, lassen Sie zu, dass Sie das Gefühl auf irgendeine Weise ausdrücken, etwa indem Sie in Ihrem Auto

so laut schreien, wie Sie können, oder auf ein Kissen einschlagen. (Eine der größten Lügen, die ich je gehört habe, lautet, dass die Katharsis nicht funktionieren würde. Sie funktioniert vielleicht nicht bei jedem, aber bestimmt hat sie bei jedem funktioniert, mit dem ich sie je durchgeführt habe.) Dann bringen Sie Ihr Gefühl Gott und sich selbst gegenüber zum Ausdruck. Sie können einen Freund oder eine Freundin hinzuziehen, der oder die Ihnen ohne Werturteil zuhört, während Sie über Ihr Gefühl sprechen.

2. Schreiben Sie in Ihr Trennungstagebuch einen – nur für Ihre Augen bestimmten – Zornesbrief an Ihren Partner, in dem Sie ihm oder ihr gegenüber Ihre ganze Wut, Ihren Zorn, Ihre Verachtung, Ihren Groll, Ihre Enttäuschung und Ihre Traurigkeit zum Ausdruck bringen. Der Sinn dieses Briefes besteht darin, dass Sie die in Ihnen angestauten giftigen Emotionen läutern – halten Sie also nichts zurück. Falls Sie Angst haben, dieser Brief könnte von jemand anderem gelesen werden, schreiben Sie ihn und verbrennen Sie ihn dann, aber lassen Sie voll und ganz zu, Ihre giftige Emotion ein für alle Mal zu entladen.

3. Stellen Sie eine Liste mit allen Ressentiments zusammen, die Sie gegenüber Ihrem Partner haben. Dann notieren Sie alle Beschwerden über andere Menschen.

4. Machen Sie eine Beziehungsinventur und stellen Sie eine Liste aller Verhaltensweisen und Handlungen zusammen, die in Ihrer Ehe nicht funktioniert haben. Diese Liste sollte alles, was Sie getan, wie das, was Sie nicht getan haben, enthalten.

6 Seien Sie sich selbst gegenüber ehrlich

Jeder Mensch ist ein Spiegel, in dem Gott sich selbst erblicken möchte.

DR. ROBERT SVOBODA

Das Gesetz der Verantwortung unterstützt uns darin zu erkennen, dass wir uns für den vollkommenen Partner entschieden haben, der uns die vollkommenen Lehren erteilt. Wenn wir die Ähnlichkeiten zwischen unserem Partner und uns entdecken und uns damit abfinden, erhalten wir wichtige Informationen für unsere Heilung. Nur indem wir uns mit jedem Aspekt von uns intim vertraut machen, können wir mit unserem Partner Frieden schließen und die volle Verantwortung für unser Leben übernehmen.

Während wir eine Trennung durchmachen, verwenden wir sehr viel Energie darauf, die Unterschiede zwischen uns und unserem Partner zu betonen, um unser Selbstbild zu schützen. Unser inneres Radar durchkämmt alle Möglichkeiten, wie wir uns von dem einen Menschen, der unsere emotionale und physische Sicherheit bedroht, unterscheiden oder ihm überlegen sein können. Vorwurfsvoll zeigen wir mit dem Finger auf den Gefährten, den wir einmal geliebt haben, und distanzieren uns von ihm. Wir reden uns vielleicht sogar ein, dass wir nicht die gleichen Züge aufweisen, die wir an unserem Partner so unerträglich finden.

Wenn wir Verantwortung für unsere Rolle in unserem Scheidungsdrama übernehmen wollen, müssen wir die Ähnlichkeiten zwischen uns und unserem Lebensgefährten akzeptieren. Während einer Scheidung, wenn wir unsere Gelübde und unsere Verpflichtung zur Partnerschaft aufheben, ist es ganz natürlich, dass wir uns auf unsere Unterschiede konzentrieren.

Als Dan und ich uns trennten, war ich sicher, dass wir ganz unterschiedliche Menschen seien. Damals glaubte ich, dass ich der gesunde, weiter entwickelte Partner und Dan die ungesunde, unbewusste Hälfte unserer Einheit sei. Obwohl ich tief in mir drinnen wusste, dass wir uns die Partner aussuchen, die genauso verletzbar sind wie wir selbst, versuchte ein Teil von mir verzweifelt, diese Information zu bestreiten. Ich wusste zwar, dass meine Aufgabe darin bestand, meine eigenen unbewussten, ungesunden Aspekte zu finden und in Besitz zu nehmen, aber ich konnte nur Dans Schwächen erkennen.

Wochenlang bemühte ich mich, mein Leben mit klarem Blick zu betrachten. Und eines Tages, während ich Dan noch die Schuld an meinem Schmerz gab, ging mir auf, dass nur der ungesunde, unbewusste Teil von mir jemand anderem vorwarf, schuld an meinen Gefühlen zu sein. Ich erkannte, dass ich seit dem Tag unserer Heirat Dan die Schuld an meinen Lebensumständen gegeben hatte. Diese Unterstellung war nicht nur eine angenehme Entschuldigung, sondern hatte leider auch eine Kehrseite – sie war eine Lüge. Und es fühlte sich nicht gerade angenehm an, mit einer Lüge zu leben. Ich musste zugeben, dass ich in die Falle getappt war, aus Dan den Bösewicht gemacht und für mich das Etikett des »guten Menschen« reserviert zu haben.

Die Universalaussage der Scheidung lautet etwa so: »Ich bin nicht wie mein Mann«, beziehungsweise »Meine Frau und ich sind einfach zu verschieden«. Aber denken Sie doch einmal darüber nach: Vermutlich sind Sie Ihrem Mann oder Ihrer Frau ähnlicher, als Ihnen lieb ist. Womöglich sind all die Eigenschaften, die Sie anfangs zu Ihrem Partner hingezogen haben – und all die Eigenschaften, die Sie nun abstoßen –, einfach verborgene Aspekte von Ihnen selbst. Und vielleicht ist Ihr Partner eigentlich der vollkommene Spiegel, der es Ihnen ermöglicht, jene Aspekte von sich, die Sie seit langem verurteilt oder verdrängt haben, zu entdecken und zu heilen.

Der Mythos des Getrenntseins

Die meisten Menschen wachsen in dem Glauben auf, dass sie von anderen Menschen getrennt sind und sich von ihnen unterscheiden und dass es gute und böse Menschen gibt. Die bösen Menschen haben angeblich Eigenschaften, Charakterzüge und Verhaltensweisen, die die guten Menschen nicht hätten. Viele Menschen verwenden einen Großteil ihres Lebens darauf, die schlechten Eigenschaften loszuwerden, die sie in sich entdecken. Aber was wäre, wenn diese Art und Weise, das Universum und uns selbst wahrzunehmen, nicht mehr wahr wäre? Wenn es eigentlich gar keine Eigenschaften von »bösen Menschen« gäbe?

Wenn wir weiterhin glauben, dass wir getrennt sind und dass die guten Menschen sich von den bösen unterscheiden, dann sind wir zu einem Leben verurteilt, in dem wir uns als Opfer getrennt und isoliert fühlen. In der Welt des Getrenntseins muss sich unser Ich große Mühe geben, eine Persona zu konstruieren, die besser oder anders ist als all unsere Mitmenschen. Diese Persona ist unsere soziale Maske, das Gesicht, das wir der Welt zeigen. Die meisten Menschen vergessen, dass es nur eine Persona ist, und glauben, dass sie die Maske selbst seien. In dieser separatistischen Weltsicht wollen Sie doch gar nicht wissen, dass Sie genauso unvollkommen sind wie alle anderen Menschen, und besonders übel ist es, wenn Sie dies mitten in einer Trennung erfahren. Es ist der Alptraum des Ichs zu entdecken, dass wir alle im Kern die gleichen Geschöpfe sind.

Fast jeder Mensch, der den Prozess der Trennung durchmacht, wird Ihnen Dinge über seinen Partner erzählen, die er nicht ertragen kann. Jeder hat eine ganze Liste mit diesen unerträglichen Eigenschaften. Wir müssen jedoch begreifen, dass alle Aspekte von uns wichtig für die Einheit des Ganzen sind und dass Gott keine Ersatzteile herstellt. Carl Gustav Jung hat einmal gesagt: »Ich möchte lieber ganz als gut sein.« Damit wir ein ganzer Mensch sind, müssen wir Zugang zu allem von uns haben – zum Guten wie zum Schlechten. Ein ganzer Mensch sein heißt glücklich, sensibel, zufrieden *und* traurig, egoistisch und zornig sein. Wenn uns nur eine Hälfte von uns gehört, der gute Teil, wir aber die andere Hälfte verleugnen, dann fühlen wir uns unvollständig. Das Gefühl nagt an uns, dass hier irgendetwas nicht stimmt.

Ich begann dieses Konzept zu verstehen, während ich mir beim Autofahren eine Kassette mit einem Vortrag von Dr. Deepak Chopra anhörte. Er erklärte, das Universum sei holographisch, das heißt, das ganze Universum sei in jedem Teil enthalten. Wir neigen zwar dazu, uns auf unsere Unterschiede zu konzentrieren, doch im Grunde sind wir Menschen einander ziemlich gleich. Das holographische Modell besagt, dass jeder von uns ein Mikrokosmos und damit ein Abbild des Makrokosmos ist. Es lehrt uns, dass unter der Oberfläche jedes Menschen eine Blaupause der ganzen Menschheit existiert. Um das zu veranschaulichen, zitierte Dr. Chopra aus einem alten Text: »Du bist nicht in der Welt – die Welt ist in dir.«

Auch wenn ich verstandesmäßig nicht begriff, wie dies möglich sein könnte, entzündeten diese Worte in mir ein tiefes inneres Verstehen. Und ich wusste, dass ich gerade eine wichtige Information erhalten hatte, die mich bei meinem spirituellen Erwachen unterstützen würde.

Monatelang dachte ich darüber nach, wie die Welt und ihre ganze Vielfalt in mir leben konnte. Ich spielte sogar ein Spielchen mit mir. Wenn ich in San Francisco herumlief, sah ich mir die Leute an und sagte mir: Ihr seid in mir. Diese Vorstellung war leicht zu akzeptieren, wenn ich die Menschen mochte, die ich beobachtete. Wenn ich sah, wie jemand großzügig war, dachte ich: Ich bin großzügig. Wenn ich erlebte, wie jemand freundlich war, war ich so offen, diesen Menschen als Teil von mir zu akzeptieren. Aber wenn ich jemand für niederträchtig, eifersüchtig oder herrschsüchtig hielt, dachte ich: Gott sei Dank bin ich nicht so. Ich würde das nie tun.

Eines Tages, als ich mit dem Zug zur Schule fuhr, begann eine Frau auf der anderen Seite des Gangs ihr Kind anzuschreien. Ich war sehr empört über ihren Ausbruch und dachte: Was für eine schreckliche Person! Ich sagte mir, sie sei eine schlechte Mutter, die niemals ein Kind hätte haben dürfen. Doch dann flüsterte eine kleine Stimme in meinem Kopf: Wenn dein Kind gerade Kakao über deinen weißen Hosenanzug vergossen hätte, würdest du auch zur Furie werden.

Ich begann zu erkennen, dass nicht der jeweilige Mensch in mir lebte, sondern vielmehr die Eigenschaften, die dieser Mensch an den Tag legte. Ich hatte die schreiende Frau für ungeduldig, respektlos und zornig gehalten. Ich hatte damals zwar noch kein Kind, konnte aber natürlich erkennen, dass ich zu anderen Zeiten in meinem Leben ungeduldig, respektlos und zornig gewesen war. Und da begriff ich, dass jede Eigenschaft, die auf der Erde existiert, auch in mir existiert. Und auch wenn ich vielleicht diesen oder jenen Charakterzug nicht im gleichen Augenblick und unter den gleichen Umständen zum Ausdruck bringen würde, so würde ich doch wahrscheinlich irgendeine Version des gleichen Verhaltens zu einer anderen Zeit und an einem anderen Ort an den Tag legen. Diese Erkenntnis war der Schlüssel für mich, die Verantwortung für mein Leben zu übernehmen.

Wenn Sie die grundlegende Beschaffenheit des Universums begreifen, können Sie erkennen, dass Sie alles in sich tragen, was Sie in anderen sehen. Und dann wird sich von einem Augenblick zum andern Ihre ganze Welt verändern. Sie werden entdecken, dass alles, was Sie sehen und sich vorstellen, ein Spiegelbild Ihrer Innenwelt ist. Dann verstehen Sie, warum Sie jemanden lieben und eine Minute später hassen können. Dann wissen Sie, warum andere Menschen Dinge sagen oder tun können, die bestimmte Reaktionen bei Ihnen auslösen, und warum diese Reaktionen so emotionsgeladen sind.

Um ganz zu sein, müssen wir Zugang zu allen Anteilen von uns haben. Und wenn wir mutig sind und uns auf die Tatsache einlassen, dass die ganze Welt in uns ist, können wir ganz und gar annehmen, was es heißt, ein Mensch zu sein. Indem wir unser Bewusstsein dahingehend erweitern, dass es das ungeheure Ausmaß der Welt umfasst, können wir die Stärke, die Kraft und die Ausgewogenheit unseres Menschseins empfinden. Und dies unterstützt uns dabei, aus unserem Urteilen und unserem Getrenntsein herauszutreten und uns stattdessen ein wissendes Mitgefühl anzueignen. In dem Augenblick, da ich dies begriff, war ich nicht mehr ein Opfer von Dans Verhalten. Ich erkannte, dass Dan nur einen Teil von mir widerspiegelte, den ich nicht akzeptierte.

Emotionale Ganzheit

Es gibt keine Eigenschaften in uns, die nicht irgendwo oder irgendwann einen Sinn und Zweck haben. Wir haben Angst, damit wir wissen, wann wir uns schützen müssen. Die Angst sagt uns, dass es nicht sicher ist, durch eine dunkle Straße zu gehen oder dass wir unsere Haustür abschließen müssen. Wir sind zornig, damit wir wissen, wann jemand uns verletzt oder unsere Grenzen überschritten hat. Unsere Traurigkeit ermöglicht es uns, den Schmerz des Verlusts zu empfinden – wie könnten wir sonst wissen, dass wir jemanden oder etwas vermissen? Wie würden wir sonst Menschen oder Dingen eine Bedeutung beimessen? Wie sonst würden wir eine Enttäuschung erkennen? Die Freude sagt uns, dass unsere Seele Nahrung erhält, während die Unzufriedenheit uns klarmacht, dass in unserem Leben etwas fehlt. Ich liebe meine Faulheit, die mir erlaubt, es mir bequem zu machen und ein Schläfchen zu halten; aber für jemand anderen kann Faulheit eine Quelle tiefer Schmach sein. Es kann kein Licht ohne Dunkelheit geben, denn sonst würde man es nicht als Licht erkennen. Wir brauchen den Kontrast, damit wir unterscheiden und das Licht sehen können.

Würden Sie das Böse nicht kennen, könnten Sie auch das Gute nicht sehen. Sie würden niemals die Selbstlosigkeit erkennen, wenn sie nicht selbst erlebt hätten, wie es ist, egoistisch zu sein. Wie könnten Sie die Demut erkennen, wenn Sie die Arroganz nie gekannt hätten? Alles dient einem Zweck, und vielleicht brauchen Sie gerade etwas Arroganz, um zu wissen, dass Sie es verdienen, alles zu bekommen, was Sie im Leben brauchen. Wir sind alle mutig und ängstlich, fürsorglich und gedankenlos, aufrichtig und betrügerisch. Wir sind alle stark, mitfühlend und kreativ ebenso wie zornig, lüstern und schwach. Jede Eigenschaft, die wir besitzen, ist mit ihrem genauen Gegenteil verbunden, damit ein Gleichgewicht entsteht. Emotionale Ganzheit besteht darin, dass wir all unsere Eigenschaften akzeptieren und in uns vereinen.

Auf der Suche nach emotionalem Gleichgewicht musste ich mir genau ansehen, wie ich versucht hatte, mich von Dan zu unterscheiden. Solange ich daran festhielt, mich als bewussten Partner in unserer Beziehung zu betrachten, war ich blind für meine unbewussten Verhaltensweisen. Ich konnte nicht die Verantwortung dafür übernehmen, dass auch ich zu den Problemen in unserer Ehe beigetragen hatte, da ich nur einen Teil von mir sah. Indem ich Verantwortung für mein Handeln übernahm, erkannte ich, dass ich alles von mir annehmen musste und dass meine unbewusste Hälfte nicht falsch oder schlecht, sondern vielmehr ein notwendiger Teil des Ganzen war.

Solange ich vorwurfsvoll mit dem Finger auf andere zeigte, blieb mir nichts anderes übrig, als mich ohnmächtig zu fühlen. Doch indem ich mir mein unbewusstes Handeln zu Eigen machte und es annahm, war ich in der Lage, ins Gleichgewicht zurückzufinden und die Verantwortung für meine Rolle beim Scheitern unserer Ehe zu übernehmen. In dem Augenblick, da ich mich für meine Lebensumstände verantwortlich fühlte, schwand das fatale Gefühl der Machtlosigkeit. Und statt zornig und voller Groll zu sein, vermochte ich Dan als den fürsorglichen, sensiblen Mann zu sehen, der er ist.

Wenn wir begreifen, dass alles, was wir lieben und hassen, einfach ein Spiegel unseres inneren Selbst ist, können wir aufhören, unsere eigenen unerwünschten und verleugneten Aspekte auf unseren Partner zu projizieren. Indem wir mit dem Finger auf andere zeigen und ihnen die ganze Schuld geben, berauben wir uns unseres Rechts auf Gesundheit und

Ganzheit. Dann bleiben wir in der Vergangenheit stecken und erhalten den Mythos aufrecht, dass wir Opfer des Verhaltens anderer Menschen seien.

Atmen Sie tief ein und stellen Sie sich vor, dass jeder Mensch, der auf der Straße an Ihnen vorbeigeht, den Sie im Fernsehen sehen oder über den Sie in der Zeitung lesen, einen Teil von Ihnen widerspiegelt. Denken Sie einen Augenblick daran, dass jede Eigenschaft, die Sie jemals an einem Lehrer, einem Geliebten oder Freund bewundert, und jeder Charakterzug, den Sie jemals an Ihren schlimmsten Feinden verachtet haben, auch in Ihnen existiert. Tausende von Eigenschaften tragen Sie in sich – teils schlummern sie unerkannt, teils sind sie verborgen. Manche sind aktiv, andere passiv. Ja, Sie könnten die Eigenschaften anderer gar nicht erkennen, würden Sie sie nicht selbst besitzen.

Die Beziehung als Spiegel

Wir sind mit der großartigen Fähigkeit versehen, alle Menschen um uns herum beobachten zu können. Es sei denn, wir sind blind, ermöglichen unsere Augen es uns, alle zu sehen, die unseren Weg kreuzen. Wir können einen Raum mit hundert Menschen betreten und sie alle betrachten. Wir können uns umschauen und jeden Menschen wahrnehmen – wir können sehen, was wir mögen und was wir nicht mögen. Aber in diesem Raum wird es immer einen Menschen geben, den wir nicht sehen können: uns selbst. Wenn wir nicht gerade vor einem Spiegel stehen, können wir uns nicht selbst in unser Gesichtsfeld holen.

Aber unsere Psyche redet uns ein, dass wir uns selbst durchaus erkennen können. Die meisten Menschen würden wohl sagen: »Ich kenne mich doch am besten.« Aber wie können wir uns kennen, wenn wir uns nicht einmal sehen können? Die Antwort auf diese Frage ist simpel: Wir erkennen uns selbst durch unsere gottgegebenen Spiegel. Ich bin Ihr Spiegel, und Sie sind meiner. Wir sind vollkommene Geschöpfe.

Und da wir uns nicht selbst sehen können, wurden wir als Spiegel erschaffen – um uns ineinander zu sehen. Ich kann mich selbst sehen, wann immer ich Sie anschaue. Die Außenwelt ist mein Spiegel, und wenn ich Ihre Freundlichkeit sehe, bin ich in der Lage, meine eigene Freundlichkeit wahrzunehmen. Wenn ich Ihre Habgier erblicke, sehe ich meine eigene Habgier. Und wenn ich Ihre Großzügigkeit erkenne, sehe ich meine eigene Großzügigkeit.

Es gibt nichts, was uns zu einem anderen Menschen hinzieht, das nicht bereits ein Teil von uns selbst wäre. Wenn Sie daher Eigenschaften in anderen sehen, die Sie bewundern oder lieben, erblicken Sie die Aspekte von sich selbst, die Sie vermissen und die nur darauf warten, zum Ausdruck zu kommen. Wenn Sie Eigenschaften an Ihrem Partner wahrnehmen, die Sie hassen, die Sie ankotzen und die Ihnen auf die Nerven gehen, dann erblicken Sie die Teile von sich, die Sie verdrängt haben. Wenn Sie sich über die fehlende Integrität Ihres Lebensgefährten empören oder ärgern, dann deshalb, weil Sie Ihren eigenen Mangel an Integrität nicht akzeptieren können. Sie verleugnen, verbergen oder unterdrücken ihn.

Viele unserer verleugneten Charakterzüge werden in unserer Beziehung ausgelebt – und wenn sie zu Ende geht, bleibt uns nur eine ausführliche Liste all dessen, was mit dem anderen »nicht stimmt«. Unsere Aufgabe ist es, diese Eigenschaften zu benennen, sie als unsere eigenen wieder in Besitz zu nehmen und sie als integralen Teil von uns zu ehren. Wir müssen so ehrlich sein, diese verletzten Aspekte in uns zu spüren und zu heilen. Nur dann können wir die Verantwortung für unseren Part beim Scheitern unserer Beziehung übernehmen.

Das Universum hilft uns in seiner bedingungslosen Liebe dabei, uns so zu sehen, wie wir sind, selbst durch die Handlungen eines unangenehmen Gefährten. Wenn wir darauf vertrauen, dass das »Gute« wie das »Schlechte« in uns gottgegeben ist, können wir zu heilen beginnen, indem wir uns mit allen Eigenschaften wiedervereinen, die wir verdrängt haben. Und dann erblicken wir in anderen Menschen, was wir an uns mögen und was wir nicht mögen. Unweigerlich ziehen wir Partner und andere Menschen in unser Leben, die diese verleugneten Teile von uns widerspiegeln. Wenn ich die Habgier meines Mannes hasse, ist es meine Aufgabe, den habgierigen Teil von mir selbst zu finden. Es ist hilfreich zu wissen, dass meine Habgier sich vielleicht anders zu erkennen gibt als die meines Partners. Vielleicht schaufele ich mir am Büfett den Teller mit Essen voll oder möchte Anerkennung für die Arbeit anderer einheimsen, während die Habgier meines Partners darin zum Ausdruck kommt, dass er die Gewinne aus dem Familienunternehmen hortet.

Manchmal bleiben Menschen in diesem Prozess stecken, weil die Eigenschaft, die sie an ihrem Partner hassen, ihrer Meinung nach von ihnen selbst nie an den Tag gelegt wurde. Wenn Ihr Partner Sie zum Beispiel betrogen hat und Sie nicht untreu gewesen sind, kann es Ihnen schwer fallen, das Betrügerische in sich zu entdecken. In diesem Fall müssen Sie schon genau in sich hineinsehen, um diesen verborgenen Aspekt von sich aufzudecken. Vielleicht hilft es, wenn Sie sich fragen: Wann oder wie habe ich mich selbst betrogen?

Jede Eigenschaft, die Sie auf negative Weise berührt, ist eine Eigenschaft, die Sie auch selbst ausleben – entweder in Gegenwart anderer oder allein. Wir könnten diese Aspekte von uns unmöglich finden, wenn es nicht andere Menschen gäbe, die sie uns zeigen. Unsere Mission besteht also darin, nach allen Teilen von uns zu suchen, die wir aus Scham verborgen haben.

Wir müssen unsere emotionalen »Knöpfchen« kennen lernen

Als Kind war es Ihr sehnlichster Wunsch, geliebt zu werden. Wenn Ihnen daher Ihre Mutter gesagt hat, es sei nicht okay, dass Sie wütend sind und Ihre kleine Schwester schlagen, dann haben Sie vielleicht von da an den Teil von sich, der gemein war, verborgen. Wenn Ihr Vater sagte: »Dummköpfe bringen es nicht weit im Leben«, haben Sie Ihren angeborenen Dummkopf genommen und ihn hinter Ihrer »allwissenden« Fassade versteckt. Jede Familie hat ihre eigenen Maßstäbe für das, was akzeptabel ist und was nicht – um zu Ihrer eigenen Familie zu passen und von ihr akzeptiert zu werden, mussten Sie herausfinden, welche Teile von Ihnen inakzeptabel waren, und sie verbergen.

Stellen Sie sich vor, sexy und freimütig zu sein seien zwei Charakterzüge gewesen, die in Ihrer Familie nicht toleriert wurden. Heute hätten Sie wahrscheinlich Schwierigkeiten, über Ihre Sexualität offen zu reden oder sie anzunehmen. Oder Sie wären unten durch gewesen, wenn Sie ein Schwächling und zu sensibel gewesen wären. Also wuchsen Sie damit auf, dass Sie versuchten, hart zu sein, um zu den anderen zu passen und geliebt zu werden. Wenn wir heranwachsen, verbergen und unterdrücken wir immer mehr von uns, bis wir nicht mehr so ganz wissen, wer wir eigentlich wirklich sind. Die Botschaft, die unserer Psyche von unseren Eltern, Geschwistern, Freunden und religiösen Führern eingeimpft wurde, lautet, dass es nicht okay ist, alles zu sein, was wir sind. Und wenn Sie uns alles von sich zeigen, sind Sie dazu verdammt, nicht liebenswert und inakzeptabel zu sein. Beschämt werden Sie diese so genannten schlechten Eigenschaften tief in Ihr Unbewusstes verdrängen.

Damit Sie dieses Konzept noch besser verstehen, stellen Sie sich vor, dass jede Eigenschaft auf dieser Erde als Knöpfchen auf Ihrer Brust dargestellt ist. Ein Knöpfchen hat die Bezeichnung »liebevoll«, ein anderes heißt »sensibel«. Es gibt je ein Knöpfchen für »arrogant«, »manipulierend«, »fröhlich«, »dominant« und »aufrichtig«. Die Eigenschaften in Ihnen, die gesund und geheilt sind, sind mit Isolierkappen versehen. Sie sind neutral, ohne Ladung und strahlen keine Energie aus. Wenn Sie beispielsweise sehen, dass jemand grob ist, und Grobheit ist für Sie kein Problem, dann werden Sie zwar die Grobheit des anderen bemerken, aber keine negative Energie wird Sie durchströmen. Sie werden über dieses Verhalten informiert, aber nicht davon beeinflusst. Aber von den Qualitäten in Ihnen, die nicht heil sind – die verleugnet, verborgen oder unterdrückt sind –, geht Energie aus. Wenn Lügen für Sie ein Problem ist und Sie hören, wie jemand lügt, dann löst das eine emotionale Reaktion in Ihnen aus, bei dem ein Stoß negativer Energie durch Ihren Körper jagt.

Die einzige Möglichkeit, diese Reaktion zu heilen und über das heiße Knöpfchen eine Isolierkappe zu stülpen, besteht darin zu verstehen, dass die Eigenschaft Ihres Partners, auf die Sie negativ reagieren, in Wirklichkeit ein ungeheilter Teil von Ihnen selbst ist. Die emotionale Energie, die Sie durchströmt, dient als Führer, indem sie Ihnen zeigt, wo Sie verletzt und von sich selbst getrennt sind. Diese Knöpfchen reagieren, um Ihre Aufmerksamkeit zu erregen und Sie daran zu erinnern, dass sie noch nicht geheilt sind. Ihre Aufgabe ist es, diese Teile von sich wieder in Besitz zu nehmen und zu integrieren sowie die Weisheit zu erkennen, die sie enthalten. Nur dann können sie ein Teil Ihres ganzen Wesens werden. Und nur dann werden diese unbewussten heißen Knöpfchen ihre Macht über Sie verlieren.

Wie wir unsere Projektionen zurücknehmen

Wir ziehen Menschen in unser Leben und nehmen dadurch die Teile von uns wahr, die wir verleugnen. Statt unsere von uns abgetrennten Anteile zu akzeptieren, projizieren wir diese Eigenschaften jedoch auf unseren Partner. Projektion ist ein Abwehrmechanismus des Ichs. Wenn unser Partner etwas tut, was uns anwidert, ärgert oder auf eine andere negative Weise beeinflusst, dann spiegelt dieses Verhalten in Wirklichkeit uns selbst wider.

Es ist schwer zu sagen, wann wir projizieren. Als ich mit Dan verheiratet war, ärgerte ich mich über das, was ich für seine fehlende Bereitschaft hielt, an unseren Problemen zu arbeiten. Ich hielt mich für absolut willens, an unserer Beziehung zu arbeiten, aber nach stundenlanger Selbstbeobachtung gelangte ich zu der Erkenntnis, dass ich noch so sehr meine Bereitwilligkeit bekunden konnte – in Wirklichkeit aber war ich nur daran interessiert, an Dan zu arbeiten. Ich glaubte nämlich, wenn er in Ordnung wäre, dann würden meine Probleme verschwinden. So projizierte ich meine mangelnde Bereitwilligkeit auf Dan.

Sobald wir unsere Projektionen zurücknehmen, unsere verborgenen Teile in Besitz nehmen und unsere giftigen Emotionen herauslassen, geschieht etwas Magisches: Unsere innere Welt verändert sich. Und wenn wir die Gefühle, die wir uns selbst gegenüber empfinden, verändern, dann verändert sich automatisch auch das Verhalten unseres Partners uns gegenüber, indem es diese Veränderung widerspiegelt.

Robin und Richard, die kurz vor der Scheidung standen, suchten mich auf, um sich individuell betreuen zu lassen. In der Hitze ihrer Auseinandersetzungen warf Richard Robin immer vor, sie würde ihn demütigen und ihn nicht für wert halten, ihr Lebenspartner zu sein. Als wir miteinander arbeiteten und Robin ihren inneren Dialog offenbarte, gab sie zu, dass sie tief in ihrem Inneren nie das Gefühl gehabt hatte, den richtigen Mann geheiratet zu haben – einen Mann, der gut genug für sie war.

Als Richard beschloss, damit aufzuhören, Robin die Schuld an seinen Gefühlen zu geben, begann er nach dem Wertlosen in sich Ausschau zu halten, das Robin ihm ständig widerspiegelte. Es dauerte nicht lange, da erkannte er, dass er sich seit seiner Kindheit als nicht liebenswert und wertlos empfunden hatte. Er hatte sich große Mühe gegeben, eine Partnerin zu finden, die ihm das Gefühl gäbe, gut dazustehen – nur um damit seine eigenen Minderwertigkeitsgefühle zu verdecken. Für die Außenwelt hatte Richard Erfolg gehabt, und alle hielten ihn für einen glücklichen Mann, der sich eine so schöne und reizende Braut geschnappt hatte. Aber da seine tief sitzenden Minderwertigkeitsgefühle nicht geheilt waren, quälten sie ihn während seiner ganzen neun Ehejahre. Nun, da diese Ehe in Gefahr war, war Richard bereit, nach einem tieferen Verständnis und einer persönlichen Heilung zu suchen, und er erkannte, dass Robin einfach den Aspekt von ihm widerspiegelte, den er um jeden Preis verbergen wollte.

Bei einer Sitzung forderte ich Richard auf, die Augen zu schließen und sich an eine Zeit zu erinnern, als er sich wertlos und nicht liebenswert gefühlt hatte. Vor seinem inneren Auge sah er die Scheidung seiner Eltern. Als Richard sechs Jahre alt gewesen war, hatte sein Vater sie einfach verlassen. Richard gab sich die Schuld am Unglück seiner Eltern, auch an der Ablehnung durch seinen Vater und an der Depression seiner Mutter. Er sagte sich, er sei unzulänglich und es nicht wert, dass die Menschen in seinem Leben ihn liebten und ehrten. Richard war ein Opfer seiner eigenen Interpretationen geworden, und nun erkannte er, dass sich dies zu einem schmerzlichen Leitmotiv in seinem Leben entwickelt hatte. Als er endlich beschloss, diese störenden Emotionen in Besitz zu nehmen, konnte er damit aufhören, Robin die Schuld daran zu geben, dass er sich für minderwertig hielt, und die Minderwertigkeitsgefühle als seine eigenen anznehmen. Sobald er dies tat, musste er sein negatives Selbstbild nicht mehr von Robin widerspiegeln lassen.

Indem wir unsere Projektionen zurücknehmen und die Verantwortung für sie übernehmen, legen wir den Grundstein für eine ganz neue Gegenwart. Richard hörte auf, seine Fähigkeiten herunterzuspielen, und beschloss, aus seinem Leben etwas zu machen, so dass er auf sich stolz sein konnte. Er gewann sein Selbstwertgefühl wieder. Gleichzeitig konnte Robin die Kraft spüren, die Richard zurückerlangt hatte, und musste seine negativen Gefühle nicht mehr verstärken.

Unser Lebensgefährte kann nur dann in unseren Wunden herumstochern, wenn sie nicht geheilt sind. Wir lassen uns nur dann aus der Fassung bringen, wenn wir ein ungelöstes Problem aus der Vergangenheit mit uns herumschleppen. Hätten wir keine giftigen Gefühle in uns angestaut, würden wir auf die Verstimmungen, Klagen und Beschwerden unseres Lebensgefährten nicht reagieren, sondern nur zuhören. Wir werden nur dann zornig und reagieren, wenn wir ungelöste Probleme haben, die gelöst werden müssen und wollen. Nur die Kraft der negativen Projektion zerstört gute Beziehungen und unsere Fähigkeit, ohne Wertungen und Verurteilungen zu lieben.

Einige von Ihnen sind sich sicherlich bereits Ihrer verborgenen Anteile bewusst. Andere von Ihnen haben diese unerträglichen Aspekte so tief vergraben, dass Ihnen nicht einmal der Gedanke kommt, Sie könnten sie wirklich in sich tragen. Aber ob Sie sich ihrer nun bewusst sind oder nicht – alle Anteile von uns zu finden und zu heilen, ist ein heiliger Prozess. Eine solche Heilung erlaubt es Ihnen, sich und Gott in jedem Menschen, in jeder Handlung und in jedem Vorfall zu begegnen.

Der Prozess, zu unserem natürlichen authentischen Zustand zurückzukehren, besteht zum Teil darin, dass wir alle Aspekte von uns wiedererlangen – die guten und die schlechten, die finsteren und die strahlenden. Wir sind Opfer und Täter, herzlos und herzlich, fürsorglich und gleichgültig. Und an irgendeinem Punkt in unserem Leben, wenn wir bis an unsere Grenzen gehen müssen, wird selbst dann, wenn es uns bis dahin gelungen ist, uns nur von unserer besten Seite zu zeigen, auch unsere Schattenseite zum Vorschein kommen.

Stellen Sie das Gleichgewicht wieder her

Michelle war zwölf Jahre lang verheiratet. Nachdem sie elf Jahre lang die außerehelichen Aktivitäten ihres Mannes Steve ignoriert hatte, erwachte sie eines Tages und war der Meinung, dass es nun reichte. Sie wollte sich scheiden lassen. Plötzlich wurde aus dieser ganz lieben, ganz und gar angepassten Frau, die jahrelang passiv gewesen war, eine intolerante, zornige Furie, die nicht mehr bereit war, sich mit dem Verhalten ihres Mannes abzufinden.

Steve war total schockiert: Er konnte nicht begreifen, dass Michelle plötzlich ihre Familie zerstören wollte, nachdem sie jahrelang kein Wort darüber geäußert hatte, dass sie unglücklich war. Doch nun traten aller Zorn und alle Feindseligkeit, die Michelle seit Jahren unterdrückt hatte, zu Tage. Die Aspekte, die sie verdrängt hatte, seit sie ein kleines Mädchen war, gewannen die Oberhand.

Ein Teil von Michelle wollte, dass sie sich helfen ließ und versuchte, die Dinge mit Steve wieder ins Lot zu bekommen, aber sie war außerstande, in Gegenwart von Steve oder ihren Kindern ihr Temperament zu zügeln. Ich forderte Michelle auf, sich eine Wippe vorzustellen, deren eine Seite in der Luft hing, während die andere auf dem Boden aufsaß. Sie erkannte, dass diese nicht im Gleichgewicht war. Ich erklärte ihr, das sei genau ihr eigener innerer Zustand. Als sie passiv gewesen sei und Steves Verhalten ignoriert habe, sei sie aus dem Gleichgewicht gewesen – nun befinde sie sich im anderen Extrem, aggressiv und voller Zorn.

Emotionale Ganzheit besteht darin, dass sich Ihre passive und Ihre aggressive Seite im Gleichgewicht befinden. Beide Aspekte sind für das Ganze unerlässlich. Wenn Michelle Zugang zu allen Seiten von sich hätte, könnte sie ihr passives Selbst am einen und ihr aggressives Selbst am anderen Ende ausbalancieren. Nur wenn wir Zugang zu beiden Seiten haben, sind wir in der Lage, in jedem Augenblick die höchste Entscheidung für unsere Entwicklung zu treffen. Wenn Michelle beide Seiten gleichermaßen akzeptierte, wäre es für sie genauso leicht, ihre Wahrheit auszusprechen wie die Dinge laufen zu lassen. Doch bevor sie nicht Zugang zu jedem dieser wichtigen Aspekte ihrer Persönlichkeit hatte und sie bejahte, äußerte sich jeweils nur ein Teil ihres Selbst, und zwar nur unter den extremsten Umständen. Im Rückblick erkannte Michelle, dass aggressives oder selbstsicheres Verhalten einer Frau in ihrem Elternhaus inakzeptabel gewesen war. Ihre Mutter hatte auf die Untreue ihres Vaters reagiert, indem sie die andere Wange hingehalten hatte.

Das ist wahrlich kein Einzelfall. Die konkreten Umstände mögen verschieden sein, aber irgendwann werden diese verleugneten Aspekte uns ins Gesicht springen. Stellen Sie sich Ihre unterdrückten Anteile wie einen Wasserball vor. Haben Sie eine Ahnung, wie viel Energie erforderlich ist, um einen Wasserball unter Wasser zu halten? Sie müssen Ihre ganze Energie dafür aufwenden. Und sobald Ihre Kraft nachlässt, springt der Ball heraus und spritzt Ihnen Wasser ins Gesicht.

Alle Aspekte von uns, die wir verbergen und verleugnen, sind wie Wasserbälle unter der Oberfläche unseres Bewusstseins. Meist warten sie den ungünstigsten Zeitpunkt ab, um uns ins Gesicht zu springen und genau die Teile von uns zu entblößen, die wir doch unbedingt verbergen wollten.

Solange wir unsere Aufmerksamkeit von uns abwenden und mit dem Finger auf unseren Partner zeigen, übertragen wir nur unseren Selbsthass auf ihn und erreichen, dass er uns zurückgespiegelt wird. Daher ist es wichtig, dass wir unsere verleugneten Teile entblößen und sie uns bewusst machen. Unsere Partner sind in unser Leben getreten, um uns viele Dinge zu lehren. Leider wissen die meisten Menschen nicht, wie sie diese Lehren umsetzen sollen, und daher wiederholen sie die gleichen Verhaltensmuster in all ihren Beziehungen. Um frei zu werden, müssen wir begreifen, dass wir jede Situation mit herbeiführen und dass das, was wir bei anderen erleben, unsere geheilten oder ungeheilten Aspekte widerspiegelt. Nur dann können wir über Zorn und Depression hinausgehen und die befreiende Welt der persönlichen Verantwortung betreten. Indem wir unsere Projektionen zurücknehmen, gewinnen wir unsere Unabhängigkeit und die Kraft zurück, uns selbst zu heilen.

Schritte zur Heilung

1. Stellen Sie eine Liste aller negativen Eigenschaften Ihres Partners zusammen, die Sie für ärgerlich, schmerzlich oder beleidigend halten. Nehmen Sie auch die Charakterzüge auf, die Sie ärgern, wütend machen oder anwidern.

2. Stellen Sie eine Liste aller negativen Eigenschaften Ihrer Eltern oder Ihrer ersten Bezugspersonen zusammen, über die Sie sich in ähnlicher Weise geärgert haben.

3. Schließen Sie die Augen und fragen Sie sich: Bei welcher Gelegenheit in meinem Leben lege ich diese Eigenschaft an den Tag? Wahrscheinlich nimmt sie sich in Ihrem Leben anders aus als im Leben anderer Menschen. Wenn Sie keine Gelegenheit in Ihrem Leben finden können, bei der Sie diesen Charakterzug ausleben, gehen Sie in die Vergangenheit zurück und erinnern sich an eine Zeit, in der Sie ihn zum Ausdruck brachten.

4. Notieren Sie neben jeder negativen Eigenschaft auf Ihrer Liste Ihr entsprechendes Werturteil darüber. Wenn Sie beispielsweise geschrieben haben, Ihr Mann sei ein Lügner, könnten Ihre Werturteile darüber etwa so aussehen:
   - Lügner sind schlecht.
   - Mein Vater war ein Lügner.
   - Menschen, die lügen, sind böse.
   - Menschen, die lügen, brauchen Hilfe.
   - Menschen, die lügen, werden mich verletzen.

7 Frieden schließen mit uns selbst

Wer Sie ärgert, erobert Sie.
ELIZABETH KENNY

Das Gesetz der Verantwortung bestimmt die Entscheidungen, die wir treffen. Zu wem wir uns hingezogen fühlen und warum wir jemanden heiraten, ist nicht dem Zufall unterworfen. Es ist in unserem Karma vorgesehen. Jeder Mensch, den wir in unser Leben ziehen, soll uns zur nächsten Phase unserer persönlichen Entwicklung bringen. Er verhält sich entsprechend, um uns die Stellen zu zeigen, an denen wir der Heilung bedürfen, und sorgt dafür, dass wir uns den Problemen stellen, die uns daran hindern, unser ganzes Potenzial zu entfalten. Wenn wir die volle Verantwortung für unser Leben übernehmen, verstehen wir, dass die Beziehungen, in denen wir uns befinden, keine bloßen Zufälle, sondern unsere ureigenen Chancen sind, unsere emotionalen und spirituellen Wunden zu heilen.

Karmische Beziehungen sind per definitionem Beziehungen, die unausweichlich sind. Eine Beziehung ist karmisch, ganz gleich, ob sie traumatisch, beleidigend, glücklich, befriedigend oder rein sexuell ist. Die Schwingungsfrequenz unserer Seele erzeugt ein Resonanzfeld, das uns umgibt und die Menschen anzieht, die mit der gleichen Frequenz schwingen. Wenn es für Sie ein Problem ist, verlassen zu werden, schwingen Sie mit einer bestimmten Frequenz und ziehen Menschen mit der gleichen Frequenz an, von denen Sie verlassen werden. Solange Sie diese Wunde nicht heilen, werden Sie weiterhin Menschen anziehen, die sie Ihnen zu Bewusstsein bringen.

Es ist daher von grundlegender Bedeutung, die Energieresonanz unserer Seele zu verstehen, damit wir begreifen, warum wir bestimmte Menschen in unser Leben ziehen und warum diese Menschen so und nicht anders handeln – und um schließlich die karmischen Bande zu zerschneiden, die uns auf negative Weise an unsere Partner binden. Wir müssen also akzeptieren, dass wir auf irgendeiner Ebene, aus irgendeinem Grund unseren Partner in unser Leben gezogen haben, um auch dafür die Verantwortung übernehmen zu können.

An der Konferenz, auf der ich Dan kennen lernte, nahmen tausend Menschen teil. Wir hatten uns erst ein paar Minuten lang unterhalten, da gingen wir schon eine Verbindung ein, die letztlich unser Leben verändern und uns bis zu unserem Hochzeitstag führen würde. Auch wenn dies keiner von uns beiden damals wusste, besaß Dan den Schlüssel, der viele Türen meiner Innenwelt öffnen würde. Inzwischen erkenne ich, dass Dan für mich der Katalysator war, mich tiefer auf meinen Heilungsprozess einzulassen. Er öffnete mir die Tür zur Mutterschaft und zeigte mir zugleich all die Stellen in mir, die verletzt und noch nicht heil waren. Mein Exmann verkörperte viele Eigenschaften, die ich in mir selbst nicht wahrnahm. Er zeigte mir viele Teile von mir, die ich zuvor nie gesehen hatte. Unser gemeinsames Karma ließ mich nach San Diego ziehen, versammelte meine Familie in Kalifornien und verschaffte mir die Erfahrungen, die ich brauchte, um dieses Buch zu schreiben. Und dies sind nur ein paar der Aspekte, hinsichtlich derer sich mein Leben aufgrund der Partnerschaft mit Dan verändert hat. Wenn wichtige Ereignisse wie diese in Verbindung mit jemandem geschehen, dann wissen wir, dass unsere Beziehung mit diesem Menschen karmisch ist.

Der Prozess, ganz zu werden

Der Mensch, dem wir letztlich unser Leben anvertrauen, ist dazu da, uns unser wahres Selbst widerzuspiegeln. Er trägt irgendeinen Aspekt unseres Menschseins in sich, den wir verleugnet haben. Unbewusst spiegelt unser Partner die losen Teile von uns wider, für die wir blind sind.

Dabei sollten Sie unbedingt verstehen, dass Sie nicht in der Lage sind, diese Aspekte allein zu finden. Wahrscheinlich haben Sie Ihr Leben großenteils damit verbracht, diese Aspekte von sich unbewusst zu verbergen, aber wenn sie angesprochen werden, treten sie zu Tage. Ihre fragmentierten Teile sehnen sich danach, geheilt und integriert zu werden, und großes Mitgefühl ist erforderlich, um sie zu finden und zu heilen. Der wichtigste Teil des Prozesses, alles von sich zu heilen und zu lieben, besteht darin, dass Sie bereit sind, über das hinauszuschauen, was Sie erkennen können und was Sie über sich selbst wissen.

Dieser Prozess besteht aus drei Phasen. Zuerst stellen Sie fest, was Sie an Ihrem Partner mögen und was Sie nicht mögen. Dazu müssen Sie zwischen Eigenschaften und Verhaltensweisen unterscheiden. Lassen Sie es mich Ihnen an einem Beispiel erläutern. Nehmen wir an, Sie hätten gerade herausgefunden, dass sich Ihr Mann mit einer anderen Frau trifft, und Sie finden das hassenswert an ihm. Wenn ich Ihnen nun sage, dass dies ein Teil von Ihnen ist, werden Sie sofort erwidern: »Aber ich bin doch nicht so. Ich würde ihn nie betrügen. Tatsächlich habe ich noch nie jemanden betrogen.«

Aber Sie müssen einen Schritt weiter gehen und sich die Frage stellen: »Was für ein Mensch würde seinen Lebensgefährten betrügen?« Jeder würde darauf eine andere Antwort geben. Vielleicht fällt Ihnen »schwach«, »gemein«, »unsicher«, »selbstsüchtig«, »egoistisch«, »zornig«, »untreu« oder »verlogen« ein. Halten Sie eines dieser Worte oder alle fest, die Ihnen einfallen, um die Eigenschaft zu bezeichnen, die Sie erkennen. Wenn Sie Ihre Frau verlassen, weil sie eine Workaholic ist und Sie das Gefühl haben, ausgeglichen zu sein, sollten auch Sie sich fragen: »Was für ein Mensch wäre ein Workaholic?« Ihre Antwort könnte lauten: ein »Perfektionist«, ein »besessener«, »übertrieben leistungsorientierter«, »ängstlicher«, »kalter«, »getriebener«, »egoistischer«, »selbstsüchtiger« oder »unsicherer« Mensch.

Es ist wichtig, dass Sie sich unablässig fragen, welcher Mensch das Verhalten, das Sie nicht mögen, an den Tag legen würde, damit Sie in der Lage sind, dieses Verhalten zu durchschauen. Hinter allen Verhaltensweisen liegen die Eigenschaften, die sie zum Ausdruck bringen, und danach suchen wir.

Jo Ellen ist achtunddreißig, geschieden und Mutter von zwei Kindern. Nachdem sie sich fünf Jahre lang mit angesehen hatte, wie ihr Mann Dave bis spät am Abend arbeitete und die Wochenenden damit zubrachte, Sportveranstaltungen anzuschauen, fühlte Jo Ellen sich so einsam und hoffnungslos, dass sie beschloss, ihre neunjährige Beziehung zu beenden.

Jo Ellen war stolz darauf, wie sie ihren Haushalt im Griff hatte. Jeden Morgen stand sie zusammen mit ihren Kindern früh auf und half ihnen an den Abenden bei den Hausaufgaben. Tagsüber war sie als Highschoollehrerin voll beschäftigt, doch nur selten versäumte sie ihr tägliches Training. Alles in ihrem Leben hatte seine Zeit und seinen Platz, und sie genoss ihre tägliche Routine.

Jo Ellen warf Dave vor, er kümmere sich nie um die Kinder, arbeite den ganzen Abend und betätige sich nur dann sportlich, wenn er an einem Softballspiel teilnahm. Als Jo Ellen ihre Liste der Eigenschaften aufstellte, die sie an Dave nicht mochte, konnte sie anfangs keine Ähnlichkeiten zwischen sich und ihrem Mann feststellen. Aber als sie nach einer Weile eher dazu bereit war einzusehen, wie ähnlich sie sich waren, begann sich ihre Liste nach und nach zu verändern. Am meisten beklagte sie an Dave, dass er sich so wenig um die Familie kümmerte. Als ich sie fragte, was für ein Mensch das sei, der sich wenig um seine Familie kümmere, fielen Jo Ellen die Eigenschaften »lieblos« und »egoistisch« ein. Daher fragte ich Jo Ellen, ob sie sich selbst auch dann liebe, wenn sie sich egoistisch und lieblos verhalte. Sofort ging sie in die Verteidigung und behauptete, sie sei niemals lieblos oder egoistisch. Ihre Reaktion verriet eindeutig, dass wir gerade auf zwei verleugnete und ungeheilte Teile von ihr gestoßen waren.

Der zweite Schritt besteht darin, einen verleugneten Charakterzug von einem Charakterzug zu unterscheiden, den wir einfach an einem anderen Menschen beobachten. In seinem Buch *Meeting the Shadow* schreibt Ken Wilbur: »Wenn wir einfach bloß eine Information über jemandes Verhalten bekommen, ist dies wahrscheinlich keine Projektion.« Wenn Sie an jemandem wahrnehmen, dass er lieblos ist, und Sie dies lediglich beobachten, ohne es zu bewerten, projizieren Sie vermutlich nicht. Doch wenn Sie sich vom Verhalten dieses Menschen beeinflussen lassen – wenn es Sie empört oder zornig macht oder Sie vorwurfsvoll mit dem Finger auf ihn zeigen –, dann projizieren Sie mit größter Sicherheit einen ungeheilten Aspekt von sich selbst auf ihn. In dem Augenblick, da wir ausrufen: »So bin ich nicht!«, müssen wir uns eingestehen, dass das Verhalten, das wir verurteilen, einen Teil von uns widerspiegelt, von dem wir uns getrennt haben. Denken Sie daran, dass wir jede Eigenschaft in uns haben, und wenn wir daher herausfinden, was wir projizieren, weist uns das den Weg zu jenen Teilen von uns, die geheilt werden müssen.

Wenn Sie eine Liste der Eigenschaften Ihres Partners erstellt haben, die Sie nicht zu haben meinen oder die sie nicht haben wollen, besteht der nächste Schritt darin, diese Teile in Besitz zu nehmen, das heißt, diese Aspekte in Ihnen zu finden und zu akzeptieren. Sie müssen sie zu diesem Zeitpunkt nicht mögen oder lieben – Sie brauchen einfach nur ehrlich sich selbst gegenüber zu sein und zuzugeben, wo und wann Sie diese Eigenschaften an den Tag gelegt haben.

Um diese oft vergrabenen Teile von uns zu finden, müssen wir uns in die Stille unseres Selbst begeben. Unsere Psyche ist großartig und wird ihre Wahrheit enthüllen, sobald sie danach gefragt wird. Stellen Sie sich vor, Sie haben zu Hause eine Münze versteckt, als Sie zwei Jahre alt waren. Würden Sie sich daran erinnern, dass Sie die Münze versteckt haben? Würden Sie sich nach all den Jahren daran erinnern, wo sie ist, auch wenn jemand bestätigen könnte, dass Sie sie versteckt haben? Nein? So geht es doch den meisten Menschen. Diese Eigenschaften sind tief in unserem Unbewussten vergraben und wollen zunächst unbemerkt bleiben.

Um zu erkennen, ob Jo Ellen bereit war, »egoistisch« und »lieblos« in Besitz zu nehmen, ließ ich sie die Augen schließen. Ich forderte sie auf, ein paarmal durchzuatmen, während ich ihr diese Frage stellte: »Wann oder wo in Ihrem Leben sind Sie lieblos oder egoistisch gewesen?« Innerhalb weniger Augenblicke erinnerte sich Jo Ellen mit Tränen in den Augen an die Zeit, bevor ihre Mutter starb. Jo Ellen und ihre Mutter hatten jahrelang eine turbulente Beziehung zueinander gehabt – sie konnten sich anscheinend über nichts einigen und kamen nur selten miteinander zurecht. Jo Ellen glaubte, ihre Mutter sei zu egoistisch gewesen, um noch mehr Kinder zu bekommen. Als man feststellte, dass ihre Mutter unheilbar an Krebs erkrankt war, machte sich Jo Ellen nicht die Mühe, ihre Mutter zu unterstützen, sondern wandte sich vielmehr ihrer eigenen Familie zu und gab ihrer Mutter sehr wenig in den letzten Monaten ihres Lebens. Jo Ellen hatte das aus ihrer Erinnerung verdrängt, und diese Erkenntnis und die Bilder, die sie nun vor ihrem geistigen Auge sah, bestürzten sie. Dieser lieblose Teil von ihr lag über eine sehr lange Zeit in ihrem Bewusstsein vergraben, war aber nun für sie so lebendig, dass ihr war, als wäre keine Zeit vergangen. Sie begann einzusehen, dass Daves Verhalten ihren eigenen Egoismus widerspiegelte und dass sie wie er ihre eigenen Ausreden dafür hatte, dass sie so und nicht anders handelte. Jo Ellen war über Wochen hinweg sehr verzweifelt, weil sie diese Teile von Dave hasste und weil sie es hasste, dass sie die gleichen entsetzlichen Eigenschaften in sich trug. Ständig fragte sie sich: »Wie kann das sein?«

Der Schmerz, der die Entdeckung eines dieser verleugneten Teile von uns begleitet, ist oft entsetzlich. Er beißt wie Salz in einer offenen Wunde. Es ist hart zu erkennen, dass wir anderen zu Unrecht Verhaltensweisen vorgeworfen haben, derer wir uns nicht für fähig hielten. Und nun stehen wir unserem bösen Alter Ego von Angesicht zu Angesicht gegenüber, etwas, dem sich die meisten Menschen nicht aussetzen wollen. Ich weiß, dies ist kein leichter Prozess, aber die Vorteile sind so großartig, und die Heilung ist so notwendig, dass wir tief durchatmen und uns bewusst sein müssen: Sobald wir das Geschenk dieses unerwünschten Teils ausfindig gemacht haben, wird der Schmerz verschwinden; sobald wir unsere schmerzliche Wahrheit in Besitz genommen haben, müssen wir uns nicht mehr vom Verhalten unserer Mitmenschen steuern lassen.

Nachdem wir unsere verleugneten Charakterzüge in Besitz genommen haben, sind wir so weit, den dritten Schritt zu tun. Dieser letzte Schritt führt uns dahin, das Geschenk dieser unerwünschten Eigenschaften anzunehmen. Jo Ellen kam es wie eine unmögliche Aufgabe vor, das Geschenk anzunehmen. Sie sagte mir, damit sie in diesen Eigenschaften irgendetwas Gutes sähe, müsste schon ein göttliches Wunder geschehen. Ihr Leben lang habe sie stets anderen Menschen vorgeworfen, egoistisch und lieblos zu sein. Zuerst sei das ihre Mutter gewesen, dann ihr Mann. Ich erklärte ihr, ein Wunder könne man auch als eine Verschiebung der Wahrnehmung definieren. Wenn Jo Ellen bereit war, die Geschenke zu sehen, die »egoistisch und lieblos« ihr gewähren würden, konnte sie ein Wunder erleben. Sie musste nichts weiter tun, als *beide* Seiten dieser Eigenschaften zu sehen. Ich erzählte ihr eine meiner Lieblingsgeschichten, die ich von Guru Mayi, dem Leiter der Siddha Yoga Foundation, gehört hatte.

Der Herrscher eines blühenden Königreichs lässt einen seiner Boten zu sich kommen. Der König fordert ihn auf, auszuziehen und das Schlimmste, was auf der ganzen Welt existiert, zu suchen. Tage später kehrt der Bote mit leeren Händen zurück. Verblüfft fragt ihn der König: »Was hast du herausgefunden? Ich sehe nichts.« Der Bote erwidert: »Dies hier, Eure Majestät«, und streckt die Zunge heraus.

Verwirrt verlangt der König eine Erklärung, und der Bote antwortet: »Meine Zunge ist das Schlimmste auf der Welt. Meine Zunge kann viele schreckliche Dinge sagen. Meine Zunge spricht übel und erzählt Lügen. Ich kann meiner Zunge alles durchgehen lassen, und dann fühle ich mich müde und krank. Meine Zunge ist das Schlimmste auf der Welt.«

Der König ist zufrieden, und dann befiehlt er dem Boten, auszuziehen und das Beste auf der ganzen Welt zu suchen. Tage später kehrt der Bote erneut mit leeren Händen zurück. Der König herrscht ihn an: »Wo ist es? Ich sehe nichts.« Der Bote erwidert: »Dies hier, Eure Majestät«, und streckt die Zunge heraus. Und dann erklärt er dem König: »Meine Zunge ist das Beste auf der ganzen Welt. Meine Zunge ist eine Botin der Liebe. Nur mit meiner Zunge kann ich die überwältigende Schönheit der Dichtkunst ausdrücken. Meine Zunge verfeinert mein Geschmacksempfinden und leitet mich an, die Nahrung zu wählen, die meinen Körper nährt. Meine Zunge ist das Beste auf der Welt, weil sie es mir ermöglicht, den Namen Gottes zu singen.«

Der Akt der Wandlung besteht darin, dass man etwas auf eine Weise sieht und es im nächsten Augenblick auf eine andere Weise zu sehen vermag. Die eine Ansicht stärkt uns, und die andere schwächt uns, so dass wir uns verletzlich fühlen. Wir haben die Wahl. Wenn wir das Geschenk finden, ermöglichen wir es uns, aus allen Perspektiven zu sehen, alle Seiten der Eigenschaften, die wir besitzen, zu erkennen.

Stellen Sie sich vor, Sie könnten nur die schädlichen Aspekte Ihrer Zunge erleben. Sie würden unzählige Freuden des Lebens verpassen. Das gilt ebenso für alle Ihre Eigenschaften. Nun könnten Sie fragen, worin denn das Geschenk bestehe, lieblos zu sein. Lieblos zu sein kann uns dabei helfen zu überleben: Es ermöglicht uns, gesunde Grenzen zu ziehen und für uns selbst zu sorgen. Wenn Sie sich ständig um alle anderen kümmern würden, hätten Sie wahrscheinlich keine Zeit, Ihre eigene Familie zu versorgen oder einen anderen Beruf zu ergreifen, als ganz im Dienst anderer zu stehen. Wahrscheinlich wäre es Ihr innerer Trieb, sich um all die Millionen Kranken, Hungernden und weniger vom Glück Begünstigten zu kümmern.

Der Prozess der Selbstbesinnung ist nicht leicht. Die meisten Menschen hängen sehr an der Art und Weise, wie sie die Dinge sehen, weil wir uns mit unseren Ansichten und Meinungen von anderen unterscheiden. Eine ganz interessante

Übung besteht darin, fünf Menschen zu befragen, die Sie gut kennen. Bitten Sie jeden dieser Menschen, Ihnen die drei Dinge zu nennen, die sie an Ihnen am meisten mögen, sowie drei Dinge, die sie am wenigsten mögen. Unweigerlich wird eine Eigenschaft, die von zwei oder drei Menschen als positiv bezeichnet wird, von einem anderen in einem negativen Licht dargestellt. So könnte beispielsweise ein Mensch sagen, dass er Ihre Offenheit mag, aber eine andere Person sagt, sie könne es nicht ausstehen, dass Sie immer sagen, was Sie denken, und fügt hinzu, dass »manche Dinge besser nicht ausgesprochen werden«. Die Wirklichkeit ist eine Interpretation. Sieht man mit anderen Augen, ergeben sich unterschiedliche Perspektiven – und somit unterschiedliche Wirklichkeiten.

In einem Zustand der Erleuchtung können wir alle Ansichten gleichzeitig erkennen. Wenn wir den Blickwinkel verlagern, unter dem wir etwas betrachten, hängen wir nicht mehr an unseren einengenden Anschauungen und an der schmerzlichen Wirklichkeit, die damit verbunden ist. Die Verlagerung unseres Blickwinkels ermöglicht es uns, in einem Augenblick glücklich und traurig, aufgebracht und friedlich zu sein. Dies ist der Prozess, bei dem wir das Geschenk jedes Charakterzugs annehmen. Jeder weiß, dass wir ein Glas als halb leer oder als halb voll betrachten können und dass beide Anschauungen richtig sind. Das gilt auch für jeden Teil von uns. Letztlich ist es unsere Entscheidung, ob wir darauf fixiert bleiben, einen Charakterzug als leer und wertlos oder als etwas zu betrachten, das eine Fülle von Möglichkeiten bietet. Wir haben die Wahl, an unserem Glauben festzuhalten, dass einige unserer so genannten »persönlichen« Eigenschaften schlecht sind, oder lieber nach dem höheren Zweck aller Aspekte unserer Persönlichkeit zu suchen. Das Ich beharrt auf den negativen Aspekten unseres Menschseins. Das höhere Selbst, unser heiliger Teil dagegen entscheidet sich dafür, über das, was wir wissen, hinauszublicken, um das Geschenk unseres Schattens zu entdecken.

Als Jo Ellen schließlich so weit war, das Geschenk zu

suchen, hatte sie schon den wichtigsten Schritt bei diesem Prozess getan. Sie war bereit, ihre Ansichten und harten Urteile fahren zu lassen und einen anderen Standpunkt einzunehmen. Ja, eigentlich war sie mehr als nur bereit – sie lechzte geradezu verzweifelt nach einer neuen Perspektive, so dass ihr ganzes Wesen offen dafür war, eine zu finden. Sie schloss die Augen, während ich sie aufforderte, das Geschenk ihres Egoismus zu suchen. Ich wies sie an zuzulassen, dass alle Worte, die ihr einfielen, genau die richtigen Informationen seien, die sie brauchte. Ich ermutigte sie, nicht über diesen Prozess nachzudenken, sondern vielmehr von ihrem Willen abzulassen und ihr höchstes Selbst zu bitten, ihr Führer zu sein.

Nach mehreren Minuten öffnete Jo Ellen die Augen und erzählte mir, was sie gehört und welche Bilder sie vor ihrem geistigen Auge gesehen hatte. Plötzlich sei sie sich darüber klar geworden, dass ihr egoistisches Selbst ihr das größte Geschenk überhaupt mache – den Elan und das Verlangen, selbstlos zu sein. Weil sie nicht egozentrisch wirken wollte, übernahm Jo Ellen eine ehrenamtliche Tätigkeit, wurde Vorsitzende des Lehrer-Eltern-Ausschusses an der Schule ihrer Tochter und war für Freunde im Notfall stets erreichbar. Von einem Augenblick zum andern war Jo Ellen in der Lage zu erkennen, dass das »Egoistisch-Sein« sie dazu gebracht hatte, viele positive Eigenschaften an den Tag zu legen, und zwar aufgrund ihres intensiven Verlangens, von anderen für selbstlos gehalten zu werden.

Da sie nun diesen Teil von sich akzeptieren konnte, musste sie sich nur noch dafür bedanken und ihn in einem neuen Licht betrachten. Jo Ellen musste ihre selbstlose Seite – ihre freundliche, versöhnliche, helle Seite – mit ihren dunklen Werturteilen über das »Egoistisch-Sein« verbinden. Dann konnte sie diesen Teil von sich in ein liebendes und akzeptierendes Licht rücken. Sobald sie diese Eigenschaft akzeptieren und annehmen konnte, musste sie sie nicht mehr verurteilen, wenn sie sie in Dave zum Ausdruck gebracht sah. Egal, was Dave zu ihrer Familie beitrug oder nicht beitrug – nun war Jo Ellen von seinem Verhalten eher informiert als beeinflusst.

Indem Jo Ellen sich dafür engagierte, an ihrem Inneren zu arbeiten, machte sie sich das größte Geschenk überhaupt: die Freiheit zu entscheiden, wie sie auf Dave reagieren wollte.

Ob wir es glauben oder nicht – die Teile von uns, die wir am meisten hassen, haben uns voll im Griff. Auf eine merkwürdige, verkehrte Weise treibt uns alles, was wir nicht sein wollen, dazu, das genaue Gegenteil zu werden. So tarnt sich unser Schatten-Selbst. Sie müssen einfach nur für einen Augenblick die Augen schließen und an einen Teil von sich denken, den Sie sehr lieben oder mögen. Nachdem Sie diesen Teil gefunden haben, fragen Sie sich: »Was ist das Gegenteil dieser Eigenschaft, die ich liebe?« Augenblicklich werden Sie eine Eigenschaft erkennen, die Sie nicht lieben und die Sie nicht haben wollen. Gerade diese Eigenschaft, die Sie nicht haben wollen, treibt Sie dazu, so zu sein, wie Sie heute sind. Genau dieser Akt, die unerwünschten Aspekte aufzudecken, macht Ihre positive Persönlichkeit aus.

Martha liebte ihren Humor. Als sie sich fragte, was das Gegenteil von »spaßig« sei, stellte sich in ihrem Inneren das Wort »ernst« ein. Martha hatte immer eine Abneigung gegenüber ernsten Menschen, und natürlich wollte sie nie so sein wie ihr überaus ernster Vater.

Harold liebte seine Abenteuerlust. Als er in sich hineinsah, erkannte er das Gegenteil – die Ängstlichkeit. Er hätte sich nie träumen lassen, dass in ihm auch nur ein Funken Ängstlichkeit steckte, aber seine Frau und seine Mutter waren die geborenen Pessimistinnen. Da Harold es nicht ertragen konnte, so ängstlich und schwach wie seine Mutter zu sein, musste er sich als Gegengewicht eine so starke Persönlichkeit zulegen, dass niemand seinen Mut je in Frage stellen würde. Jeffrey mochte es, dass er so cool war. Er hielt sich stets auf dem Laufenden über die neuesten Trends, besaß die besten elektronischen Geräte, Autos und Kleidungsstücke. Er war der Star der Gesellschaft von Los Angeles und verabscheute nichts so sehr wie Außenseiter. Der Außenseiter in Jeffrey, den er – wie er zugab – bis zu seinem zwölften Lebensjahr an den Tag gelegt hatte, war unbeliebt und einsam, und daher machte Jeffrey aus sich eine so coole Persönlichkeit, dass er nie wieder ausgegrenzt wurde.

Häufig sind die Geschenke so offenkundig. Die Geschenke Ihres Schatten-Selbst sind oft in den Eigenschaften zu erkennen, die Sie am meisten an sich lieben. Ihre Persönlichkeit entstand nicht dadurch, dass Sie etwas sein wollten – vielmehr wurde sie geboren, weil sie ein paar bestimmte Eigenschaften *nicht* haben wollten.

Erstaunlicherweise finden die meisten von uns einen Partner, der genau die Eigenschaften an den Tag legt, die wir unbedingt von uns fern halten wollten. Nun befinden wir uns an einem Scheideweg, wo wir die Chance bekommen, unsere Schatteneigenschaften zu heilen und anzunehmen. Wenn wir diese Aufgabe ablehnen, müssen wir mit der Angst leben, dass diese Eigenschaften zu einer anderen Zeit, an einem anderen Ort wieder auftauchen könnten. Und das werden sie bestimmt.

Die Geschenke entdecken

Wenn wir uns auf darauf einlassen, unsere innere Welt zu erkunden, sind wir offen dafür, all unsere verborgenen Schätze zu finden. Wie C. G. Jung gesagt hat: »Das Gold liegt in der Dunkelheit.« Jedes Mal, wenn wir einen verleugneten Aspekt von uns ins Licht des Bewusstseins rücken, erhalten wir dafür ein Geschenk, das viel größer ist, als wir es uns je vorstellen konnten. Es ist, als ob wir eine rosarote Brille abnähmen, die wir zehn Jahre lang getragen haben. Plötzlich sieht alles anders aus. Die Welt und ihre Bewohner sind uns nicht mehr vertraut, doch all diese neuen Farben und Strukturen sind ganz aufregend.

Das Gleiche geschieht, wenn Sie aus der Trance der Projektion heraustreten. Alles sieht anders aus und fühlt sich anders an. Die Verhaltensweisen Ihrer Vergangenheit sind passee, und die Handlungen anderer Menschen kommen Ihnen in diesem neuen Licht ganz anders vor. Plötzlich sind all die negativen Bande gelöst, die Sie so lähmend an Ihren Partner gefesselt hatten. Die kleinen Gemeinheiten, die er oder sie Ihnen an den Kopf wirft, regen Sie nicht mehr auf, und Sie müssen nicht mehr auf der Hut sein. Wenn Sie diese Geschenke finden, ergeht es Ihnen wie beim Wühlen in einer Schatztruhe – unerwartet stoßen Sie auf Juwelen.

Sie müssen bereit sein, all das zu lieben, wovor Sie Angst haben. Auch wenn Sie beim Erkunden dieses neuen Terrains das Gefühl haben, auf unsicherem Boden zu stehen, ist es nur eine Frage der Zeit, bis Sie spüren, wie angenehm und stabil die Erde unter Ihren Füßen in Wahrheit ist. Und diese Erde wird sich ganz anders anfühlen als alles, was Sie je erlebt haben, denn ihre Fundamente bestehen aus Liebe, Mitgefühl und emotionaler Ganzheit.

Wenn wir die Tür zu unserer Innenwelt öffnen, entdecken wir eine ganze Menagerie von Persönlichkeiten – viele Ichs mit vielen Gesichtern. Für jeden Charakterzug und jedes Persönlichkeitsmerkmal gibt es eine Subpersönlichkeit, die sich zeigt, um uns Zugang zu jedem einzigartigen Teil unserer Psyche zu verschaffen. Roberto Assagioli, der Begründer der Psychosynthese, hat gesagt: »Wir werden von allem beherrscht, womit sich unser Selbst identifiziert. Wir können alles beherrschen und kontrollieren, wovon wir unsere Identifikation gelöst haben.« Die Untersuchung unserer Subpersönlichkeiten ist ein Instrument, das uns bei der Wiedergewinnung unserer verlorenen oder verborgenen Teile unterstützt. Sie stellt auch eine Möglichkeit dar, die Aspekte von uns zu heilen, die sich vielleicht immer wieder in Zornesausbrüchen ergehen oder deprimiert sind.

Assagioli hat eine Methode entwickelt, wie wir unsere Identifikation von diesen Teilen lösen und so ihre lebenswichtigen Botschaften vernehmen können. Indem wir die Stimmen unserer nicht angenommenen Eigenschaften in unser Bewusstsein einlassen, können sie uns als Führer und Partner ins Gleichgewicht zurückbringen. Dieser Prozess ermöglicht es uns, die Geschenke in der Dunkelheit zu finden.

Wie wir unsere Subpersönlichkeiten kennen lernen

Der erste Schritt zur Erkundung unserer Subpersönlichkeiten besteht darin, jeden unserer verborgenen Aspekte zu identifizieren und zu benennen. Assagioli schlägt vor, eine Beziehung zu diesen Aspekten zu entwickeln, sodass man sie heilen und in die eigene Ganzheit integrieren kann. Indem Sie jeden Teil von sich benennen, schaffen Sie eine Distanz und können ihn in einem anderen Licht betrachten. Wenn Sie beispielsweise Ihren wertenden Teil nicht mögen und ihm einen Namen wie »Wertende Wally« geben, dann hilft Ihnen das dabei, sich nicht mehr mit ihm zu identifizieren und stattdessen einen Dialog zu eröffnen. Wenn Sie dann entdecken, dass Sie Ihren Partner bewerten, müssen Sie sich nicht mies vorkommen, sondern können die Augen schließen und mit der Wertenden Wally sprechen. Sie können zum Beispiel sagen: »Hallo, hier ist ja wieder die Wertende Wally. Vielleicht braucht sie ein wenig Aufmerksamkeit oder ein liebevolles Gespräch, um milder gestimmt zu werden.«

Indem wir den von der Identifikation befreiten Teilen Namen geben, mildern wir unsere strengen Urteile über sie. Es ermöglicht uns, sie als getrennt von uns zu betrachten, so dass wir sie aus dem Bereich des Persönlichen herausnehmen und auf eine nichtpersönliche Weise erfahren können. Das hilft uns augenblicklich dabei, so strenge Gedanken wie »Ich bin wertend« aufzugeben. Sobald wir unsere Subpersönlichkeiten benennen, können wir anfangen, mit ihnen zu arbeiten.

Der nächste Schritt besteht darin, dass Sie die Augen schließen und Ihren von der Identifikation befreiten Teilen ein Bild, ein Gesicht geben. Das geht ganz einfach, da es die Natur unserer Psyche ist, Informationen durch Bilder zu übermitteln. Falls Sie für eine bestimmte Eigenschaft kein Gesicht empfangen, können Sie ein Bild von jemandem beschwören, den Sie kennen oder den Sie im Fernsehen gesehen haben und der zu der Rolle dieser Eigenschaft passen könnte. Wenn Sie den Namen und das Gesicht haben, können Sie einen Dialog mit diesem Teil von Ihnen aufnehmen.

Meine ersten Erfahrungen mit Subpersönlichkeiten hatte ich in einem Seminar für Transpersonale Psychologie an der JFK University. Meine Lehrerin Suzanne West machte mit uns eine geführte Visualisierung, bei der wir uns vorstellten, dass wir einen großen gelben Bus voller Menschen bestiegen. Nachdem wir den Bus betreten hatten, wurden wir angewiesen, Platz zu nehmen und an einem Ausflug teilzunehmen. Dann suggerierte Suzanne uns, jemand würde uns auf die Schulter tippen, und das sei eine unserer Subpersönlichkeiten. Anschließend forderte sie uns auf, aufzustehen, in unserem Bus herumzugehen und all die anderen Subpersönlichkeiten kennen zu lernen, die im Gang standen, auf dem Fußboden lagen und zu den Fenstern hinausschrien. Sogar der Busfahrer sei eine Subpersönlichkeit.

Während Suzanne sprach, ließ ich verschiedene Facetten von mir tief aus meinem Bewusstsein aufsteigen. Ich erblickte einen groß gewachsenen, dünnen Teenager und eine in schreienden Farben gekleidete Betrunkene mittleren Alters. Ich sah traurige, glückliche und ängstlich dreinblickende Mädchen und ein paar weinende Kinder. In meinem Bus waren buchstäblich fünfzig verschiedene Persönlichkeiten, die alle meine Aufmerksamkeit auf sich zu lenken versuchten. Irgendwann erklärte Suzanne uns, dass unser Bus bald halten würde und dass eine unserer Subpersönlichkeiten mit uns aussteigen und ein Gespräch mit uns führen würde. Die Frau, die an mich herantrat, wog ungefähr hundert Kilo und hatte dünnes graues Haar. Um den Hals hatte sie einen Pullover geschlungen, der von einer alten rostigen Sicherheitsnadel gehalten wurde. Sie trug ein beigefarbenes hawaiisches Hängekleid mit großen orangenen Punkten. Sie stank nach Zigaretten und Haarspray. Mein erster Gedanke war: O mein Gott, mit der werde ich nirgendwo hingehen. Aber als ich dies laut sagte, sah sie mir direkt in die Augen und teilte mir mit, sie sei die Einzige hier, und wenn ich diese Übung absolvieren wolle, müsse ich ihr folgen. Also tat ich es.

Während ich mich neben sie setzte, fragte ich sie nach ihrem Namen. Rasch erwiderte sie: Berta Großmaul. Entsetzt versuchte ich mich zu konzentrieren und den Anweisungen der Lehrerin zu lauschen. Die nächste Frage, die wir unserer Subpersönlichkeit stellen sollten, lautete: Was für ein Geschenk hast du für mich? Wie aus der Pistole geschossen erklärte Berta mir, sie versuche, mich auf die nächste Ebene meines spirituellen Wegs zu führen. Da dies etwas war, was ich wirklich wollte, begann ich ihr mehr Aufmerksamkeit zu schenken.

Die nächste Frage an unsere neue Freundin lautete: Was brauchst du, um ganz zu sein oder dich in meine Psyche zu integrieren? Wieder antwortete die dicke Berta rasch: Was sie brauche? Dass ich aufhörte, andere Menschen nach ihrem Aussehen zu beurteilen. Ich verteidigte mich sofort damit, dass ich seit über fünf Jahren auf einem spirituellen Weg sei und Menschen nicht mehr nach ihrem Aussehen beurteile – das sei ein Verhalten in meiner Vergangenheit gewesen. Und dann kam die schockierende Erwiderung, die für immer die Richtung meines Lebens veränderte. Berta Großmaul, meine Subpersönlichkeit, die ich erst vor ein paar Augenblicken kennen gelernt hatte, sagte: »Ich bin doch bloß ein Hirngespinst von dir, und wegen meines Aussehens wolltest du nicht mal mit mir spazieren gehen.«

Peng. Sie hatte ja Recht. Verblüfft saß ich da. Ich wäre nie imstande gewesen, dieses Verhalten zuzugeben, weil ich mir eingeredet hatte, dass ich es nicht mehr an den Tag legte. Aber dabei hatte ich mich nun in meinem eigenen Inneren ertappt. Bis heute weiß ich nicht, was schwerer zu verkraften war: dass ich in mir so viel Weisheit trug oder dass ich einen Teil von mir so stark verleugnen konnte, dass ich nicht einmal wusste, wie sehr ich andere noch immer nach ihrem Aussehen beurteilte.

Der Bus steht für die Totalität unseres Wesens, und jedes der Gesichter in meinem Bus stand für einen anderen Aspekt von mir. Jeder wartete auf die Gelegenheit, gehört zu werden und ein integrierter, gesunder Teil des Ganzen zu werden. Dieses Erlebnis öffnete mir die Augen. Ich verdankte ihm ein tiefes inneres Wissen, dass alle Antworten tatsächlich in uns liegen. Ich hatte es schon so oft gehört, hatte davon in so vielen Büchern gelesen, aber wenn ich ein Problem hatte, suchte ich die Lösung noch immer außerhalb von mir selbst. Und nun wusste ich ohne jeden Zweifel, wenn ich willens war, ruhig zu werden und zuzuhören, konnte ich Zugang zu der Weisheit erlangen, die ich brauchte, um zu heilen.

Diese Übung warf mich aus meinen festgefahrenen Bahnen. Schnell stellte ich eine Liste aller Teile von mir auf, die mir Ärger bereiteten, sich gehen ließen oder die ich in anderen widergespiegelt sah, und machte mich daran, jeden von ihnen kennen zu lernen. Jeder hatte ein Geschenk für mich und neue Informationen, die mir bei meiner Heilung halfen. Zwei Botschaften bekam ich immer wieder von ihnen zu hören: »Ich will, dass du aufhörst, mich zu hassen« und »Ich möchte bloß, dass du zu würdigen weißt, welche Geschenke ich dir gegeben habe«. Ganz gleich, welches Gesicht, welche Größe oder welche Form sie hatten, ob sie mit sanften Worten sprachen oder mir eins aufs Dach gaben – jede Subpersönlichkeit in mir wollte respektiert werden und sich mit mir versöhnen. Als ich immer mehr Aspekte von mir kennen lernte, wurde mein Herz weich, und ich war fähig, großes Mitgefühl für diese verlorenen und einsamen Seelen zu empfinden.

Je vertrauter ich mit diesen verschiedenen Teilen von mir wurde, desto mehr Dinge begannen sich in meinem Leben zu verändern. Das ständige negative Geplapper in meinem Kopf verstummte allmählich. Statt meine strengen Werturteile auf andere Menschen zu projizieren, empfand ich nun mehr Mitgefühl für sie. Indem ich diesen Eigenschaften Gesichter und Namen gegeben hatte, änderte sich meine Beziehung zu ihnen. Ich musste mich nicht mehr zurechtweisen, wenn ich ein Verhalten an den Tag legte, das ich nicht mochte. Wenn ich mich beim Aufwachen zornig fühlte, weckte ich sofort die »Zornige Zora« und gab ihr ein Gesicht, das es mir gestattete, ihr liebevoll gegenüberzutreten. Dann fragte ich sie, was sie von mir brauchte, damit sie sich besser fühlte. Jedes Mal, wenn ich um Hilfe bat, erklärte mir eine meiner Subpersönlichkeiten genau, was ich tun musste, um meine Gefühle und Verhaltensweisen zu ändern.

Die Person von der Persona trennen

Eine wichtige Komponente einer spirituellen Trennung besteht darin, nach Möglichkeiten zu suchen, die Marotten unseres Partners zu tolerieren und zu lernen, mit seinen irritierenden Verhaltensweisen Frieden zu schließen. Mithilfe der Arbeit mit Subpersönlichkeiten können wir die Person vom Verhalten trennen. Solange wir die Persönlichkeitsmerkmale unseres Partners nicht von seinem Wesen trennen können, werden wir ihn ständig bewerten und seinen Charakter angreifen. Doch indem wir diese Aspekte identifizieren und benennen, gehen wir eine neue Beziehung zu ihm ein: Wir trennen die Person von der Persona. Automatisch löst sich die emotionale Angespanntheit, die uns solchen Kummer bereitet hat. Indem wir den Teilen unseres Partners, die uns wahnsinnig machen, Gesichter und Namen geben, hören wir auf, seine Persönlichkeit persönlich zu nehmen.

Jane und David erlebten eine turbulente Phase in ihrer Ehe und mussten eine Möglichkeit finden, miteinander zu kommunizieren, ohne ständig ihre strengen Werturteile ins Spiel zu bringen. Es hatte keinen Sinn, dass sie einander Dinge an den Kopf warfen wie »Ich kann es nicht mehr ertragen, mit dir zu leben, weil du so faul bist«. Ich forderte beide auf, eine Liste der unleidlichen Eigenschaften ihres Partners aufzustellen und diese dann als Subpersönlichkeiten zu benennen. Sie notierten Folgendes:

DAVIDS SUBPERSÖNLICHKEITEN
Fauler Fred
Lästiger Louis
Steven Sturkopf

Vergesslicher Ferdinand
Alf der Angeber
Walter der Weichling
Andy Arschloch
Rückgratloser Robert
Siegi der Spinner
Tom der Träumer
Widerlicher Willy
Marvin das Muttersöhnchen
Feiger Frank
Bankrotter Bart

JANES SUBPERSÖNLICHKEITEN
Durchgeknallte Daisy
Wanda Wirrkopf
Helen die Hypochonderin
Maggie die Menschenhasserin
Kontrollierende Connie
Inkonsequente Inga
Unsichere Ulla
Erbärmliche Emma
Blanche die Beschuldigerin
Abhängige Alice
Egoistische Edith

Einer alten Geschichte zufolge werden unsere Herzen im Himmel gegen eine Feder abgewogen. Ist das Herz leichter als die Feder, hat man einen Zustand der Erleuchtung erreicht. Subpersönlichkeiten, über deren Namen Sie sich amüsieren und deren Gesichter Sie zum Lächeln bringen, können Sie leichter machen. Wenn der Miese Mike aufkreuzt, um Ihre Kinder abzuholen, müssen Sie sich nicht in Ihren Zorn hineinsteigern, sondern brauchen sich nur zu sagen: »Ach, wer kommt denn da, mein alter Freund, der Miese Mike!«

Gönnen Sie sich den Spaß – Sie wissen doch, dass wir alle unsere verschiedenen Rollen und unsere Persönlichkeitsprobleme haben.

Wenn Sie in sich gehen und mit Ihren Subpersönlichkeiten ins Gespräch kommen, wird sich Ihr Leben für immer ändern. In dem Buch *Conversations with God* heißt es: »Wenn wir nicht in uns gehen, kommen wir nirgendwohin.« Jeder von uns trägt in sich eine unendliche Fülle tiefer Weisheit, und in Zeiten des Kummers ist es unabdingbar, dass wir uns wieder mit unserer göttlichen Natur verbinden und zulassen, dass der Geist des Universums uns leitet.

Oft werde ich gefragt: »Warum muss ich eigentlich die ganze Arbeit machen? Warum muss ich mich immer wieder mit den gleichen Problemen befassen?« Die Antwort ist einfach. Sie müssen die Arbeit machen, weil letztlich nur Sie davon profitieren. Es kostet Zeit und Mühe, Frieden mit sich zu schließen. Das gelingt nicht von heute auf morgen. Nach meiner Erfahrung ist dies ein lebenslanger Prozess. Wenn Sie sich zu emotionaler Ganzheit verpflichten, dann verpflichten Sie sich dazu, jeden Tag auf sich allein gestellt zu sein, nicht bloß einmal in der Woche, wenn Sie zum Therapeuten oder zum Chiropraktiker gehen oder wenn Sie sich Zeit zur Meditation nehmen. Sie machen sich das Geschenk zu wissen, dass Sie sich auf sich verlassen und um sich selbst kümmern können. Sie würden doch nicht ein Kind den ganzen Tag draußen im Regen lassen – warum sollten Sie dann das verletzte Kind in sich den ganzen Tag, eine Woche, einen Monat oder ein Jahr allein lassen, ohne sich darum zu kümmern?

Schließen Sie jetzt die Augen und stellen Sie sich bildlich vor, wie Sie mit vier Jahren waren. Stellen Sie sich vor, dass Sie unglücklich und verängstigt sind. Würden Sie das Kind hochheben und es im Arm halten, oder würden Sie es anschreien, es solle sich nicht so haben? Würden Sie sich wohl fühlen, wenn Sie das Kind so behandeln, wie Sie sich jetzt behandeln? Würden Sie die Dinge, die Sie sich ständig vorwerfen, auch diesem zarten Kind vorhalten? Verdienen Sie das?

Denn ob Sie es glauben oder nicht – Sie sind dieses Kind. Tagtäglich haben Sie all Ihre »Selbste« jeden Alters bei sich. Zu lernen, sich selbst zu lieben, ist die größte Aufgabe, die

Ihnen je übertragen wird. Sich selbst Liebe zu schenken ist das großartigste Geschenk, das Sie je bekommen werden. Aber das braucht Zeit, Sorgfalt, Ausdauer und Geduld. Es erfordert das Mitgefühl eines unschuldigen Herzens und das Engagement eines Olympioniken.

Schritte zur Heilung

1. Nehmen Sie sich die Liste mit den negativen Eigenschaften Ihres Partners aus Übung 1 im sechsten Kapitel vor und machen Sie daraus Subpersönlichkeiten, indem Sie ihnen Namen geben. Versuchen Sie mithilfe der folgenden Visualisierung das Geschenk zu entdecken, das jede Eigenschaft Ihnen zu bieten hat. Wenn es Ihnen schwer fällt, den Wert eines bestimmten Charakterzugs zu finden, suchen Sie weiter. Oft kommt das Geschenk einer bestimmten Eigenschaft im entgegengesetzten Wert zum Ausdruck.

2. Nehmen Sie sich für diese Visualisierung ein wenig Zeit, in der Sie nicht gestört werden. Bevor Sie anfangen, machen Sie vielleicht einen Spaziergang oder nehmen Sie ein ausgedehntes Bad, um sich zu entspannen. Sie können auch etwas sanfte Musik auflegen oder eine Duftkerze anzünden, um eine friedliche Stimmung zu erzeugen. Schließen Sie die Augen und lassen Sie zu, dass Ihre Aufmerksamkeit auf Ihrer Atmung ruht. Atmen Sie ein paarmal langsam und tief ein, halten den Atem dann fünf Sekunden oder länger an und atmen schließlich langsam aus. Machen Sie dies vier oder fünf Mal, bis Sie innerlich ruhig sind.

   Lassen Sie vor Ihrem geistigen Auge das Bild eines großen gelben Busses entstehen. Stellen Sie sich vor, wie Sie in den Bus einsteigen und sich auf einen Platz irgendwo in der Mitte setzen. Spüren Sie die Aufregung, dass Sie sich auf eine lang erwartete Reise in Ihr

Inneres begeben. Während der Bus die Haltestelle verlässt, schauen Sie aus dem Fenster und stellen fest, dass es ein strahlend schöner Tag ist.

Während der Fahrt genießen Sie die Landschaft draußen und wenden sich allmählich den Fahrgästen im Bus zu. Sie erblicken Menschen in jeder Größe und jeden Alters – große Menschen, kleine Menschen, Kinder, Teenager und alte Leute. Sie bemerken, dass der Bus voller Menschen aus jedem Milieu ist. Da gibt es Zirkusartisten, Obdachlose, Geschäftsleute, sogar Tiere. Einige winken, um Ihre Aufmerksamkeit zu erregen, während andere sich vielleicht in einer Ecke verstecken. Als der Bus anhält, stehen Sie auf und gehen den Gang entlang, wobei Sie alle Persönlichkeiten in Ihrem Bus registrieren. Nun sagt Ihnen der Busfahrer, Sie sollen sich von einer von ihnen – einer Ihrer Subpersönlichkeiten – an der Hand nehmen und aus dem Bus in den Park geleiten lassen.

Stellen Sie sich vor, wie Sie sich dort neben diese Person setzen. Bemerken Sie die Eigenschaft, die er oder sie zu verkörpern scheint. Wenn es eine fürchterliche Person ist, könnten Sie sie Fürchterliche Fanny oder Fürchterlicher Fred nennen. Wenn die Person Ihnen nicht ihren Namen nennt, könnten Sie sich einen ausdenken, der sich auf ihre äußere Erscheinung oder ihre hervorstechendsten Merkmale bezieht. Stellen Sie fest, wie die Person gekleidet ist und wie sie aussieht. Wie riecht sie? Versuchen Sie, ihre Stimmung und Körpersprache zu ermitteln. Nun holen Sie erneut tief Atem, schauen die Person direkt an und fragen: »Was für ein Geschenk hast du für mich?« Fragen Sie so lange, bis Sie eine Antwort bekommen. Nachdem Sie das Geschenk erhalten haben, fragen Sie die Person: »Was brauchst du, um ganz zu sein?« oder »Was brauchst du, um ein gesunder, integrierter Teil von mir zu sein?«

Nachdem Sie die Antwort vernommen haben, fragen Sie: »Gibt es noch etwas, das du mir sagen möchtest?« Nehmen Sie sich dann einen Augenblick Zeit, um der Subpersönlichkeit, diesem fragmentierten Teil von Ihnen, dafür zu danken, dass sie bereit ist, Ihr Leben mit Ihnen zu teilen. Stellen Sie sich vor, wie Sie sie zum Bus zurückbringen. Wenn Sie so weit sind, öffnen Sie die Augen und schreiben die Botschaften auf, die Sie von Ihrer Subpersönlichkeit empfangen haben. Schreiben Sie mindestens zehn Minuten lang über Ihre Erfahrungen während dieser Übung.

Das Gesetz der Wahlfreiheit

8 Nehmen Sie Abstand von sich selbst

> Das Leben ist nicht so, wie Sie es gern hätten,
> es ist so, wie es ist. Entscheidend ist,
> wie Sie damit fertig werden.
>
> VIRGINIA SATIR

Die Art und Weise, wie wir zu unserem Leben stehen, ist das Ergebnis unserer Interpretationen. Das Gesetz der Wahlfreiheit öffnet uns der Einsicht, dass wir die Ereignisse unseres Lebens auf vielerlei Weise interpretieren können, wobei keine dieser Interpretationen wahr ist. Unser Schmerz und unser Leiden werden einzig und allein dadurch erzeugt, wie wir unsere gegenwärtigen Umstände betrachten. Wir haben zwar nicht immer die Macht, uns die Ereignisse unseres Lebens auszusuchen, aber dafür haben wir die Macht zu wählen, wie wir sie interpretieren. Es gibt zwei Arten von Interpretationen: die, die uns Kraft verleihen, und die, die uns schwächen. Das Gesetz der Wahlfreiheit leitet uns, unser Leben aus einer neuen Perspektive zu betrachten und neue Interpretationen zu wählen, die uns die Kraft geben, zu agieren, statt nur zu reagieren. Dann werden wir zu Schöpfern unserer Wirklichkeit.

Wir sollten uns unbedingt darüber im Klaren sein, dass alles – jede Handlung, jede Verhaltensweise und jeder Mensch – anders aussieht, wenn man es mit anderen Augen betrachtet. Ich begann dieses Prinzip zu verstehen, als ich vor vielen Jahren an einem Seminar teilnahm. Wir wurden angewiesen, aufzustehen und uns im Raum umzuschauen. Wir hatten fünf Minuten Zeit, alle verschiedenen Objekte in diesem Raum zu betrachten. Dann sollten wir uns wieder hinsetzen und den Raum erneut aus dieser Position betrachten. Anschließend betrachteten wir den Raum, während wir auf unserem Stuhl standen, und schließlich legten wir uns auf den Boden und sahen uns um. Aus jeder Position bemerkten wir neue Dinge. Es war schon erstaunlich, wie anders der Raum aussah, wenn ich ihn auf dem Boden liegend oder auf dem Stuhl stehend betrachtete. Jedes Mal, wenn ich die Position änderte, rückten andere Dinge in mein Blickfeld, und ich erlebte alles anders.

Um zu heilen, müssen wir unsere Beziehung und uns selbst aus unterschiedlichen Perspektiven betrachten. Wir müssen neue Standpunkte erkunden und zu neuen Urteilen gelangen. Genau das bedeutet es, die freie Wahl oder einen freien Willen zu haben. Als Individuen haben wir die Freiheit, das Leben aus allen möglichen Blickwinkeln zu betrachten. Viele Menschen sind sich darüber nicht im Klaren. Sie sind Gefangene der Wirklichkeit, die sie im Augenblick wahrnehmen, und halten sie für die einzige Wahrheit. Doch auf diese Weise werden wir Opfer unserer Wahrnehmung, die das, was wir sehen, einschränkt und färbt. Und viele Menschen haben gelernt, ihr Leben auf schwächende und abwertende Weise zu interpretieren.

Zu einer der ersten Veränderungen meiner Wahrnehmung kam es mitten in meiner Scheidung, als ich mein Blickfeld von Dan auf mich selbst verlagerte. Statt zu versuchen, Dans Handlungen zu analysieren, begann ich meine eigenen in Frage zu stellen. Warum reagierte ich in einer bestimmten Art und Weise, und warum zog ich einen Mann in mein Leben, der diese bestimmten Dinge auf genau diese Art und Weise tat und sagte?

Ich glaube entschieden daran, dass die äußere Welt ein Spiegel meiner Innenwelt ist – wenn mir also nicht gefällt, was da draußen vorgeht, muss ich mich daran machen, das zu ändern, was in mir vorgeht. In meiner Ehe wandte ich ständig die Aufmerksamkeit von mir ab und richtete sie auf Dan. Aber um zu heilen und eine hilfreiche, gesunde Beziehung zu Dan zu haben, musste ich nun meine Wahrnehmung ändern und den Finger, mit dem ich auf ihn gezeigt hatte, auf mich richten. Ich begann alles zu beobachten, was um mich herum vorging. Wie wurde ich behandelt? Wie sprach man mit mir? Ich bemerkte den ständigen inneren Dialog, der mir immer sagte, dass ich Recht und Dan Unrecht hatte. Ich bemerkte mein defensives Wesen und meinen Widerstand dagegen zu hören, was mein Partner zu sagen hatte. Ich stellte fest, dass ich mich dagegen verschloss, auf den Rat anderer zu hören, dass ich nicht wollte, dass meine Ehe funktionierte, auch wenn ich mir das Gegenteil einredete. Jedes Mal, wenn mir nicht gefiel, was ich in der Außenwelt sah oder hörte, schloss ich die Augen und ging in mich, um die Lektionen zu entdecken, die ich lernen musste.

Die erste und wichtigste Lektion bestand darin, damit aufzuhören, alles aus der engen Perspektive meines Ichs zu betrachten. Mein Ich sagte mir, ich würde es allein mit einem Kind nicht schaffen. Es sagte mir, ich solle vorsichtig sein und finanziell so viel wie möglich aus Dan herausholen, denn bestimmt würde ich nicht genug verdienen. Die Augen, mit denen ich meine Welt betrachtete, waren klein, ängstlich und nur auf mich gerichtet. Als ich beschloss, meinen Blickwinkel zu verlagern, begann ich nicht nur an Beau und mich zu denken, sondern auch an Dan und daran, wie er leben würde. Obwohl wir uns zu diesem Zeitpunkt in fast allem uneins waren, fand ich im täglichen Gebet die Zeit, Dan Liebe und heilende Energie zu senden. Auch wenn ich seine Perspektive nicht erkennen konnte, hielt ich es für eine wichtige Lektion für mich, seinen Schmerz und seine Entscheidungen verstehen zu wollen.

Eines Tages, nach einem Morgen voller Frustration und Zorn, beschloss ich, das Leben mit Dans Augen zu sehen. Ich holte ein paar Mal langsam und tief Atem, schloss die Augen und versuchte, in den Verstand meines künftigen Exmannes einzutreten. Das war eine schwere Aufgabe, wie Sie sich vorstellen können, da Dan der letzte Mensch war, der ich in diesem Augenblick sein wollte. Ich begann daran zu denken, wie wir uns kennen gelernt und welche Gefühle uns dazu bewegt hatten, zu heiraten und miteinander eine Familie zu gründen.

Als ich mich dafür öffnete, unsere Beziehung aus einem anderen Blickwinkel zu betrachten, konnte ich spüren, wie Angst meinen Körper erfüllte. Es erschreckte mich, unsere Beziehung mit anderen Augen zu betrachten. Ein Teil von mir flehte darum, zur Sicherheit meiner eigenen kleinen, selbstgerechten Wirklichkeit zurückzukehren, aber ich machte weiter und versuchte mir vorzustellen, wie Dan sich fühlen könnte.

Ich ging bis zum Anfang zurück, als ich nach San Diego zog. Rückblickend versuchte ich mich an die Dinge zu erinnern, die Dan zu mir gesagt hatte. Ich versuchte mir vorzustellen, wie es wäre, mein Leben lang zu arbeiten, um Geld zu sparen und mich in einer bestimmten Lebensweise wohl zu fühlen. Dann lerne ich eine Frau kennen, die meiner Vorstellung nach mein Ideal von einem glücklichen Familienleben verwirklichen wird. Dann mache ich ihr einen Heiratsantrag. Voller Hoffnung und Freude machen sie und ich Pläne für unsere gemeinsame Zukunft. Und dann kommt der Tag, da sie in das Haus einzieht, das ich liebe.

Nachdem sie sich schließlich eingerichtet hat und wir uns zu einem glücklichen Paar vereint haben, erklärt sie, dass mein Traumhaus und die Kleinstadt, in der ich lebe, sie unglücklich machen. Sie beschließt, dass wir mein Haus verkaufen und in eine andere Kleinstadt ziehen müssen, die ihr mehr gefällt. Gleichzeitig erfahren wir, dass sie schwanger ist und das Kind erwartet, das wir uns beide gewünscht haben. Wir feiern es und arbeiten weiter an unserem Traum. Aber Wochen später wird sie sehr krank, und plötzlich ist alles falsch an mir. Der Traum stirbt, bevor er wirklich begonnen hat.

Schon bald merkte ich, wie schwer es für Dan gewesen sein muss, mit mir zu leben. Bis zu diesem Augenblick hatte ich nie auch nur über seinen Standpunkt nachgedacht. Nur mein Standpunkt zählte.

Um die karmischen Bande zu zerschneiden, müssen wir fähig sein, das Leben mit den Augen unseres Gefährten zu betrachten. Bis wir dazu in der Lage sind, leben wir weiterhin in einer Wirklichkeit mit uns als Mittelpunkt. Solange wir nicht bereit sind, die Perspektive des anderen zu verstehen, geben wir uns immer Recht und unserem Partner Unrecht. Und diese Bande fesseln uns so lange aneinander, bis wir die Lektionen gelernt haben, die uns zusammengebracht haben. Wir können uns nur dann entwickeln und wachsen, wenn wir bereit sind, unsere narzistischen Anschauungen aufzugeben, dass die Dinge nur so sind, wie wir sie sehen, und versuchen, die Erfahrungen des Lebens mit den Augen des anderen zu sehen.

Susie war in der schmerzlichen, engen Perspektive ihrer Scheidung gefangen. Sie war fünfunddreißig, Mutter von vier Kindern und hatte gern ihren Spaß. Die vergangenen sieben Jahre hatte sie hauptsächlich damit verbracht, die Kinder aufzuziehen und ihren Mann Roger beim Aufbau einer erfolgreichen Anwaltskanzlei zu unterstützen. Eines Tages kam Roger von der Arbeit nach Hause und erklärte ihr, er müsse etwas mit ihr besprechen. Nachdem Susie die Kinder ins Bett gebracht hatte, ging sie ins Wohnzimmer, um mit Roger zu reden. Sie spürte, dass etwas nicht stimmte, dachte aber, er habe einen schweren Arbeitstag hinter sich oder einen großen Fall verloren. Als Roger zu sprechen begann, sagte er Dinge, die Susie niemals erwartet hätte: »Es tut mir Leid. Ich habe nie gewollt, dass so etwas passiert, und ich weiß nicht, wie ich es dir sagen soll, aber ich habe mich in eine andere Frau verliebt.«

Susie saß da wie vor den Kopf geschlagen und war außerstande, sich zu bewegen oder zu sprechen. Sie hörte zu, während die Liebe ihres Lebens, ihr Seelengefährte und der Vater ihrer Kinder von seiner Affäre faselte und erklärte, er werde aus dem Haus ausziehen, um mit der anderen Frau zusammenzuleben. Zu Boden blickend sagte er leise, die andere Frau erwarte ein Kind von ihm. Roger versicherte Susie, dies sei nie seine Absicht gewesen. Er erklärte ihr, sie würde sich keine Sorgen zu machen brauchen – natürlich werde er für sie und die Kinder sorgen.

Ein Jahr später versuchte Susie sich noch immer von dem ihrer Meinung nach schwersten Schlag ihres Lebens zu erholen. Nachdem Roger ausgezogen war und die Scheidung eingereicht hatte, erkämpfte er sich so viel wie möglich von ihrem gemeinsamen Besitz. Sein Versprechen, für sie und die Kinder zu sorgen, war vergessen, und nun musste das Gericht festlegen, wie viel Unterhalt er für Susie und die Kinder zahlen sollte.

Nach einem tränenreichen Jahr voller Wut und Zorn wusste Susie, dass sie den Schmerz loslassen musste. Nicht nur sie, sondern auch die Kinder litten unter häufigen Gefühlsausbrüchen und hatten Probleme mit der Disziplin in der Schule. Susie hatte viele Bücher gelesen, sich Kassetten angehört, war in die Kirche gegangen und hatte zu einer höheren Macht gebetet, aber nichts schien zu helfen. Als sie mich aufsuchte, hoffte sie auf ein Wunder.

Das Wunder, das Susie brauchte, bestand darin, dass sie heilte und sich ihr Leben zurückeroberte. Die Vergangenheit konnte sie nun einmal nicht ändern. Ihr Mann würde nicht zurückkommen. Und die Sicherheit, nach der sie sich sehnte, war vorläufig dahin. Als Susie bereit war, ließ ich sie einen Brief an sich selbst aus der Sicht Ihres Mannes schreiben. Ein paar Minuten lang musste sie aus sich heraustreten und sich in Roger hineinversetzen. Ich fragte Susie, wie Roger sich wohl gefühlt hatte, als er mit ihr verheiratet war. Was würde Roger sagen? Susie schrieb den folgenden Brief:

Liebe Susie,
ich habe dich vom ersten Augenblick an geliebt, seit ich dich zum ersten Mal gesehen habe. Egal, was geschah – ich habe nie gedacht, dass unsere Ehe auf diese Weise enden würde. Ich war damit beschäftigt, Geld zu verdienen, und du schienst völlig darin aufzugehen, Mutter zu sein. Für unsere Beziehung hatten wir nie Zeit. Du schienst das Interesse an Sex verloren zu haben. Die Kinder standen immer an erster Stelle, wie sie es auch sollten. Als mir Jessica begegnete, habe ich jede Kontrolle verloren. Ich habe eine Frau kennen gelernt, die sich für meinen Beruf und für mich interessierte. Es tut mir Leid, ich hatte einfach nicht die Kraft aufzuhören. Bitte verzeih mir.

Roger

Für Susie enthüllte dieser Brief, wie wenig Lust auf Sex sie seit der Geburt ihres ersten Kindes gehabt, wie wenig Zeit sie wirklich für Rogers Bedürfnisse aufgebracht hatte, weil sie stets die Bedürfnisse ihrer Kinder obenan stellte – und zu ihrer Überraschung merkte sie, wie wenig sie sich wirklich für Roger interessiert hatte, bevor es zu der Trennung kam. Als sie ihr gemeinsames Leben mit Rogers Augen sah, vermittelte dies Susie eine gewisse Klarheit und ein wenig Verständnis. Nun hatte sie die Wahl, diese neuen Informationen dazu zu nutzen, sich heftige Vorwürfe zu machen oder ihr Leben zu verändern.

Das Anderssein erleben

Bis zu diesem Zeitpunkt hatte Susie glauben wollen, sie wäre ein Opfer. Sie fühlte sich hässlich, wertlos und hilflos. Sie war eifersüchtig, weil Roger sich für eine Frau entschieden hatte, die im Beruf erfolgreicher war und einen schönen Körper besaß. Susie drohte in ihrem Schmerz zu ertrinken, und sie würde das »Anderssein« erleben müssen, um gerettet zu werden. Das Anderssein versetzt uns in das Leben anderer Menschen. Diese Erfahrung können Sie nur machen, wenn Sie es wagen, aus der beschränkten Ich-Perspektive herauszutreten und sich auf den Blickwinkel eines anderen einzulassen. Das höchste Ziel eines spirituellen Lebens besteht darin, über das Ich hinauszugehen und sich über die Welt unseres kleinen Selbst hinaus in die Gegenwart und den Trost des göttlichen Selbst zu begeben.

Während eines hässlichen Sorgerechtsstreits konnte James nur die hassenswerte, zornige, rachsüchtige Seite von Sandy sehen. In den vier Jahren seit ihrer Trennung hatte James sich als Opfer der aggressiven Natur seiner Exfrau gefühlt. Sie war sogar so weit gegangen, ihn zu beschuldigen, er habe sich an ihrer zwölfjährigen Tochter vergangen. Dieser schockierende Vorwurf seitens einer Frau, die James einst geliebt hatte, bescherte ihm die finstersten Gefühle, die er je erlebt hatte.

Allein die Erwähnung von Sandys Namen, ein Anruf der Anwälte oder eine unschuldige Bemerkung seiner Kinder versetzte James in eine Raserei der giftigsten Gefühle. Er hatte Stapel von Beweismaterial gesammelt, um zu belegen, dass seine negativen Ansichten über Sandy zutrafen. Das Problem bestand darin, dass es keine Rolle spielte, ob all die hässlichen Dinge wahr waren oder nicht, denn sie ruinierten so oder so sein Leben. Seine Ressentiments gegenüber seiner Exfrau wirkten sich auf seine intimen Beziehungen aus und beeinträchtigten seine liebevolle Verbindung zu den Kindern.

Das Ziel meiner Arbeit mit James war es, einen inneren Ort zu finden, von dem aus er zumindest ein gewisses Mitgefühl für Sandy empfinden und ein Anderssein erleben konnte. Er wusste, dass seine negativen Gefühle ihr gegenüber nur das Feuer anfachten, das zwischen ihnen wütete. Ich bat James, einen Brief aus der Sicht seiner Exfrau an sich zu schreiben, und nach langem Widerstand kam das Folgende dabei heraus:

Lieber James,
mit dir verheiratet zu sein, gab mir ein Gefühl der Sicherheit. Ich wusste, dass ich mir keine Sorgen zu machen brauchte, und das war eine ungeheure Erleichterung für mich. Du hast mich bei meinen Lebensaufgaben unterstützt. Das vermisse ich in meinem jetzigen Leben. Ich kämpfe um die Kinder, weil ich in meinem innersten Herzen fühle, dass dein Einfluss sie mir wegnehmen wird. Und ich weiß nicht, ob ich ohne sie leben könnte. Sie sind alles, wofür ich lebe. Bitte versteh dies doch und verzeih mir.

Herzlichst
Sandy

Erstaunlicherweise können wir immer die Perspektive eines anderen Menschen erkennen, wenn wir nur dazu bereit sind. Nach dieser Übung hatte James plötzlich ein Gespür für Sandys Schmerz bekommen. Obwohl er sich von vielen seiner zornigen Gefühle ihr gegenüber noch immer nicht befreit hatte, erlebte James zum ersten Mal seit vier Jahren tatsächlich so etwas wie ein Anderssein. Indem er diesen Brief schrieb, öffnete sich sein Herz ihr gegenüber, und er vermochte ihre Situation mit neuen Augen zu betrachten – mit Augen, die sowohl seine Welt wie die seiner Exfrau sahen.

Wenn wir unsere Perspektive erweitern, neue Interpretationen für unsere Erfahrungen wählen und mit den Augen eines anderen Menschen sehen, kommen wir bei dem schwierigen Prozess voran, die volle Verantwortung für unser Leben zu übernehmen. Neue Interpretationen helfen uns dabei, die verborgene Bedeutung hinter traumatischen oder schmerzlichen Ereignissen zu entdecken. Wir können solche Ereignisse uminterpretieren, so dass sie uns Kraft verleihen und uns darin unterstützen weiterzukommen. Wenn wir mit der Last unserer unerwünschten Vergangenheit und erfüllt von schmerzlichen Erinnerungen und ungeklärten Emotionen durchs Leben gehen, werden wir davon niedergedrückt. Wir haben das Gefühl, dass ständig eine schwarze Wolke über uns hängt, während wir darauf warten, dass das nächste Problem auftaucht. Unsere Ansichten verhärten sich, und ein Gefühl schweren Ernstes durchdringt unsere Welt.

Treffen Sie bewusste Entscheidungen

Wenn Sie Ihre Perspektive verschieben, können Sie Ihre Entscheidungen aus einem neuen Bewusstsein heraus treffen, das Ihnen auch die nötige Kraft dazu verleiht. Die Entscheidungen, die Sie jetzt treffen, werden Ihr weiteres Leben beeinflussen. Doch solange Sie Ihre Interpretationen nicht bewusst wählen, ist es wahrscheinlich, dass Sie sich innerlich verschließen, aus Angst, erneut verletzt zu werden. Sie müssen unbedingt akzeptieren, dass Sie wirklich eine Wahl haben, wie Sie Ihre Trennung, Ihren Partner und sich selbst sehen. Sie haben die Wahl, Ihren Expartner als Feind oder als Verbündeten zu betrachten. Dies ist Ihre Chance, Ihre Interpretationen zu überprüfen und neue Wahrnehmungen auszuprobieren, um sich mit Ihren Erfahrungen zu versöhnen. Damit versetzen Sie sich auch in die Lage, Ihre Liebesfähigkeit eher zu erweitern als zu verengen.

Haben Sie sich jemals mit einem Freund zum Essen getroffen, der einfach Pech hat und herumsitzt und stöhnt, wie übel ihm das Leben doch mitspielt? Vielleicht beklagt er sich bei Ihnen darüber, wie sehr ihn seine Geliebte oder sein Boss angeschmiert hat. Wie fühlen Sie sich in Gegenwart dieses Menschen? Regt er Sie dazu an, ihm nachzueifern, oder tut er Ihnen Leid? Sind Sie unbekümmert und fröhlich in seiner Nähe oder bedrückt und traurig? Irgendwann erlebt jeder in seinem Leben einen schweren Schicksalsschlag. Doch nicht die Ereignisse an sich bereiten uns Schmerzen, sondern vielmehr das, was wir von ihnen halten.

Emotionaler Schmerz entsteht aufgrund der Art und Weise, wie Sie die Ereignisse in Ihrem Leben interpretieren. Wenn Sie die Vorstellung erregt, dass Ihr Partner Sie betrügen könnte, weil Sie das endlich dazu bewegen würde, die Scheidung einzureichen, dann werden Sie glücklich sein, wenn er es wirklich tut. Aber wenn Sie gedacht haben, Sie würden Ihr restliches Leben in einer glücklichen Ehe oder zumindest verheiratet verbringen, dann bereitet Ihnen die Nachricht, dass Ihr Mann eine Affäre hat, wahrscheinlich schreckliche emotionale Schmerzen.

Die Schwere Ihres Schmerzes entspricht immer der Anzahl ähnlicher ungeheilter Ereignisse, die wie offene Wunden in Ihrem emotionalen Körper klaffen. Wenn Sie schon viele Male verlassen worden sind und diese Ereignisse nie uminterpretiert und geheilt haben, dann werden sie nachhaltig wirken und Öl ins Feuer Ihres gegenwärtigen Leids gießen. Ihre Schmerzgrenze hängt davon ab, ob dies das erste oder das fünfte Mal ist, dass Ihnen dies passiert ist. Dazu Dr. Patrick Dorman, der Erfinder der »Mind Gardening«-Methode: »Wenn Sie emotional stark belastet sind, trübt das Ihre Fähigkeit, Ereignisse auf stärkende Weise zu interpretieren.«

Die Art und Weise, wie Sie Ihre Vergangenheit und die Entscheidungen hinsichtlich Ihrer gegenwärtigen Umstände betrachten, verändert die Art und Weise, wie Sie jetzt und in Zukunft mit dem Leben umgehen. Jeder Mensch empfindet andere Schmerzen. Einzelne Trennungen oder Scheidungsgeschichten lassen sich nicht miteinander vergleichen – ebenso wenig wie Schmerzgrenzen. Jeder hat eine andere Toleranzschwelle für bestimmte Erfahrungen, weil jeder von uns die Dinge mit anderen Augen sieht. Zwei Menschen können eine schwierige Erfahrung machen, und der eine wird darin eine Chance erblicken, seine inneren Ressourcen zu stärken, während der andere sie als Ausrede dafür benutzt, zu trinken oder Drogen zu nehmen. Wir können nicht immer wählen, was uns widerfährt, aber da wir mit einem freien Willen gesegnet sind, können wir immer wählen, wie wir jeden Vorfall interpretieren und ihn dazu nutzen wollen, in unserem Leben weiterzukommen.

Erfinden Sie neue Interpretationen

Die Ereignisse in unserem Leben haben keine Bedeutung an sich. Wir sind die Erzähler und verleihen ihnen erst eine Bedeutung. Wir entscheiden darüber, was jedes Ereignis bedeutet und wie es unser Leben beeinflussen wird. Jede Interpretation, für die wir uns entscheiden, erhöht oder mindert die Qualität unseres Lebens. Jedes negative Ereignis öffnet uns entweder die Augen für eine Chance, unser Leben zum Besseren zu wenden, oder es stürzt uns in die bodenlosen Tiefen von Schmerz, Leid und Missbrauch der eigenen Kräfte. Die Selbstsabotage wird aus unserer Verletztheit geboren und zeigt uns an, dass wir ungelöste emotionale Probleme mit uns herumschleppen, die geheilt werden müssen. Unsere selbstzerstörerischen Verhaltensweisen sollen uns daran erinnern, dass etwas in unserem Leben unsere Aufmerksamkeit verlangt. Positive Interpretationen stellen unsere Ansicht von der Welt in Frage und verändern die Art und Weise, wie wir uns und andere sehen.

Als Nächstes sah ich mir mit James die Interpretationen

an, die seine Beziehung zu Sandy schwächten. Wir begannen mit seiner Grundüberzeugung: »Ich kann tun, was ich will – nichts wird Sandy je glücklich machen.« James erkannte, solange er an dieser Ansicht festhielt, könnte Sandy unmöglich glücklich oder zufrieden werden. Sie schnitt ihr jede Möglichkeit ab, sich jemals anders zu geben. Ich erklärte ihm, dass unsere Interpretationen als Filter fungieren, der alles aussiebe, was mit unserem Glauben nicht vereinbar sei.

Wenn Sie beispielsweise Ihren Partner für engstirnig und zwanghaft halten, bringen Sie diesen Filter, der aus gewissen Einstellungen ihm gegenüber sowie aus bestimmten Vorstellungen und Überzeugungen über ihn besteht, in jede Unterhaltung mit ihm ein. In all Ihren Dialogen hören Sie ihm durch den Filter zu, der besagt, er sei zwanghaft und engstirnig, und Ihre Überzeugungen bewirken, dass Sie ihn so und nicht anders erleben. Es ist beinahe unmöglich für ihn, sich anders zu geben, da Ihr Filter automatisch jede Information ausschließt, die Ihrer Überzeugung widerspricht. Alles, was er tun oder sagen will, das Ihren Überzeugungen widerspricht, wird in Ihrem Verstand einfach nicht registriert. Diese Weigerung, widersprüchliche Informationen aufzunehmen, erlaubt es Ihrem Ich, Ihre selbstgerechten Ansichten zu bestätigen, und verschafft Ihnen die Befriedigung, Recht zu haben.

Unsere Erfahrungen begründen unsere Überzeugungen – und unsere Überzeugungen begründen unsere Wirklichkeit. Da wir nicht in die Vergangenheit zurückkehren und unsere Erfahrungen verändern können, müssen wir unsere Überzeugungen ändern, wenn wir unsere Wirklichkeit verändern wollen. Dieser Schritt erlaubt es uns, die Dynamik unserer Beziehungen und Verhaltensweisen sowie unsere künftige Wirklichkeit zu verändern.

Unser Verstand ist ein mächtiger Schöpfer – wir erfüllen ihn mit Gedanken und Überzeugungen, die uns entweder aufbauen oder schwächen. Hätte James weiterhin an seinen negativen Ansichten über seine Exfrau festgehalten, dann hätten sie schließlich nicht nur seine Beziehung zu Sandy zerstört, sondern auch die Beziehung zu seinen Kindern beschädigt.

Nach meiner Erfahrung gibt es nur eine Möglichkeit, den Griff der fest verankerten negativen Interpretationen zu lösen, die an unserer Lebenskraft zehren, indem wir die grundlegende Interpretation übertreiben, die unsere Erfahrung filtert. James musste seine Überzeugung uminterpretieren, dass nichts, was er tat, Sandy je würde glücklich machen. Ich bat James, sich drei neue negative Interpretationen über Sandy auszudenken, die sogar noch schlimmer waren als die, die er bereits hatte. Dann forderte ich ihn auf, drei positive Interpretationen von ihr zu erfinden. Am Ende der Übung konnten wir dann entscheiden, nach welchen Interpretationen er sich zornig, ärgerlich und enttäuscht fühlte und welche ihm dabei halfen, sich stark zu fühlen. So hätte er die Freiheit, eine gesunde, stabile, der gleichberechtigten Erziehung der Kinder dienende Beziehung zwischen zwei Erwachsenen zu ermöglichen.

JAMES' NEGATIVE INTERPRETATIONEN VON SANDY

1. Sandy will sich zurückentwickeln und mich zu ihrem Vater machen. Sie will, dass mein ganzes Leben nur darin besteht, mich um sie zu kümmern. Sie will aus meinem Leben eine Hölle auf Erden machen.
2. Sandy will, dass ich mein Leben aufgebe, und mich mit ihren Bedürfnissen ersticken.
3. Aus reiner Bosheit wird Sandy ihre Verletzlichkeit verschweigen, um mir zu beweisen, was für ein unzulänglicher Verlierer ich bin.

JAMES' POSITIVE INTERPRETATIONEN VON SANDY

1. Dass ich Sandy nicht glücklich mache, ist ein Geschenk, das darin besteht, dass sie sich nun selbst glücklich machen muss. Das gibt mir die volle Verantwortung für mein eigenes Glück.
2. Sandys Entschlossenheit, sich von mir nie glücklich machen zu lassen, bewegt und motiviert mich dazu, meinen Seelenfrieden auf einer höheren Ebene zu suchen.
3. Der Umstand, dass ich Sandy nicht glücklich machen kann,

bestärkt mich in meinem Entschluss, in der Welt Erfolg zu haben und dauerhaftes Glück an unerwarteten Orten zu finden.

James sah sich alle seine neuen Interpretationen an und räumte ein, dass jede einzelne oder keine wahr sein mochte. Aus diesem neuen Blickwinkel heraus beschloss James, dass er die Last seiner alten, schwächenden Interpretationen nicht mehr tragen wollte, und daher entschied er sich für die Interpretation »Der Umstand, dass ich Sandy nicht glücklich machen kann, bestärkt mich in meinem Entschluss, in der Welt Erfolg zu haben und dauerhaftes Glück an unerwarteten Orten zu finden«.

James überdachte anschließend seine Interpretationen und stellte erneut eine Negativ- und eine Positivliste auf:

JAMES' NEGATIVE INTERPRETATIONEN VON SANDY

1. Sandys Aufgabe ist es, mich zu quälen, indem sie alles sabotiert, was mir etwas bedeutet – meine Rolle als Vater, mein Liebesleben und meine Libido.
2. Sandys Leben ist darauf ausgerichtet, mich zu einem Frauen hassenden, zornigen, unbefriedigten Mann zu machen.
3. Sandys Lebensaufgabe besteht darin, mich zu demütigen und mir nie Recht zu geben.

JAMES' POSITIVE INTERPRETATIONEN VON SANDY

1. Sandys ständiges Attackieren macht mich auf eine erleuchtete Weise zu einem bescheidenen, distanzierten Menschen und zwingt mich, mich meinem höheren Selbst zu ergeben.
2. Dank Sandy bin ich ein besserer Liebhaber geworden, weil ich das Gegenteil davon kenne, und mein Wissen darum, wie es ist, ohne Liebe zu sein, stärkt mein liebendes Wesen.
3. Sandy verzichtet darauf, ein freundlicher und liebender Mensch zu sein, um mich dazu zu inspirieren, das Gegenteil zu tun. Wenn ich ihr selbstverschuldetes Elend betrachte, lehrt mich dies, für immer mehr Liebe in meinem Leben zu sorgen.

Erneut räumte James ein, dass jede oder keine dieser Interpretationen wahr sein konnte. Er entschied sich nun für die Interpretation »Dank Sandy bin ich ein besserer Liebhaber geworden, weil ich das Gegenteil davon kenne, und mein Wissen darum, wie es ist, ohne Liebe zu sein, stärkt mein liebendes Wesen«. Diese Interpretation brachte ihn zum Lachen und vermittelte ihm ein gutes Gefühl im Hinblick auf Sandy.

Um unsere Wahrnehmungen zu verändern, müssen wir unsere Vergangenheit durchsuchen und starke neue Interpretationen erzeugen, die es uns ermöglichen, die volle Verantwortung für die Ereignisse in unserem Leben zu übernehmen und das Glück zu finden, das jeder Augenblick bereit hält. Das kostet zwar Zeit und Mühe, doch die Vorteile können unsere Beziehungen und unser Leben verändern. Viele Menschen möchten ihre Vergangenheit vergessen, aber schon Friedrich Nietzsche hat gesagt, unsere Vergangenheit wegzuwünschen heiße, unsere Existenz wegzuwünschen. Statt unsere schmerzliche Vergangenheit wegzuwünschen, müssen wir unsere Überzeugungen von jedem Ereignis uminterpretieren, so dass wir für die Erfahrungen, die wir gemacht haben, dankbar sein können.

Ein altes Sprichwort lautet: »Das Leben ist eine Schule für den weisen Mann und ein Feind für den Narren.« Wenn wir das Leben als eine Schule betrachten, dann müssen wir uns immer nur fragen: Was kann ich daraus lernen? Warum musste ich diese Erfahrung machen? Wie kann ich diese Erfahrung dazu nutzen, mein Leben zu bereichern?

John McShane, ein bekannter Scheidungsanwalt, teilte mir neulich mit, er versuche seine Mandanten zu einer spirituellen Trennung zu ermutigen. Er glaubt, dass jeder Mensch diesen Weg wählen kann, wenn er aus seiner Erfahrung und von seinem Partner lernen möchte. John bestärkt seine Mandanten darin, in dieser schwierigen Zeit hart zu arbeiten und ihre tiefsten Anteile zu heilen.

John hat mir erzählt, wie er über die Probleme des Lebens denkt. Die meisten Menschen sträuben sich gegen den Schmerz, aber nicht so John: »Mir gefällt der Gedanke, dass ich eine Menge dafür bekomme, daher versuche ich stets, meinen Schmerz zu maximieren. Es wäre doch gelacht, wenn ich diesen Schmerz durchmachen würde, ohne einen Nutzen daraus zu ziehen. Ich möchte von allem profitieren.« Seiner Ansicht nach nimmt uns das Jammern, Meckern, Stöhnen oder Wüten die Chance, aus unserem Schmerz das Beste zu machen. Aber, so meint er, wir sind dazu verpflichtet, das Beste aus allen Ereignissen zu machen, die an unsere Tür klopfen. Wir können uns mit der Bequemlichkeit und Vertrautheit der Opferrolle abfinden, oder wir können uns selbst anstacheln, den Weg der Größe zu beschreiten.

Letztes Jahr arbeitete ich mit einem Ehepaar, das kurz vor der Entscheidung stand, sich scheiden zu lassen. Weil jeder eine Menge Ressentiments gegenüber dem anderen hegte, waren sie außerstande, im Hier und Jetzt zu leben und sich eine gemeinsame Zukunft vorzustellen. Schluss zu machen erschien ihnen einfacher, als im gleichen Trott fortzufahren, in den ihre Ehe seit vielen Jahren verfallen war.

Wir begannen damit, dass wir die Grundüberzeugungen aufdeckten, die sie dazu veranlassten, solch negative Gefühle füreinander zu hegen. Allen war Deanas ständiges Gejammer leid, dass er nicht genug Geld verdiene und dass sie lieber einen reichen Mann hätte heiraten sollen. In seiner Interpretation von Deanas Klage artikulierte Allen die Überzeugung, dass »ich nie genug Geld verdiene, um Deanas kostspielige Interessen zu befriedigen«.

Allens Interpretation schwächte ihn und vermittelte ihm das Gefühl, die einzige Alternative bestehe darin, sich scheiden zu lassen, damit Deana endlich ihren reichen Mann finden könnte. Seine Minderwertigkeitsgefühle lösten in ihm einen ständigen Zorn gegenüber Deana aus. Ich gab ihm zu verstehen, dass Deana einfach ihre Frustrationen und Wünsche übers Geld artikulierte und dass er selbst und nicht Deana sich dafür entschied, ihren Worten die Bedeutung zu geben »Allen wird nie genug Geld verdienen, um Deana zufrieden zu stellen«.

Selbst wenn Deana selbst mit dieser Interpretation einverstanden wäre, hatte Allen die Wahl, ihre Unzufriedenheit dazu zu nutzen, sich zu stärken oder zu schwächen. Ich wollte, dass er die Kraft der Wahl von Interpretationen verstand und einsah, wie viele Möglichkeiten ihm zur Verfügung standen. Ich arbeitete mit Allen an der Erfindung einiger neuer negativer Interpretationen von Deanas Verhalten, die schlimmer als die waren, die er bereits gemacht hatte. Ihm fielen die folgenden Interpretationen ein:

ALLENS NEGATIVE INTERPRETATIONEN VON DEANA

1. Deana ist darauf aus, mich zu quälen und mein Leben zu ruinieren. Sie will jeden Penny aus mir heraussaugen, damit ich pleite bin, wenn ich sterbe.
2. Es ist meine Aufgabe, alle meine Bedürfnisse und Wünsche zu opfern, um Deanas selbstsüchtigen, egoistischen Willen zu erfüllen.
3. Deana ist faul und egoistisch, und ich muss alles für sie tun, während sie nichts tut.

Dann bat ich Allen, einige positive Interpretationen von Deanas Verhalten zu machen. Ich forderte ihn auf, kreativ zu sein und sich Interpretationen auszudenken, über die er lächeln musste, auch wenn sie ihm blöd vorkamen. Ihm fielen die folgenden Interpretationen ein:

ALLENS POSITIVE INTERPRETATIONEN VON DEANA

1. Deana liebt mich mehr, als mich irgendein anderer Mensch im ganzen Universum lieben könnte. In ihren inneren Dialogen befasst sie sich unermüdlich damit, einen reichen Mann zu haben, damit ich meine Probleme lösen und der beste Mensch werden kann, der ich je werden könnte.
2. Deana hat absoluten Respekt vor meinen Fähigkeiten und Talenten, und sie weiß, dass ich dazu bestimmt bin, erstaunliche Dinge auf der Welt hervorzubringen. Ihr innerer Dialog unterstützt mich dabei, meine tiefste Wahrheit zu entdecken.
3. Deana will einen Mann, der voller Liebe, Leidenschaft und

Wertschätzung für die wunderbaren Dinge ist, die auf der Welt existieren.

Nachdem Allen diese sechs neuen Interpretationen aufgeschrieben hatte, forderte ich ihn auf, die zu ermitteln, die ihn stärkten beziehungsweise schwächten. Es war leicht zu erkennen, dass jede dieser Interpretationen wahr sein konnte und dass es letztlich an ihm lag, sich die Linse auszusuchen, durch die er Deana betrachten wollte.

Ich leitete ihn an, eine Interpretation zu wählen, bei der er sich wohl fühlte. Er entschied sich für: »Deana liebt mich mehr, als mich irgendein anderer Mensch im ganzen Universum lieben könnte. In ihren inneren Dialogen befasst sie sich unermüdlich damit, einen reichen Mann zu haben, damit ich meine Probleme lösen und der beste Mensch werden kann, der ich je werden könnte.« Allen konnte zwar erkennen, dass dies wirklich die Wahrheit sein könnte, aber jedes Mal, wenn Deana ihre Ängste, Wünsche oder Sorgen hinsichtlich ihrer finanziellen Situation zum Ausdruck brachte, interpretierte er dies wegen seiner ungeheilten Wunden im Zusammenhang mit Geld sofort dahingehend, dass es etwas Schlechtes bedeutete.

Wir gingen zum nächsten Problem über, das Allen davon abhielt, eine intime, liebevolle Beziehung mit seiner Frau zu haben. Er war der Ansicht, dass Deanas häufige Stimmungsumschwünge darauf zurückzuführen seien, dass sie manisch-depressiv war. Indem er ständig vorschlug, sie solle sich in ärztliche Behandlung begeben, sorgte Allen dafür, dass sich Deana krank und elend fühlte. Allen dachte sich die folgenden neuen Interpretationen aus, um Deanas Gemütszustände zu erklären:

ALLENS NEGATIVE INTERPRETATIONEN VON DEANA

1. Deana benutzt ihre Emotionen dazu, mir meine Energie zu rauben und das Leben aus jeder Zelle meines Körpers zu saugen, weil sie mich hasst.
2. Deana ist wirklich wahnsinnig und wirklichkeitsblind. Sie will mein Leben ruinieren.

3. Deana ist so irrational, dass ich mein Leben nicht mehr im Griff habe. Solange ich mit ihr zusammen bin, kann ich mich nicht konzentrieren, und das ist alles ihre Schuld.

ALLENS POSITIVE INTERPRETATIONEN VON DEANA

1. Deana ist eine weise Frau und von einer normalen Interpretation nicht zu erfassen.
2. Deana hat eine sehr leidenschaftliche Einstellung zum Leben und bringt sie in einem Verhalten zum Ausdruck, das manisch-depressiv wirkt.
3. Deana ist ein wahrhaft spiritueller Mensch, und sie interpretiert ihre Erfahrungen in einem intensiven und extremen emotionalen Bereich. Dadurch lerne ich so viel von ihr.

Erneut sah Allen ein, wie wertvoll es war, neue Interpretationen zu überprüfen und zu erzeugen. Er erkannte, dass er jede einzelne oder all diese Interpretationen anwenden konnte und dass es letztlich seine Entscheidung war, sich von den Interpretationen, die er wählte, entweder schwächen oder stärken zu lassen. Allen entschied sich dafür, Deanas Verhalten so zu interpretieren: »Deana ist eine weise Frau und von einer normalen Interpretation nicht zu erfassen.«

Wenn Sie Ihre Interpretationen überprüfen, müssen Sie sich fragen: Stärkt oder schwächt mich diese Interpretation? Sorgt diese Interpretation dafür, dass ich mich schwach oder stark fühle? Wenn Sie sich aufgrund Ihrer Wahrnehmungen schwach fühlen, müssen Sie Ihre inneren Dialoge überprüfen und ihnen eine neue, positive, starke Qualität geben, die Sie mit Hoffnung erfüllt. Damit diese Übung richtig wirkt, müssen Sie jede Interpretation aufschreiben. Es funktioniert nicht, wenn Sie sie nur in Gedanken festhalten. Der Akt des Aufschreibens ermöglicht es Ihnen, Ihre Interpretationen ganz bewusst und mit innerem Abstand zu sehen, und löst so die negativen Emotionen, die Sie mit Ihren Lebensumständen verbinden.

Solange wir an unseren negativen Ansichten über unseren

Partner festhalten, sehen wir ihn ständig mit wertenden Augen. Und unsere einengenden Überzeugungen halten uns nicht nur fest miteinander verbunden, sondern erzeugen ständig mehr Enttäuschung, Schmerz und Groll. Sie werden vielleicht einwenden: »Aber meine Exfrau ist wirklich ein egoistisches, faules Miststück.« Ich behaupte dagegen, dass keine der Interpretationen, die wir wählen, wahr ist – weder die, die wir jetzt haben, noch die, die wir erfinden werden –, da jeder Mensch, jeder Ort und jedes Ereignis mit anderen Augen betrachtet anders aussieht. Sie mögen das Verhalten Ihrer Exfrau für faul oder mies halten, aber ich garantiere Ihnen, dass nicht alle Menschen sie auf diese Weise erleben. Wichtig ist, dass Sie einsehen: Wenn Sie an negativen Ansichten festhalten, dann lassen Sie zu, dass diese Ihnen Ihre Lebensenergie aussaugen, und nehmen anderen Menschen die Chance, sich in Ihrer Gegenwart zu ändern.

Nun war Deana an der Reihe, und sie wollte die negativen Interpretationen heilen, die sie davon abhielten, ihre Liebe zu Allen zu leben. Die erste Überzeugung, die Deanas Groll nährte, lautete: »Allen liebt mich nicht genug, um mir das Leben zu ermöglichen, das ich gern führen möchte.«

DEANAS NEGATIVE INTERPRETATIONEN VON ALLEN

1. Allen hasst mich so sehr, dass er dafür sorgen will, dass ich mich an jedem Tag, den ich auf dieser Erde lebe, entfremdet und wertlos fühle.
2. Ich bin ein so böses, widerlich schäbiges Miststück, dass Gott Allen gesandt hat, um mich zu quälen und dafür zu sorgen, dass ich all meine Sünden bereue und jeden Tag meines Lebens erniedrigt werde und leiden muss.
3. Allen glaubt, ich wäre eine egoistische, verwöhnte, unwürdige, wahnsinnige, hysterische Frau.

DEANAS POSITIVE INTERPRETATIONEN VON ALLEN

1. Allen will mich darin unterstützen, mein höchstes Potenzial zu verwirklichen, und mir die Erfahrung und Erfüllung vermitteln, eigenständig Erfolg zu haben.

2. Allen glaubt an mein Talent und an meine Fähigkeiten und will, dass ich mich ganz verwirkliche. Auf seine Weise unterstützt er mich, indem er meinen Wunsch nicht erfüllt, für mich zu sorgen.
3. Allen will, dass ich seine Partnerin bin, damit wir uns zusammen ein reiches Leben schaffen, statt dass er mir alles gibt.

Deana war erstaunt darüber, dass sie sich viel besser fühlte, indem sie einfach diese Übung absolvierte. Indem man neue positive und negative Interpretationen erfindet und aufschreibt, erkennt man leicht, wie töricht es ist, in einer Position zu verharren, in der man sich schlecht fühlt. Deana entschied sich für diese Interpretation: »Allen will mich darin unterstützen, mein höchstes Potenzial zu verwirklichen, und mir die Erfahrung und Erfüllung vermitteln, eigenständig Erfolg zu haben.«

Im Licht all ihrer neuen Interpretationen erkannte Deana, dass Allen genau dies tatsächlich tun würde. Sie war es gewohnt, eine Vaterfigur zu haben, die sich um sie kümmerte, doch ihre Abhängigkeit führte immer dazu, dass sie sich schlecht fühlte. Sie wollte mehr Geld, so dass sie zu ihren reichen Freunden passte. Aber Deana war anders als die Leute, mit denen sie zusammen war, und hatte stets ein tiefes Verlangen danach, anderen zu helfen und die Dinge zu verändern. Auf einer sehr tiefen Ebene wusste sie, dass Allen alles tun würde, um sie darin zu unterstützen, dieses Ziel zu erreichen.

Die Kraft unserer Interpretationen zu verstehen ist ein wichtiger Teil des Heilungsprozesses. Wir entscheiden uns nicht unbedingt für neue Interpretationen, um nett zu unseren Partnern zu sein – wir wählen sie, um nett zu uns selbst zu sein. Auch wenn wir einem Menschen eines der schönsten Geschenke machen können, indem wir ihn mit anderen Augen betrachten, entscheiden wir uns doch in erster Linie dafür, mit anderen Augen zu sehen, um uns selbst stark zu fühlen. Der Blick durch neue Linsen eröffnet eine ganze Reihe neuer Möglichkeiten für uns, für unsere Kinder und für die Menschen, von denen wir uns trennen wollen. Dies ist der Prozess, die Verantwortung für das zu übernehmen, was wir sehen und fühlen. Niemand kann uns das abnehmen. Das müssen wir schon selbst tun.

Ich entschied mich dafür zu glauben, dass mein Exmann alles tun beziehungsweise mir alles geben werde, was ich von ihm brauche. Es sieht zwar nicht immer danach aus, aber ich kann damit bestimmt leichter umgehen. Und es ist eine Interpretation, die mir das Gefühl vermittelt, einen Partner und Freund statt einen Gegner zu haben.

Schritte zur Heilung

1. Schreiben Sie einen Brief an sich selbst aus der Sicht Ihres Partners. Es ist wichtig, dass Sie dies tun, wenn Sie einigermaßen gelassen sind. Machen Sie einen Spaziergang oder schauen Sie sich einen lustigen Film an, bevor Sie diese Aufgabe angehen. Wenn Sie so weit sind, legen Sie ein Stück Papier und einen Stift bereit. Schließen Sie die Augen und atmen Sie fünfmal langsam und tief ein und aus. Stellen Sie sich vor, dass Ihr Partner vor Ihnen sitzt. Gestatten Sie sich, Ihr Partner zu werden. Atmen Sie in der Persona Ihres Partners, und wenn Sie so weit sind, öffnen Sie die Augen und fangen zu schreiben an: »Liebe/r (Ihr Name)...« Denken Sie von diesem Augenblick an nicht mehr darüber nach – versuchen Sie einfach, Ihr Partner zu sein und zu erkennen, was er oder sie darüber sagt, wie es war, mit Ihnen zusammen beziehungsweise verheiratet zu sein.

2. Schreiben Sie all Ihre negativen Interpretationen von Ihrem Partner auf. Hier einige Beispiele:
   - Mein Mann ist kein richtiger Vater.
   - Meine Frau ist ein emotionaler Krüppel.

- Mein Mann würde für einen Dollar seine eigene Mutter verkaufen.

Denken Sie sich nun drei neue Interpretationen aus, die noch schlimmer sind als die, die Sie bereits haben.

3. Denken Sie sich für jede Ihrer alten Interpretationen drei neue positive Interpretationen aus. Wenn Sie Anregungen brauchen, lesen Sie dieses Kapitel noch einmal durch. Wählen Sie nun die Interpretation des Verhaltens Ihres Partners, die Ihnen das Gefühl vermittelt, stark und mächtig zu sein.

4. Schreiben Sie Ihre neuen Interpretationen der Verhaltensweisen Ihres Partners auf Karteikarten oder Haftnotizzettel und befestigen Sie sie an Stellen, wo Sie sie oft zu Gesicht bekommen. Tun Sie dies, um sich daran zu erinnern, dass »Wirklichkeit« ein Akt der Interpretation ist und dass Sie sich zu jeder Zeit dafür entscheiden können, die Ereignisse Ihres Lebens auf stärkende statt auf schwächende Weise zu interpretieren.

9 Die Hochzeitsgeschenke

> Vielleicht ist alles Schreckliche
> in seinem tiefsten Wesen etwas,
> das unserer Liebe bedarf.
>
> RAINER MARIA RILKE

Sobald wir uns für neue Interpretationen entscheiden, können wir mit dem Prozess beginnen, die Geschenke unserer Ehe oder Beziehung anzunehmen. Immer, wenn wir betrogen oder enttäuscht werden, ist es ein ganz natürlicher Abwehrmechanismus, dass wir an unserem Schmerz festhalten. Die Stimme des Zorns und der Verletztheit sagt uns immer, wir sollen aufpassen und vorsichtig sein. Unser Schmerz verhärtet unser Herz und trübt unseren Blick, indem er uns blind macht für die Geschenke, die wir durch unsere Ehe und unsere Scheidung, durch unsere Beziehung und unsere Trennung bekommen haben. Das Gesetz der Wahlfreiheit gibt uns die Freiheit, über unsere Vergangenheit und unsere negativen Gefühle hinauszugehen. Es gewährt uns die Instrumente, die wir brauchen, um die Erfahrungen unserer Partnerschaft mit neuen Augen zu betrachten. Das Gesetz der Wahlfreiheit besagt, dass wir die Kraft haben, uns dafür zu entscheiden, unsere Trennung entweder mit den Augen des Leidens oder mit dankbarem Herzen zu betrachten.

Zu diesem Zeitpunkt mögen Sie zwar nicht das Gefühl haben, ganz und gar zur Dankbarkeit bereit zu sein, aber Ihre Alternativen sind trostlos. Solange Sie die Lehren und Geschenke verleugnen, die Ihr Partner Ihnen zu geben versucht hat, werden Sie genau an das gefesselt sein, wovon Sie sich lösen wollen. »Andere zu befreien heißt, sich selbst zu befreien«, hat der große spirituelle Lehrer Emmet Fox einmal gesagt. »Wenn Sie gegen jemanden einen Groll hegen, sind Sie an diesen Menschen durch ein kosmisches Band gebunden, eine echte, wenn auch nicht metallene Kette. Sie sind an das Ding, das Sie hassen, durch ein kosmisches Band gebunden. Der Mensch, den Sie vielleicht auf der ganzen Welt am wenigsten mögen, ist gerade der Mensch, an dem Sie sich mit einem Haken befestigen, der stärker ist als Stahl.« Auch wenn Sie glauben, dass Sie zu Recht zornig, verletzt, enttäuscht und voller Wut sind – sofern Sie nicht bereit sind, diesen Menschen Ihr Leben lang überall mit sich herumzuschleppen –, sollten Sie sich bewusst machen, dass Vergebung die einzige Lösung ist, um ein ganzer, freier Mensch zu werden.

Als ich zu verstehen begann, dass meine Ressentiments mich an die Menschen banden, die ich am wenigsten mochte, fand ich das fast komisch. Ich hatte mich mit meinem Zorn davor schützen wollen, mich noch einmal von den Menschen verletzen zu lassen, die mich früher schon verletzt hatten. Mein lädiertes Ich wollte eine Distanz zwischen mir und meinen »Feinden« herstellen, doch statt ihnen etwas wegzunehmen, gab ich ihnen meinen wertvollsten Besitz. Indem ich ihnen grollte, gab ich ihnen meine Energie und räumte ihnen die totale Macht über mein emotionales Wohlbefinden ein.

Schon wenn jemand den Namen meines Feindes erwähnte oder auf eine ähnliche Geschichte anspielte, konnte mich das explodieren lassen. Binnen Sekunden wurden alle schlechten Gefühle ausgelöst, die in mir schlummerten. Im Nu hatte der Mensch, über den ich mich ärgerte, die Macht, sich überall, wo ich war, zu mir zu gesellen. Ich konnte auf einer Party sein, eine Verabredung haben oder im Supermarkt einkaufen – wenn die falschen Worte fielen, tauchte dieser Mensch sofort vor meinem geistigen Auge auf, begleitet von allen giftigen Erinnerungen an meine Vergangenheit.

Diese giftigen Gefühle waren immer bei mir, ob ich mir ihrer bewusst war oder nicht. Jemand hat mir einmal erklärt, man müsse den Menschen, die man wirklich verabscheue oder hasse, vergeben, denn erst dann verschwänden sie völlig aus unserem Bewusstsein. Liebe man sie hingegen, dann solle man an seinem Groll festhalten, und schon habe man sie überall bei sich!

Womit wir auf eine negative Weise verbunden sind, das besitzt uns. Die Schwingungen, die unsere negativen Gedanken festhalten, sind so stark, dass sie ständig ähnliche negative Erfahrungen auslösen. Die negativen Implikationen unseres Hasses sind wirklich erstaunlich. Unsere alten Ressentiments steuern all unsere Beziehungen. Sie sagen uns, wie nahe wir anderen kommen können und wie dick die Mauern sein müssen, um unsere emotionale Sicherheit zu wahren. Sie beeinflussen unsere täglichen Verhaltensweisen und sagen uns, wie groß die Risiken sein dürfen, die wir eingehen. Und sie errichten einen unsichtbaren Schutzzaun um unser Herz.

Doch diese Art von Sicherheit ist eine Illusion. Wir sind niemals wirklich sicher vor Verletzung und Schmerz, denn sie sind schlicht ein Teil des Lebens und des Wachstums. Alle Lebewesen müssen wachsen und sich entwickeln, sonst sterben sie. Das reife Blatt fällt ab und schafft Raum für neues Wachstum. Mein Exmann hat es einmal sehr schön ausgedrückt: »Es gibt keine Veränderung ohne Verlust.« Uns ganz und gar vor Verlust zu schützen, hieße buchstäblich, dass wir uns allen Möglichkeiten des Lebens verschlössen.

Am ehesten können wir uns sicher fühlen, wenn wir darauf vertrauen und daran glauben, dass wir uns in allen Stürmen des Lebens um uns selbst kümmern können und werden. Wir sind sicher, wenn unser Herz voller Liebe und Mitgefühl ist. Wir sind unverwundbar, wenn wir in all unserem Glanz und all unserer Größe ruhen. Wenn wir innerlich freundlich, großzügig und liebevoll sind, ziehen wir andere an, die diese Liebe widerspiegeln.

Sich für die Vergebung zu entscheiden ist notwendig für eine gute emotionale und mentale Gesundheit, denn Gleich und Gleich gesellt sich gern. Wenn Sie sich für Dankbarkeit und Vergebung entscheiden, schwingen Sie mit einer höheren Frequenz und ziehen auf natürliche Weise andere an, die Ihnen dies widerspiegeln. Wenn Ihr Herz voller Liebe und

Mitgefühl ist, lösen Sie ständig diese Liebe und dieses Mitgefühl bei anderen aus. Doch wenn Ihr Geist voller Groll und negativer Wertungen ist, ziehen Sie andere an, die voller Groll und negativer Wertungen sind oder Ihren emotionalen Schmerz vergrößern.

Nur Sie können sich dafür entscheiden, die Geschenke Ihrer Ehe oder Partnerschaft entgegenzunehmen. Sonst bleiben sie ungeöffnet und ungenutzt. Wenn Sie Ihr Leben durch eine Linse der Dankbarkeit betrachten, können Sie die Geschenke annehmen und aus der Zeit mit Ihrem Gefährten lernen. Die Linse der Dankbarkeit ist immer da. Sie muss vielleicht von Staub befreit werden, aber wenn Sie wollen, können Sie jederzeit durch sie hindurchschauen. Indem Sie Ihre Hochzeitsgeschenke finden und annehmen, vermögen Sie alle karmischen Bande zu durchschneiden, die Sie mit Ihrem Partner auf eine negative Weise verbinden. Und dann können Sie sich dafür entscheiden, in Ihrem Leben weiterzukommen.

Ich arbeite mit vielen Menschen, die schon seit langer Zeit geschieden sind, einige sogar seit zwanzig Jahren, und die – selbst wenn sie jemand anderen geheiratet haben – noch immer auf eine karmische Weise mit ihrem ersten Partner verheiratet sind. Justin war zwölf Jahre lang mit Danielle verheiratet. Als er entdeckte, dass er bereit war, seine Ehe zu beenden, wandte er sich an mich um Hilfe. Zuerst absolvierten wir eine kurze Visualisierungsübung, um festzustellen, welche ungeheilten emotionalen Wunden mit seinem Wunsch verbunden waren, seine Ehe zu beenden. Zu Justins Überraschung war der Mensch, der in seinem Bewusstsein auftauchte, nicht seine derzeitige, sondern seine erste Frau, Helen. Er war von Helen schon seit über siebzehn Jahren geschieden, doch als er in sich hineinsah, entdeckte er alle ungelösten Probleme aus seinem Leben mit ihr.

Sie hatten sich nicht gütlich getrennt; Justin hatte im Hinblick auf finanzielle Angelegenheiten viel gelogen. Er hatte Helen eine wertvolle Kamera gestohlen und sie verkauft, um Geld für Drogen zu bekommen. Justin trug sein Verbrechen noch immer mit sich herum, obwohl er seit über vierzehn Jahren nicht mehr daran gedacht hatte. Ich erklärte Justin, es wäre schwierig, die Probleme, die er mit seiner gegenwärtigen Frau hatte, klar zu erkennen, wenn er nicht das karmische Band zu seiner ersten Frau durchschnitt.

Als er die Augen schloss und sein höheres Selbst fragte, was er tun müsse, um diese Ehe abzuschließen, ging ihm auf, dass er die Kamera, die er gestohlen hatte, ersetzen und einen Brief schreiben musste, in dem er Helen dafür dankte, dass sie ihn verlassen hatte. Helens Entscheidung, ihre Ehe zu beenden, war der Katalysator gewesen, den Justin brauchte, um endlich von den Drogen loszukommen, und die Scheidung hatte ihm viele wertvolle Lektionen fürs Leben erteilt. Sie war der Anfang eines neuen Kapitels in seinem Leben. Justin hatte sich zusammengerissen und die Entscheidung getroffen, es Helen und ihrer Familie gleichzutun und in finanzieller Hinsicht verantwortungsbewusster zu werden. Viele Jahre lang hatte er genau dies getan, hatte gut verdient, seine Rechnungen bezahlt und einiges auf die hohe Kante gelegt.

Voller Dankbarkeit in seinem Herzen machte Justin ausfindig, wo sich die Kamera, die er gestohlen hatte, befand, kaufte sie zurück und schickte sie an Helen mit einem Brief, in dem er sie um Verzeihung bat. Ein Monat verging, und Justin war voller Freude darüber, dass er seine Vergangenheit in Ordnung gebracht hatte. Während er sich um seine alte Beziehung kümmerte, ging etwas Magisches mit seiner derzeitigen Frau vor. Zum ersten Mal war er in der Lage, gegenwärtig zu sein und zu erkennen, dass er in vielerlei Hinsicht mit Danielle die gleiche Beziehung eingegangen war, die er mit Helen gehabt hatte, nur diesmal mit umgekehrten Vorzeichen. Nun spielte Justin die Rolle von Helen, also den verantwortungsbewussten, sensiblen Partner, während Danielle sich genauso gab wie er in seiner Vergangenheit, indem sie in finanzieller Hinsicht völlig verantwortungslos war. Nun, da Justin das karmische Band durchtrennt hatte, das ihn mit seiner Exfrau verband, war er in der Lage, diesen Teil seines Lebens zu vollenden und die Verantwortung für den Zustand seiner derzeitigen Beziehung zu übernehmen.

Das Prinzip des Karma besagt, dass ungeklärte und unabgeschlossene Erfahrungen aus unserer Vergangenheit sich auf unser Verhalten und unsere Wahrnehmung in der Gegenwart auswirken. Daher ist es unabdingbar, dass wir unsere Beziehungen abschließen und heilen. Tun wir dies nicht, halten wir die Vergangenheit am Leben, indem wir sie ständig in die Gegenwart einbringen.

Solange wir nicht die Geschenke annehmen, die wir durch unsere Ehe oder Partnerschaft empfangen haben, bleibt das karmische Band zu dieser Beziehung intakt. Belastet von dem Schmerz aus unserer Vergangenheit schleppen wir unsere ungeheilten emotionalen Probleme überall mit uns herum. Unsere Vergangenheit entzieht unseren künftigen Beziehungen ihre Vitalität. Darüber hinaus erinnert sie uns ständig an unsere Ängste und unseren Schmerz. Wenn wir an unserer Vergangenheit festhalten, werden wir mit Sicherheit ähnliche Situationen heraufbeschwören, bis wir die Lektionen lernen, die uns unsere Partner zu erteilen versuchen. Solange wir die Geschenke nicht annehmen, die wir empfangen sollten, bleiben sie ungeöffnet und für uns unzugänglich.

Oft höre ich: »Ich habe die Lektion gelernt, aber ich bin nicht froh, dass es passiert ist.« Ich meine, wenn Sie so empfinden, dann haben Sie die Geschenke im Grunde nicht empfangen und die Lehren Ihrer Beziehung nicht angenommen. Wenn wir die Lektionen, die uns unser ehemaliger Partner erteilt hat, wirklich gelernt haben, wissen wir diese Erfahrung zu schätzen und zu würdigen, ganz gleich, wie schwierig sie gewesen ist. Wir machen uns die Erfahrung zu Eigen und nutzen sie, um ein besserer Mensch zu werden. Sobald wir unsere Erfahrungen verinnerlichen, machen wir daraus eine Ressource, die uns bereichert und unser Selbstwertgefühl stärkt.

Ich garantiere Ihnen, wenn Sie wirklich mit sich selbst im Reinen sind, werden Sie jeden schätzen, der etwas zu Ihrem persönlichen Wachstum beigetragen hat. Wenn Sie Ihre Erfahrungen ehren, statt im Schmerz zu verharren, werden Sie dankbar sein und mit dem freudigen Zustand emotionaler Freiheit belohnt.

Katherines Weg zur Heilung war lang und schmerzlich. Vierzehn Jahre lang war sie mit Eric verheiratet gewesen. Katherine war wahnsinnig in Eric verliebt, obwohl er ihre Gefühle immer wieder verletzte. Er konnte so verrückt wie Charles Manson sein, und im nächsten Augenblick war er so mitfühlend wie Gandhi. Und dieser Gandhi-Aspekt bewog Katherine immer wieder, bei Eric zu bleiben.

Es war eine schwierige Ehe, in der Katherine meist das Geld verdiente und sich um die Erziehung ihrer drei Kinder kümmerte. Eines Tages, nachdem Eric sich wieder einmal eine Woche lang launisch und beleidigend verhalten hatte, stellte Katherine fest, dass es für sie und die Kinder nicht mehr sicher war, mit ihm zusammenzuleben, und schließlich traf sie die Entscheidung, ihn zu verlassen. Obwohl Katherine Eric noch immer liebte, konnte sie sein Verhalten nicht mehr ertragen. Sie beschloss, sich zu verstecken, wobei sie Todesängste bei dem Gedanken ausstand, was er tun könnte, wenn er sie fand.

Katherine ging auf, dass ihre Vorstellung von Liebe auf vielen fälschlichen Annahmen aus der Vergangenheit beruhte. Erics beleidigendes Verhalten ähnelte dem ihres groben Vaters. Da sie am Beispiel ihres Vaters gelernt hatte, was es hieß, Männer zu lieben, fühlte sie sich bei jemandem wie Eric wohl, der sie genauso wie ihr Vater behandelte. Katherine wusste instinktiv, dass sie nur dann von Eric loskommen würde, wenn sie die Stadt verließ und sich vor ihm versteckte. Sie hatte Angst um ihr Leben und um das ihrer Kinder.

Endlich kam der Tag. Katherine stand auf, zog sich an und verließ mit ihren Kindern das Haus, um nie wieder zurückzukommen. Da sie ihre Stelle aufgab, war es um ihre finanzielle Situation schlecht bestellt. Einen Monat lang war Katherine ständig auf Achse, verbarg sich bei Freunden und schlief in kleinen Hotels in entlegenen Teilen des Staats. Aus lauter Verzweiflung rief sie endlich bei ihrer Familie an und bat um Hilfe. Zu Katherines Erstaunen nahm sich ihre ganze Familie ihrer an, um sie dabei zu unterstützen, ein neues Leben anzufangen. Und dann erlebte sie die größte Überraschung ihres Lebens: Ihr Vater kam mit dem Flugzeug, um sie und die Kinder zu holen. Er traf sich mit ihnen am Flughafen von Chicago, bezahlte ihre Tickets und bestieg mit ihnen ein Flugzeug nach Florida.

Vielleicht glauben Sie ja, dass die fürchterliche Erfahrung der Ehe mit Eric gereicht hätte, aber Katherine musste erst noch eine zweite schwierige Ehe eingehen, bis ihr klar wurde, dass das ganze Chaos in ihrem Leben vielleicht etwas mit ihr selbst zu tun hatte. Sobald ihr dieses Licht aufgegangen war, begann sie ihre Rolle im Drama ihres Lebens zu verstehen. Erst nach jahrelanger Seelenerforschung begriff sie, dass sie sich nur dann von ihrer Vergangenheit befreien konnte, wenn sie die absolute Verantwortung für alles übernahm, was sie sich selbst eingebrockt hatte.

Sanft und voller Verständnis für ihr verletztes Selbst übernahm Katherine die Verantwortung dafür, dass sie es zugelassen hatte, missbraucht zu werden, und dass sie diese Männer in ihr Leben gelassen hatte. Sie kämpfte gegen ihre inneren Dialoge an, gegen den Aufschrei: »Aber er hat mir das angetan, er ist der Kranke.« Sie durchlitt den schwierigen Prozess, ihre zornigen, grausamen, verwirrten Teile anzunehmen, die sie in Eric erblickt und verachtet hatte. Furchtlos arbeitete sie an sich, um die Wunden zu heilen, die dafür verantwortlich waren, dass sie solche schrecklichen Männer in ihr Leben zog. Schließlich war Katherine bereit, die Lektionen zu lernen, die ihr das Leben mit aller Macht erteilen wollte.

Sobald sie bereit war, die Lehren aus ihren vielen zerstörerischen Beziehungen zu ziehen, erkannte sie in einer Meditation, dass sie nie daran gedacht hatte, sich von innen nach außen zu heilen. Immer war sie das Opfer des Lebens gewesen – zuerst das Opfer ihres Vaters, dann einer Reihe anderer schwieriger Männer. Sie musste erst lernen, sich selbst zu lieben und zu nähren, und sich darüber klar werden, dass sie keinen Mann brauchte, um ganz zu sein.

Vor allem aber entdeckte sie, dass sie kein Opfer war. In vielen ihrer Beziehungen hatte Katherine die Zeichen erkannt, aber nicht wahrhaben wollen, was sie sah. Statt nach Männern zu suchen, die ihr dauerhafte Liebe geben konnten, hatte ihr mangelndes Selbstwertgefühl sie immer dazu verleitet, auf den schnellen Rausch, den Augenblick der Leidenschaft aus zu sein. Nun lernte Katherine durch ihren Schmerz und ihren Verlust, dass sie für sich leben konnte.

Als die Zeit kam, allen Ballast abzuwerfen, den Katherine Jahr um Jahr mit sich herumgeschleppt hatte, konnte sie die Geschenke klar erkennen. Ihre Liste mit den Geschenken, die sie von ihren Partnern bekommen hatte, sah so aus:

1. Ich fand heraus, wie oft und wie schwer ich mich selbst mit meinen eigenen inneren Dialogen kränkte (»Du bist so ein Trottel ... du bist ekelhaft ... du bist so dumm«).
2. Ich empfing die tiefe Erkenntnis, dass die kränkenden Männer in meinem Leben Spiegel meiner Selbstkränkung waren.
3. Indem ich das Verhalten meines Exmannes studierte, lernte ich, meine eigenen Grundprobleme zu identifizieren.
4. Ich lernte, dass ich einer der stärksten Menschen auf der Erde bin und dass es nichts gibt, womit ich nicht fertig werde.
5. Ich weiß jetzt, dass ich nie allein bin, wie schrecklich die Umstände auch immer sein mögen. Ich kann mich an Gott wenden, und sofort wird mir geholfen.
6. Ich lernte, was für eine Freude es ist, meine Kinder großzuziehen, ohne zu kämpfen, ohne mich abstimmen zu müssen, ohne zu streiten.
7. Ich erhielt das Geschenk, in der Lage zu sein, meine Kinder mit bedingungsloser Liebe und in Sicherheit großzuziehen.
8. Ich lernte, dass es viel schlimmer ist, mit dem falschen Menschen zusammen zu sein, als allein zu sein.
9. Ich erhielt das Geschenk, am Ende des Tages nach Hause kommen zu können und zu wissen, dass ich sicher bin.
10. Ich weiß jetzt, dass ich anderen Menschen helfen kann und dass ich ihnen etwas Besonderes zu geben habe.

11. Ich lebe jeden Tag in dem frohen Wissen, dass ich mein eigenes Leben in den Griff bekommen habe.

Wenn das Gold in der Dunkelheit liegt, dann sollten wir uns die schlimmsten Verbrechen anschauen, die an uns verübt wurden, um die wahren Geschenke unserer Beziehungen zu entdecken. Indem wir es uns gestatten, Anspruch auf unser Gold zu erheben, lernen wir die wichtigsten Lehren unseres Lebens. Die Geschenke werden dadurch offenbart, dass wir anerkennen, was wir durch unsere Ehe oder Beziehung gewonnen haben, auch die Dinge, die wir von unserem Partner gelernt haben.

Während meiner Ehe habe ich mindestens hundert Dinge gelernt und erfahren, die etwas zu meinem Leben beigetragen haben. Wenn ich sie annehme und mein Leben ehre, indem ich meine Erfahrungen anerkenne, überkommt mich die Freude der emotionalen Freiheit. Meine Liste der Geschenke meiner Ehe sieht so aus:

1. Ich habe das Kind, das ich immer wollte.
2. Ich bin in das wunderschöne La Jolla in Kalifornien gezogen.
3. Ich wurde die Mutter von Beau.
4. Meine Schwester übersiedelte nach La Jolla, um uns nahe zu sein.
5. Ich begann bei Deepak Chopra zu arbeiten.
6. Ich entwickelte die Schattenarbeit.
7. Mein Exmann bezahlte meine Studiendarlehen.
8. Ich war in der Lage, eine eigene Familie zu haben.
9. Meine Eltern übersiedelten nach La Jolla, um Arielle, Beau und mir nahe zu sein.
10. Ich bekam genug Geld, um zu Hause bleiben und mein erstes Buch schreiben zu können.
11. Ich genoss das Privileg, die Schwiegertochter von Bernice und Marty zu sein.
12. Ich habe gelernt, das Leben mit den Augen eines anderen Menschen zu betrachten.

13. Ich habe gelernt, dass man nicht in Harvard studieren muss, um gut zu sein.
14. Ich habe gelernt, mit anderen zu teilen und sie in mein Leben einzubeziehen, auch wenn ich mit ihnen nicht einer Meinung bin.
15. Ich denke mehr über meine Worte nach, bevor ich sie ausspreche.
16. Ich wurde zu meinem zweiten Buch inspiriert.
17. Ich habe gelernt, nicht jeden Gedanken auszusprechen.
18. Ich habe die tiefgreifende Erfahrung gemacht, dass andere sich verändern, wenn ich mich verändere.
19. Ich habe gelernt, es allein mit einem Kind zu schaffen.
20. Ich lerne gerade, eine gute Mutter zu sein.
21. Ich habe gelernt, dass es Freude bereiten kann, eine allein erziehende Mutter zu sein.
22. Ich habe gelernt, dass ich mich in Konflikten auf mich selbst konzentrieren muss.
23. Ich hatte die Hochzeit, von der ich immer geträumt habe.
24. Ich habe gelernt zu verlangen, was ich brauche.

Wie kann ich einem Mann böse sein, der mir so viele Geschenke gemacht hat? Allein das Geschenk meines Sohns ist Grund genug, Dan für den Rest meines Lebens zu ehren. Das Auflisten der Geschenke ermöglichte es mir, all das zu erkennen, was ich durch meine Erfahrungen gewonnen habe. Zu einer Zeit, da ich nur Schmerz und Enttäuschung zu sehen vermochte, öffnete mich die Suche nach dem Guten, den Geschenken und den Lektionen für die authentische Würdigung meines Partners. Sie vermittelte mir eine Auswahl von Wirklichkeiten, in denen ich leben konnte. Ich konnte wählen, ob ich in der schmerzlichen Wirklichkeit dessen bleiben wollte, was alles nicht funktionierte, oder mich dafür entscheiden, in der freudvollen Welt der Dankbarkeit zu leben.

Entdecken Sie den Wert Ihrer Beziehungen

Fünf Jahre nach dem traumatischen Ende ihrer siebenjährigen Ehe saß ich mit Karla und Antonio zusammen. Es war eine magische Erfahrung für mich, zwei Menschen um mich zu haben, die ihr Leben ehrten, indem sie ihre gemeinsamen Erfahrungen ehrten. Ich war neugierig, warum sie ihre Verbindung aufrechterhielten und warum sie Zeit und Energie darauf verwendeten, ihre Beziehung zu bewahren und zu heilen. Da sie keine Kinder hatten, schien es Zeitverschwendung und eine schwierige Aufgabe zu sein, eine zerbrochene Beziehung weiter zu unterhalten. Daher fragte ich sie: »Was hat euch dazu inspiriert, weiterhin den Schaden reparieren zu wollen, den ihr euch in eurer Ehe zugefügt habt?« Antonio sah mir in die Augen und erwiderte: »Die Jahre, die ich mit Karla verbracht habe, waren so wichtige Jahre. Ich habe mich so sehr weiterentwickelt, und zwar mit ihr. Wenn ich all das, was ich gewonnen habe, verleugnet hätte, wäre das gleichbedeutend damit gewesen, diese wertvollen Jahre meines Lebens wegzuwerfen.«

Für Karla und Antonio war es von Haus aus klar, dass sie aufgrund ihrer gemeinsamen Zeit immer aufs Engste miteinander verbunden wären, ob sie nun gerade Kontakt hatten oder nicht. Mein Freund und Lehrer Dr. David Simon hat mir dieses Phänomen wissenschaftlich erklärt:

»Wenn auf quantenphysikalischer Ebene zwei subatomare Teilchen zusammenstoßen, werden gewisse Energien und Informationen ausgetauscht. Und wenn sich von diesem Zeitpunkt an irgendetwas in einem der Teilchen verändert, wirkt sich das augenblicklich auf das andere Teilchen aus. Nicht anders ist es, wenn wir jemandem begegnen oder irgendeine Art von Beziehung haben – dann tauschen wir Energien und Informationen miteinander aus, und von diesem Zeitpunkt an sind wir nicht mehr derselbe Mensch. Anders ausgedrückt: Infolge der Begegnung sind wir für immer verändert.«

Und unsere Verbindung bleibt erhalten, auch wenn sich die Form verändert.

Damit sie ihren Heilungsprozess vertiefen konnten, schlug ich Karla und Antonio vor, die Geschenke aufzulisten, die sie bekommen haben, indem sie miteinander verheiratet waren. Für sie war das die Krönung ihrer Beziehung.

KARLAS HOCHZEITSGESCHENKE

1. Bei Antonio fühlte ich mich ermutigt, mich durch das Schreiben und die Schauspielerei zu verwirklichen.
2. Ich gelangte zu einer tieferen Würdigung meiner Weiblichkeit.
3. Ich entwickelte eine Bereitschaft, meine Gedanken und Gefühle mitzuteilen.
4. Ich entwickelte die tiefgreifende Fähigkeit zu empfangen.
5. Ich lernte die japanische Kultur schätzen und begann Sushi zu mögen.
6. Ich erhielt das Geschenk, eine »normale« Familie zu haben, die ich mir immer gewünscht hatte – und die erste Tochter zu sein.
7. Ich bekam die Chance, all meine häuslichen Phantasien auszuleben – zu kochen, einzurichten und die Gäste zu unterhalten.
8. Das Zusammensein mit Antonio führte mich zur stärksten Verbindung zum Judaismus, die ich je gehabt habe, wobei ich die jüdischen Feiertage zum ersten Mal feierte und wahrnahm.
9. Ich wurde darin unterstützt und ermutigt, das Unternehmerische in mir zu entdecken.
10. Ich fand mich darin bestätigt, dass meine Wünsche wichtig waren.

ANTONIOS HOCHZEITSGESCHENKE

1. Ich hatte die Chance, mit einer Frau zusammen zu sein, als sie entdeckte, was sie wollte, und es auch verlangte.
2. Ich lernte, wie man miteinander Fehler begeht, einander die Schuld gibt und im Laufe der Zeit Verantwortung übernimmt.

3. Wir waren in der Lage, einander in unserer Entwicklung zu unterstützen, ganz gleich, wie schmerzlich dies war.
4. Ich bekam das Geschenk, eine Partnerin lieben und ehren und von ihr geliebt werden zu können.
5. Ich machte die Erfahrung, dass meine Frau mein bester Freund sein konnte.
6. Ich lernte, wie ich eine Küche in Schuss halten und für mich kochen konnte, als wäre ich ein König.
7. Ich bekam das Geschenk, die Sinnlichkeit mit meiner Partnerin leidenschaftlich zu erfahren.
8. Ich entwickelte eine Passion für die Künste.
9. Ich lernte, wie man eine Ablage macht.
10. Ich hatte eine wunderbare Verbindung zu einer lebenslustigen Familie – ich bekam Schwestern und Nichten und Neffen, die ich liebe.

Wenn wir die Wahl haben, haben wir die Freiheit. Wir haben die wunderbare Fähigkeit, das Leben zu führen, das wir uns wünschen, statt eines, das uns bloß zugeteilt ist. Ein Leben zu führen, in dem wir letztlich wählen dürfen, wie wir im Hinblick auf jeden Menschen, jedes Ereignis und jede Situation empfinden, ist wunderbar. Entscheidungen treffen zu können, die uns stärken, versetzt uns immer wieder in Erstaunen, wie wunderbar es doch ist, ein Mensch zu sein. Die Wahlfreiheit ermöglicht es uns, ungezwungene Unabhängigkeit und die Gnade zu erfahren, uns so zu lieben, wie wir sind. Solange wir die Opfer des Verhaltens anderer Menschen sind, haben wir keine Wahlfreiheit. Dann leben wir weiter hinter der Mauer unserer inneren Dialoge, in denen Aussagen wie diese vorkommen:

»Wenn doch bloß alles anders wäre.«

»Wenn er oder sie mir das doch bloß nicht angetan hätte.«

»Wenn mich die Anwälte doch nur besser beraten hätten.«

»Wenn ich doch bloß einen anderen Richter gehabt hätte, wäre alles okay.«

»Wenn ich das doch nur getan hätte, als ich jünger war.«

Das Verharren in der Opferrolle hindert uns daran, unsere Geschenke zu empfangen. Und wenn wir die Lektionen nicht lernen, die uns geschenkt werden, dann werden wir unsere Erfahrungen noch einmal machen müssen. Ich wiederhole: *Wenn wir die Lektionen nicht lernen, die uns geschenkt werden, dann werden wir unsere Erfahrungen noch einmal machen müssen*! Von Rollo May stammt der geniale Ausspruch: »Wahnsinn heißt, das Gleiche immer wieder zu tun und unterschiedliche Folgen zu erwarten.« Solange wir nicht aus unserer Vergangenheit lernen, werden wir dem wahnsinnig machenden Zyklus der Wiederholung nicht entrinnen.

Ein Leben voller Dankbarkeit

Als ich heranwuchs, kannte mein Herz keine Dankbarkeit. Ich glaubte, ein Recht auf das zu haben, was ich hatte, und wollte immer mehr. Meine Unzufriedenheit äußerte sich in jedem Bereich meines Lebens. Ich hatte den falschen Körper, die falschen Eltern, die falschen Geschwister, ich ging auf die falsche Schule und lebte im falschen Teil des Landes. Mein Freund hatte immer die falschen Schuhe, den falschen Geruch oder den falschen Job. Ich meinte, Gott und das Universum seien mir mehr schuldig. Ganz gleich, welche Geschenke ich bekam – nie waren sie gut genug. Ich glaubte, dass ich mehr verdiente.

Ehrlicherweise muss ich sagen, dass die meisten meiner Probleme von meiner Unfähigkeit herrührten, das zu schätzen, was ich hatte. Meine Unzufriedenheit nährte den inneren Dialog, der sich geräuschvoll in meinem Kopf abspielte. Nie kam mir der Gedanke, dass ich mein Leben ändern könnte, indem ich meine Einstellung änderte, dass mein Unglücklichsein auf meine Unzufriedenheit zurückzuführen war und dass meine Unzufriedenheit auf meinem Glauben beruhte, ich hätte das Recht, es in jeder Beziehung besser zu haben. Meine falsche Einstellung trieb mich dazu, die dunkle Seite des Lebens zu suchen und zu finden.

Eine Menge unserer Schlussfolgerungen über das Leben halten uns in einer Art Anspruchsdenken gefangen. Doch wenn wir das Leben durch die Linse des Anspruchs betrachten, können wir unsere Geschenke nicht empfangen. Solange wir nur das sehen, was uns weggenommen wurde oder was wir nicht haben, sind wir in den engen Grenzen unseres Ichs eingeschlossen. Unser Ich meint, es verdiene alles, was es will – und zwar jetzt. Als enger Freund des Ichs schadet das Anspruchsdenken unserer emotionalen Stabilität, indem es unseren Geist mit selbstgerechter Empörung erfüllt. Das Anspruchsdenken verhindert, dass wir die Welt durch die Linse der Dankbarkeit sehen und die alltäglichen Wunder des Lebens würdigen.

Dankbarkeit ist das Geschenk eines offenen Herzens. Sie ist ein göttlicher Seinszustand, der aus der großen Weisheit und dem Wissen hervorgeht, dass alles so ist, wie es sein sollte. Dankbarkeit entsteht, wenn Sie all das betrachten, was Sie haben, statt bei dem zu verweilen, was Sie nicht haben. Dankbarkeit ist ein selbst geschaffenes Instrument der Liebe, das Sie sich jeden Tag machen können. Wenn Sie sich dafür entscheiden, ein spirituelles Leben zu führen, lernen Sie zu verstehen, dass alles, was Sie bekommen, ein Geschenk ist. Doch sind Sie blind für die Geschenke, die Ihnen gewährt werden, verpassen Sie die Chance, Gott kennen zu lernen.

Eines Tages machte mir jemand klar, solange ich nicht »eine Einstellung der Dankbarkeit« entwickeln würde, wäre ich am Ende wahrscheinlich nur ein weiteres Opfer eines unerfüllten Lebens. Diese Bemerkung traf mich tief, denn ich hatte Angst, ein Leben ohne Sinn zu führen, ein Leben, in dem alles egal war. Und dann kam die Offenbarung, die bewirkte, dass ich meinen Blickwinkel veränderte. Ich entdeckte, dass Dankbarkeit gewählt und durch Übung erworben werden kann. Je mehr ich übte, desto leichter fiel sie mir. Und dann wurde sie mir zur zweiten Natur.

Wählen Sie den höheren Weg

Das Leben ist oft schwer – die meisten Menschen sind nicht auf Rosen gebettet, so wie sie es vielleicht erwartet haben. Doch jeder Vorfall, jede Lektion, jedes Hindernis ist darauf ausgerichtet, uns auf höhere Bewusstseinsebenen zu führen – uns unserem spirituellen Selbst näher zu bringen.

Wir wachsen mit der Illusion auf, dass unser Leben so werden wird, wie wir es wollen – dass unsere Phantasiewirklichkeit wahr wird. Und wir leben mit dem Traum, dass dieser Mensch, dieser Job, diese finanzielle Vereinbarung unser Leben verbessern wird.

Unsere Gefährten sind am Ende unsere Opferlämmer, weil sie gegen unsere Illusionen meist keine Chance haben, egal, was sie tun. Die meisten Menschen erwarten, dass ihre emotionalen, physischen, finanziellen und spirituellen Bedürfnisse von diesem einen Menschen befriedigt werden, den sie für etwas Besonderes halten. Das ist oft eine unmögliche Aufgabe für unsere Menschen, die die gigantische Verantwortung tragen, uns glücklich zu machen. Aber ganz gleich, wie oft wir in der Liebe desillusioniert worden sind – wir suchen so lange, bis wir jemanden finden, der unser Erlöser zu sein scheint, der endlich unsere Erwartungen erfüllen wird. Wenn unsere Träume dann erneut vom Sturm der Enttäuschung verweht werden, sind wir verbittert, zornig und voller Groll. Und jemand muss den Preis für diese schreckliche Lüge zahlen, die man uns erzählt hat. Wenn unsere Partner nicht unsere Erwartungen erfüllen und die Beziehung zerbricht, sind natürlich sie an allem schuld. Denn die meisten Menschen weigern sich, die Mauer der Erwartungen wahrzunehmen, die sie daran hindert, ihre Möglichkeiten zu erkennen.

Uns unserer Wahlmöglichkeiten bewusst zu sein ist ein außergewöhnliches Geschenk. Aber es hat seinen Preis: Je bewusster wir werden, desto schwerer fällt es uns, uns selbst zu belügen. Doch wenn wir es versäumen, unsere neuen Einsichten dazu zu nutzen, Entscheidungen zu treffen, die unser

Leben stärken, kehrt sich unser Wissen gegen uns und treibt uns tiefer in unsere Dunkelheit.

Wenn Sie die Verantwortung für Ihre gegenwärtige Wirklichkeit beharrlich leugnen, werden Sie wahrscheinlich noch tiefer in die Verleugnung geraten und sich weitere Rechtfertigungen und Rationalisierungen ausdenken. Wenn Sie Ihre Position oder Ihre Lebensumstände nicht aufgeben wollen, müssen Sie sich eine große Geschichte ausdenken, um sich und Ihre Mitmenschen davon zu überzeugen, dass Sie Ihre Schwierigkeiten nicht überwinden können. Unbewusst werden Sie Ihre Umstände dramatischer darstellen, um zu beweisen, dass es nicht in Ihrer Macht steht, sie zu verändern. Sie sorgen so für einen scheinbaren Grund, warum Sie Ihre Schlacht weiterführen müssen, und immer hat es für Sie den Anschein, dass Sie Recht haben und Ihr Feind Unrecht hat. Sie reden sich vielleicht sogar ein, dass Sie kämpfen müssen, um sich um sich selbst zu kümmern. Vielleicht haben Sie einen Anwalt oder einen Therapeuten, der Öl ins Feuer gießt. Oder noch besser: Vielleicht sagen Sie, es sei Ihr Karma, Ihre Mission, Ihrem Gegner eine Lektion zu erteilen. Aber vielleicht wären Sie in Wahrheit besser dran, wenn Sie, statt diese Lektion zu erteilen, aus dem lernen würden, was Sie dahin gebracht hat, wo Sie heute sind.

Partnerschaft mit Gott

An jedem Scheideweg sind wir genötigt, Entscheidungen zu treffen. Wählen Sie Verantwortung, und Sie erhalten Bewusstsein. Wählen Sie Liebe und Mitgefühl, und Sie können sicher sein, dass sich die Dinge ändern werden, ganz gleich, wie schrecklich Ihr Partner sein mag. Mit Gott als Ihrem Partner können Sie nicht verlieren. Gott ist eine Kraft, die Ihnen und mir innewohnt. Wenn Sie diese Kraft ersuchen, Sie in Ihren Entscheidungen zu unterstützen, dann wird sie dies auch tun, das verspreche ich Ihnen. Sie mögen vielleicht auf allen vieren kriechen müssen, und einige von Ihnen mögen sogar bitten und betteln müssen, aber wenn Sie bereit sind, dem Göttlichen die Tür zu öffnen, auf dass es hereinkomme und Ihnen helfe, dann wird es kommen.

Vielleicht glauben Sie ja zu diesem Zeitpunkt, dass dieser Prozess zu schwierig sei, dass Sie ihn nicht schaffen. Vermutlich glauben Sie dann auch noch immer, dass Sie ihn allein schaffen müssen. Das müssen Sie aber nicht! Jedes Mal, wenn ich vergesse, dass ich von Gott geleitet werde, lese ich mir die folgende Botschaft laut vor: »Guten Morgen, Debbie, hier ist Gott. Ich werde mich heute mit all deinen Problemen befassen, und ich werde deine Hilfe nicht brauchen. Entspann dich also, genieße den Tag und wisse, dass ich immer bei dir bin.« Wenn ich diese Botschaft höre, weiß ich, dass ich tief durchatmen und mich entspannen kann. Wir werden immer von Gott geleitet, auch wenn wir dies in Zeiten des Kampfes gern vergessen. Aber es liegt in unserer Macht, uns täglich bewusst daran zu erinnern, dass wir nicht allein sind.

Mit Gott als Verbündetem können Sie sich dafür entscheiden, die Lektionen zu empfangen, die Ihr Partner Ihnen zu erteilen versucht. Sie können beschließen, alle Geschenke anzunehmen, die Sie von Ihrem Expartner bekommen haben. Und Sie können sich dafür entscheiden, Ihre Trennung zu nutzen und so viele wertvolle Dinge wie möglich daraus zu gewinnen. Und in jedem Augenblick können Sie die Entscheidung treffen, das Leben durch die Linse der Dankbarkeit zu betrachten.

Schritte zur Heilung

1. Denken Sie an all die Jahre Ihrer Ehe oder Beziehung zurück und erstellen Sie eine Liste aller Geschenke, die Sie von Ihrem Expartner bekommen haben. Denken Sie über die Dinge nach, die Sie über sich selbst erfahren haben, weil Sie mit ihm zusammen waren. Welche Menschen und Hobbys bereichern heute Ihr Leben, die es darin nicht gegeben hat, bevor Sie einan-

der begegnet sind? Welche Schwächen Ihres Exgefährten mussten Sie ausgleichen? Wie hat Ihnen das dabei geholfen, Ihren Charakter zu entwickeln? Denken Sie gründlich und aufrichtig darüber nach und nehmen Sie sich Zeit zum Erstellen Ihrer Liste. Indem Sie diese Liste Ihrer »Hochzeitsgeschenke« erstellen, werden Ihre negativen Gefühle in positive umgewandelt.

2. Erstellen Sie eine Liste aller Dinge in Ihrem Leben, für die Sie dankbar sind.

3. Danken Sie sich jeden Tag für mindestens zehn Dinge, die Sie getan haben und auf die Sie stolz sind. Bedanken Sie sich bei sich für die kleinen Dinge, die sich im Laufe der Zeit summieren – dass Sie aus dem Bett kommen, Gymnastik treiben, nur einen Eisbecher mit heißer Schokoladesauce essen... Halten Sie diese kleinen Dinge schriftlich fest und sprechen Sie sie laut aus. Warten Sie nicht darauf, dass Sie eine große Tat vollbringen, etwa mit dem Rauchen aufhören, um sich für Ihre Fortschritte zu danken.

Das Gesetz der Vergebung

10 Der Weg zu Gott

Meine Klagen verbergen das Licht der Welt.
Ein Kurs in Wundern

Sobald wir die Geschenke unserer Ehe oder Beziehung empfangen haben, sind wir bereit, unserem Partner und uns selbst ganz und gar zu verzeihen. Das Gesetz der Vergebung gestattet uns, unsere Urteile und Überzeugungen hinsichtlich dessen, was richtig und falsch ist, loszulassen und Mitgefühl für unser ganzes Selbst zu entwickeln.

Mitgefühl entwickelt sich, wenn wir uns der Vollkommenheit des Universums gewahr sind. Es geht mit dem großen Verständnis für die Schwierigkeiten und die Vieldeutigkeit einher, ein Mensch zu sein. Mitgefühl ist die Gnade Gottes für die, die darum bitten. Sobald wir Mitgefühl für uns selbst haben, vermögen wir auch Mitgefühl und Vergebung für unseren Gefährten zu empfinden. Vergebung ist der Schlüssel zur Lösung aller karmischen Bande, die uns auf negative Weise an unseren Partner binden. Vergebung ist die wesentliche Komponente zur Befreiung unserer Herzen und unserer Seelen. Vergebung ist die wichtigste Nahrung für unseren Körper, unsere Beziehungen und unsere Zukunft.

In dem Augenblick, da wir vergeben, setzen wir alle Energien frei, die uns daran hindern, unsere göttliche Natur in unserem täglichen Leben zu erfahren. Wir sind spirituelle Wesen, deren Natur es ist, in Liebe zu leben, und wenn wir uns der Energie der Liebe berauben, lassen wir unsere Seele hungern. Vergebung ist die mutigste Tat, denn sie reißt die Mauern nieder, mit denen wir uns zu schützen glaubten. Aber im Grunde gibt es keinen besseren Schutz als den, der aus der völligen und totalen Liebe für die Menschheit erwächst.

Zu einem bestimmten Zeitpunkt nach meiner Scheidung von Dan erkannte ich meine mögliche Zukunft. Ich begann zu akzeptieren, dass sich mein Leben in Wahrheit zur Erfüllung meines höchsten Gutes entfaltete. Ich gab das Bild von Dan auf, wie ich ihn haben wollte, und akzeptierte ihn so, wie er war. Ich gab die Bindung an ein Leben auf, das sich so entwickelte, wie ich es geplant hatte, und ließ die Möglichkeit zu, meine Entscheidungen und täglichen Verhaltensweisen von einem außergewöhnlichen Leben leiten zu lassen. Ich begann mich mehr um meinen Körper zu kümmern. Ich pflegte eine liebevolle Beziehung zu meinem Sohn und kultivierte neue Freundschaften. Ich vertiefte meine spirituellen Übungen und begann eine intimere Verbindung zu Gott zu verspüren. Ich lauschte meiner inneren Stimme aufmerksamer und war offen für eine göttliche Führung. Ich traf die Entscheidung, den Ballast meiner Vergangenheit loszulassen. Ich räumte meine Schränke aus und warf alles weg, was mir nicht diente. Ich enthüllte die giftigen Emotionen, die mich an meine Ressentiments banden, und löste mich von ihnen. Ich übernahm die Verantwortung für meine Gefühle, nahm meine negativen Projektionen zurück und begann zu erkennen, dass ich die Dramen geschaffen hatte, die mich eingeschränkt hatten.

Ich suchte sorgfältig nach den Geschenken, die in jeder schwierigen Situation verborgen waren, zu der es zwischen Dan und mir kam. Dann traf ich die Entscheidung, die mein Leben veränderte: Ich interpretierte meine Erfahrungen neu, so dass sie mich stärkten, statt mich zu schwächen. Sobald meine Ressentiments verschwunden und meine inneren Wunden geheilt waren, fand ich Dankbarkeit. Und mit Dankbarkeit im Herzen war ich nur zu bereit zu vergeben.

Nun, da ich auf der Schwelle zur Vergebung stand, vermochte ich zurückzuschauen und die totale Verantwortung zu übernehmen, nicht nur für meine Ehe und meine Trennung, sondern auch dafür, wie sich der Rest meines Lebens entwickeln würde. Erst dann konnte ich die Geschenke meiner Ehe nutzen und die Lehren würdigen, die das Leben mir erteilt hatte.

Die Weisheit, die daraus entsteht, ermöglicht es uns, unsere Ressentiments aufzugeben und uns wieder mit unserer göttlichen Natur zu verbinden. Unsere Ressentiments sind wie ein Stahlseil, das um unsere Vergangenheit gewickelt ist und uns für immer an die bindet, die wir für unsere Gegner halten. Wir müssen bereit sein, aus der beengenden Welt des Vorwurfs ins ungebundene Reich der Vergebung zu treten.

Es ist leicht, die Schnauze voll zu haben und verbittert zu sein – im Grunde ist das ganz natürlich. Als ich meine Scheidung durchmachte, bereitete mir der Gedanke, Dan zu vergeben, Bauchschmerzen. Da jagten mir Fragen durch den Kopf wie: Warum soll ich diejenige sein, die vergibt? Warum sollte ich meinem Exmann die Gnade meiner liebenden Energie zuteil werden lassen? Ich wusste, dass meine Mission darin bestand, mich über diese Impulse zu erheben und die Schwingungsfrequenz meiner Gedanken zu erhöhen. Ich wusste, dass mich meine Zweifel und meine Ängste weiterhin an meinen Exmann schmiedeten, und doch wollte ich ihm noch immer meine Liebe und mein Mitgefühl versagen. Aber indem ich ständig darum betete, von meinem Schmerz erlöst zu werden, wurde ich mit der Bereitschaft gesegnet, die Arbeit zu tun, die getan werden musste, bevor ich Dan völlig freigeben konnte.

Ich wusste, um eine emotionale ebenso wie eine physische Trennung zu erreichen, musste ich meine eigenen Sünden genauso vergeben wie die meines Partners. Erst dann wäre ich frei, um mit Dan auf eine stärkende, mitfühlende Weise umzugehen – nur durch die Vergebung würde ich die Beherrschung erlangen, in anstrengenden Zeiten zu agieren statt zu reagieren. So schwierig es erschien zu vergeben, wusste ich doch, dass dies die einzige Möglichkeit war, eine Beziehung zu Dan aufrechtzuerhalten. Ich hatte nicht die Möglichkeit, ihn loszulassen und nie wieder mit ihm zu reden. Wir hatten das gemeinsame Sorgerecht für ein kleines Kind, ich würde also mindestens für die nächsten sechzehn Jahre mit ihm Umgang haben müssen. Und ich würde keinesfalls zulassen, dass meine Klagen meine Liebe und mein Engagement für meinen Sohn Beau überschattete. Ich wusste, wie es war, mit dem Wissen zu leben, dass die Eltern einander nicht mochten. Ich lebte mit diesem Schmerz, und der Gedanke, ich könnte ohne weiteres das Gleiche tun, machte mir entsetzliche Angst.

Täglich betete ich zu Gott, er möge mir den Mut und das Wissen geben, meinen Schmerz zu heilen, mir meinen Zorn nehmen und mir helfen, Mitgefühl für den Vater meines Sohns zu empfinden. Obwohl ich noch nie zuvor in dieser Lage gewesen war, wusste ich, dass ich Dan gegenüber eine Haltung der Liebe kultivieren musste. Selbst wenn ich mit ihm nicht einer Meinung war oder sein Verhalten nicht mochte, wusste ich, solange ich mich auf Liebe und Vergebung konzentrieren konnte, würde ich es schaffen, mich aus dem Gefängnis meines Schmerzes zu befreien.

Ich brauchte fast zwei Jahre, um mich in einer Qualität der authentischen Liebe einzurichten, die es mir ermöglichte, mich aufrichtig um eine unterstützende, respektvolle Beziehung zu Dan zu bemühen. Ich wollte eine Beziehung, deretwegen Beau stolz wäre, uns als Eltern zu haben. Meine Sehnsucht nach Harmonie ging über das hinaus, was ich wollte und was ich nicht wollte. Sie ging über meine Begrenztheit und meine selbstgerechten Überzeugungen hinaus. Sie erhob mich und inspirierte mich dazu, mich aus dem Griff meiner negativen Gefühle zu lösen und einen Ort des liebenden Mitgefühls zu betreten.

Ein unschuldiges Herz

Die Bereitschaft ist unabdingbar für den Prozess der Vergebung. Wenn wir nicht bereit sind zu vergeben, besteht fast keine Chance, dass es dazu kommt. Unsere Bereitschaft zu vergeben ist wesentlich, wenn wir wieder ganz werden wollen. Ganz heißt, dass wir keine Teile vermissen, dass wir Zugang zu unserer ganzen Liebe, Hoffnung und angeborenen Güte für die Menschheit haben. Wir alle, ganz gleich, was wir verbrochen haben, verdienen eine Chance, unser gebrochenes Herz zu heilen. Stellen Sie sich vor, Sie halten ein liebes, unschuldiges Kind in den Armen, das weint. Würden Sie dem Kind raten, von seinem Schmerz abzulassen, oder würden Sie ihm raten, daran festzuhalten? Würden Sie ihm sagen, es verdiene ein ganzes, heiles Herz, oder würden Sie ihm sagen, es solle von seinem Schmerz ganz und gar durchdrungen bleiben?

Das Bild des Kindes soll uns an unsere Unschuld erinnern. Ein unschuldiges Herz hegt niemals Groll oder verharrt im Schmerz der Schuld. In dieser Vorstellung von unserem inneren Kind können wir zulassen, dass unser Herz weich wird und sich dem sanften Wesen der Vergebung ergibt. Niemand verdient es, das Gewicht eines verhärteten Herzens zu tragen. Doch oft ist es Stolz, der uns daran hindert, unser Herz zu öffnen und zu vergeben. Stolz bedeutet, uns selbst die Vergebung zu verweigern. Aber niemand verdient es, den pochenden Schmerz von Schuldgefühlen ertragen zu müssen. Dr. Harold Bloomfield, der Autor von *Surviving the Loss of a Loved One*, sagt: »Wenn Sie nicht jeden Tag vergeben, ist es, als ob Sie winzige Mengen Gift nähmen.« Dieses Gift raubt uns langsam unsere ersehnte Zukunft. Ob wir uns nun selbst oder anderen vergeben müssen – auf jeden Fall sollten wir es uns erlauben, diesen heiligen Prozess zu durchlaufen.

Jake verließ Laura, als ihre beiden Söhne noch Kleinkinder waren. Laura bemühte sich sehr, eine gute Mutter zu sein, und tat alles, was in ihrer Macht stand, um ihren Kindern ein sicheres, liebevolles Zuhause zu bieten. Jahrelang arbeitete sie an ihren Gefühlen des Verlassen- und Betrogenseins. Im Laufe der Zeit erlangte sie inneren Frieden, aber stets gab es Streit mit Jake darüber, was die Jungen brauchten und wie sie erzogen werden sollten, und meist setzte sich Jake, ein Tyrann, durch.

Nachdem sich Laura zehn Jahre lang Jakes Vorschriften

gebeugt hatte, erkannte sie, dass sie darum kämpfen musste, was sie für fair hielt, und forderte Jake auf, ihr mehr Unterhalt für die Jungen zu zahlen. Jake hatte nicht die Absicht, seiner Exfrau mehr Geld zu geben, und sah stattdessen die Gelegenheit gekommen, sich das alleinige Sorgerecht für die Kinder zu erkämpfen.

Voller Angst begab Laura sich zum Schlichtungsgespräch mit Jake, um ihre Probleme zu klären. Da die Jungen bereits auf der High School waren, wurden sie hinzugezogen. Die Jungen waren es leid, immer wieder zwischen beiden Elternhäusern zu wechseln, und da es zu ihrer Schule vom Haus ihres Vaters näher war, wäre es einfacher für sie gewesen, eine Zeit lang bei ihrem Vater zu leben.

Nach vielen Wochen der Ungewissheit bestellte die Schlichterin Jake und Laura in ihr Büro. Mit ruhiger Stimme begann sie zu sprechen. Die Augen auf Laura gerichtet, sagte sie: »Nachdem ich alle Aussagen gegeneinander abgewogen habe, werde ich dem Gericht empfehlen, dass Jake das alleinige Sorgerecht für die beiden Jungen bekommt.«

Laura saß da, unfähig, sich zu rühren. Ihr schlimmster Albtraum war Wirklichkeit geworden. Tränen standen ihr in den Augen, und ihr Herz war voller Schmerz, als sie diese verheerende Nachricht zu verarbeiten versuchte. Wieder erfüllten ihren Körper all die Gefühle, die sie so viele Jahre empfunden hatte, bevor Jake sie verließ. Und nun hatte er sie nicht nur verlassen, sondern nahm ihr auch noch die beiden Menschen weg, die sie am meisten auf der Welt liebte. Sie konnte nur eines empfinden: Ihre Familie wurde ihr weggenommen. Jake hatte schließlich den Krieg gewonnen, den sie fast fünfzehn Jahre lang gegeneinander geführt hatten. Nun würde sie zu ihrem zweiten Mann heimgehen, den sie liebte, aber wenn Jake nach Hause ging, würde er ihr Herz mitnehmen.

Lauras Schmerz war überwältigend. Nach etlichen Wochen voller Tränen wusste sie, dass sie nur eine Wahl hatte – zu heilen. Sie nahm ihre ganze innere Kraft zusammen und begann die nötigen Schritte zu unternehmen, um ihr gebrochenes Herz zu heilen. Jahre zuvor hatte Laura immer ein Gebet gesprochen, das ihr dabei half, von ihrer Scheidung geheilt zu werden, und nun wollte sie es wieder aufgreifen. Mehrmals am Tag schloss Laura die Augen und stellte sich das heilige Herz des Mitgefühls vor. Indem sie die Worte »Ich ergebe mich der Gegenwart Gottes in mir. O Herr, bitte komm!« wiederholte, fand sie Trost. Laura wusste, je eher sie die Entscheidung des Gerichts und die Wahl ihrer Söhne akzeptierte, desto rascher würde der Schmerz vergehen.

Verzweifelt versuchte sie, die Verantwortung für ihre Mitschuld an ihrer ganzen Situation zu übernehmen, und gleichzeitig wusste sie, dass sie nett zu sich selbst sein und vermeiden musste, ihre schlechten Gefühle zu vermehren, indem sie sich heftige Vorwürfe machte. Langsam begann Laura nach der Lektion zu suchen, die all diese Ereignisse ihr erteilen wollten. Mit großer Ausdauer legte sie ein tieferes Wissen frei und gelangte zu der tiefen Erkenntnis, dass ihre Kinder zwar durch sie auf die Welt gekommen waren, ihr aber nicht gehörten. Laura erkannte, dass es ihre Aufgabe war, ihre Kinder dabei zu unterstützen, gute Entscheidungen zu treffen, und ihnen bedingungslose Liebe entgegenzubringen. Aus Angst, die Liebe ihrer Söhne zu verlieren, hatte sie sich an sie geklammert, doch nun wusste sie, dass sie loslassen musste, da ihr sonst ihre ganze Energie entzogen würde.

Laura wusste, um eine liebevolle Beziehung zu ihren Söhnen aufrechterhalten zu können, würde sie Jake vergeben und Mitgefühl für all seine Entscheidungen empfinden müssen. In Gedanken ging sie immer wieder zu der Zeit zurück, als sie Jake liebte, um zu sehen, ob sie diese liebevollen Gefühle wieder beschwören könnte. Laura brauchte Zeit, Ausdauer und viele Gebete, um die Tatsache zu akzeptieren, dass ihre Söhne in den nächsten beiden Jahren bei ihrem Vater leben würden. Sie schloss Frieden mit dem Umstand, dass Jake mehr Geld hatte und ihnen mehr bieten konnte. Er wohnte in der Nähe ihrer Schule und teilte viele Interessen mit ihnen, und die Jungen waren in einem Alter, in dem sie ihren Dad mehr brauchten.

Für Laura verging ein langes, schweres Jahr, bis sie ihren

Verlust und ihren Schmerz überwunden hatte. Aber mit Gottes Hilfe und dank ihrer Entschlossenheit machte sie das Beste aus einer üblen Situation. Ihr entschiedener Wille, den höheren Weg der Vergebung einzuschlagen, unterstützte sie darin, sogar eine noch bessere Beziehung zu ihren Söhnen aufzubauen als in der Zeit, da sie gemeinsam mit Jake das Sorgerecht hatte. Die Zeit, die sie nun miteinander verbrachten, war kostbar. Sie unternahmen Ausflüge, machten Spaziergänge und vertrauten einander viel an. Sie waren einander liebevoll zugetan.

Vergebung ist der Schlüssel, der die Tür zu unseren Herzen öffnet. Sie erwartet uns in dem Augenblick, da wir bereit sind, unseren Willen aufzugeben, die Verantwortung für unsere Lebensumstände zu übernehmen und darauf zu vertrauen, dass es einen Plan für unser Leben gibt, der über unseren Horizont hinausgeht. Als Laura das Sorgerecht für ihre Söhne verlor, vermochte sie sich nicht einmal vorzustellen, dass ihr Verlust zu etwas Positivem führen könnte. Aber aufgrund dieser schwierigen Situation waren sie und ihre Söhne in der Lage, eine tiefere, nährendere und liebevollere Beziehung einzugehen.

Wenn wir die Vollkommenheit dieser Welt akzeptieren, sind wir imstande, den höheren Plan für unser Leben jenseits der Wünsche unseres Ichs zu erkennen. Dann wird unser Herz von tiefem Verständnis und Mitgefühl für alles, was existiert, erfüllt, und wir wissen, dass Dinge geschehen und Menschen sich aus irgendeinem Grund ändern. Und wenn wir den Mut haben, den höheren Weg einzuschlagen, werden wir zweifellos mit dem Geschenk von Liebe, Frieden und Zufriedenheit belohnt.

Carola ist siebenunddreißig und hat eine kleine Tochter. Nach ihrer Scheidung vor über zwei Jahren zog sie immer noch jeden Tag über ihren Expartner her und beriet sich mit ihren Anwälten. Eines Morgens erwachte Carola mit Magenbeschwerden. Sie hatte starke Schmerzen, und darum ging sie sofort zum Arzt. Nach einigen Untersuchungen erfuhr sie, dass sie Magenkrebs hatte und operiert werden müsste, wenn sie weiterleben wollte. Innerhalb von fünf Minuten wurde Carolas ganzes Leben auf den Kopf gestellt. Plötzlich war sie sich darüber im Klaren, dass ihr Leben enden könnte. Der Gedanke, dass sie in weniger als einem Jahr tot sein mochte und dass ihr nur noch wenig Zeit mit ihrer Tochter bliebe, machte ihr entsetzliche Angst.

Carola ging nach Hause und begann zu beten. An diesem Abend bat sie Gott, ihr zu sagen, was sie tun müsse, um sich zu heilen. Als Erstes kam ihr der Gedanke, die Klage gegen ihren Exmann John zurückzuziehen. Carola war wütend gewesen wegen eines Grundstücks, das ihr ihres Wissens rechtmäßig gehörte. Aber nun wusste sie, dass sie das Geld, das ihr zustand, vergessen und sich um ihr Leben und ihre Heilung kümmern musste. Bevor sie mit den Ärzten einen Operationstermin vereinbarte, rief sie ihren Anwalt an und wies ihn an, die Klage zurückzuziehen. Sie nahm sich vor, nie wieder mit ihrem Exmann zu streiten.

Carola schilderte mir, wie erleichtert sie an jenem Tag gewesen sei. In dem Augenblick, da sie das Gespräch mit ihrem Anwalt beendete, habe sie gewusst, dass sie wieder gesund werden würde. Ihre Ressentiments gegenüber John hatten ihr nur Schmerz und Leid gebracht.

Carola musste erst mit einer tödlichen Krankheit konfrontiert werden, damit sie wieder zu leben beginnen konnte. Heute weiß sie, dass es ein schlechter Trost ist, zu gewinnen und Recht zu haben. Carolas einzige Hoffnung war es, sich zu ergeben und zu vergeben, und dies wurde die neue Basis ihres Lebens. Carola ist inzwischen wieder völlig gesund und sagt, sie habe sich in ihrem Leben nie besser gefühlt. Für sie haben andere Dinge Vorrang, und sie ist dankbar für jeden Augenblick ihres Lebens. Statt ihre Zeit mit Gesprächen mit Anwälten und mit juristischen Schriftsätzen zu vertun, sucht sie nun Liebe und Seelenfrieden. Ihre Tochter macht sich großartig, und sogar ihr zorniger Exmann überrascht sie oft mit einem Lächeln. Carola will leben, aber nicht nur das: Sie ist endlich mit sich zufrieden. Inzwischen leidet sie nicht mehr und kann die Geschenke ihres Lebens genießen.

Die Vergebung öffnete Carolas Herz der Liebe. Es musste erst eine tödliche Krankheit bei ihr diagnostiziert werden, damit sie erkannte, dass sie auf dieser Erde nur ein geringes Maß an Zeit zur Verfügung hatte und dass nur sie entscheiden konnte, wie sie sie nutzen wollte. Würde sie ihre kostbare Lebenskraft dem Menschen geben, der sie ihrer Meinung nach zum Opfer gemacht hatte? Würde sie auch nur noch eine wache Stunde damit verbringen wollen, über jemanden zu sprechen, der ihr weggenommen hatte, was ihr rechtmäßig zustand? Oder würde sie sich mit dem Verlust abfinden? John hatte etwas, das ihr gehörte. Sie hätte das Grundstück gern zurück gehabt, aber es war sicher nicht eine weitere Minute ihrer Zeit, nicht ein weiteres Telefongespräch und nicht einen einzigen weiteren Atemzug ihrer Lebenskraft wert. Zum ersten Mal in Carolas Leben ging ihr auf, wie kostbar jeder Augenblick ist. Jeder Atemzug wurde ein Grund zur Freude.

Für Carola war es die wichtigste Entscheidung ihres Lebens, die Klage gegen ihren Exmann zurückzuziehen. Sie gab ihren äußeren Kampf für einen inneren Gewinn auf. Sie tauschte ihren Zorn gegen Liebe, ihre Ressentiments gegen Vergebung. Und dafür wurde sie mit ihrem Leben belohnt. Heute ist sich Carola darüber im Klaren, was für ein Segen ihre Krankheit war. Sie muss sich keine Mühe geben, die andere Wange hinzuhalten. Es ehrt und erleichtert sie, hundertprozentig für ihr Leben und die Lehren, die es mit sich bringt, verantwortlich zu sein.

Das Leben ist voller Überraschungen

Anna reichte die Scheidung ein, als sie vierundvierzig war. Nach jahrelanger innerer Einsamkeit und als ihre Kinder fast erwachsen waren, fand Anna den Mut, ihren Mann zu verlassen. Sie hatte Fred bei zahlreichen Lügen ertappt, und eines Tages hatte sie den Beweis, dass er eine Affäre mit einer anderen Frau hatte. Diese Verletzung ihres Ehegelübdes und ihres

Vertrauens war mehr, als sie ertragen konnte. Eines Morgen nachdem Fred zur Arbeit gefahren war, packte Anna ihre Sachen und einige Sachen ihrer Kinder und zog in eine eigene Wohnung. Sie war entschlossen, sich der Kontrolle ihres Mannes zu entziehen, und begab sich zu einem Anwalt, wo sie über ihre Rechte aufgeklärt wurde, falls sie die Scheidung beantragen wolle.

Fred gefiel es gar nicht, dass seine perfekte kleine Welt zerbrach. Er besuchte Anna und flehte sie an, wieder nach Hause zu kommen und ihre Kinder zurückzubringen. Sie weigerte sich, und damit ging der Kampf los. Fred hatte genug Geld und Macht, um sich den besten Scheidungsanwalt der Stadt zu nehmen, und er machte sich daran, Druck auf Anna auszuüben, um sie auf diese Weise zurückzubekommen. Doch Anna gab nicht nach. Nach zwei Jahren und nachdem sie zigtausend Dollar an Anwaltskosten bezahlt hatte, bekam sie Unterhaltszahlungen, die kaum für Essen und Kleidung reichten.

Inzwischen hatte sie wieder zu studieren begonnen und wurde Zahnhygienikerin. Sie hatte einen anständigen Job, aber in den nächsten zehn Jahren musste Anna jeden Cent umdrehen – sie kam gerade so über die Runden und hatte nur wenig Geld für sich übrig. Sie wollte unbedingt, dass ihre Kinder all das hatten, was auch die anderen Kinder hatten. Und sie gab sich größte Mühe, ihnen bei den Schulaufgaben zu helfen.

Fred hielt sich aus der Erziehung der Kinder heraus, war aber noch immer verzweifelt, weil ihre Ehe in die Brüche gegangen war. An jedem Hochzeitstag schickte er Anna eine Karte und bat sie um Verzeihung. Er wollte unbedingt mit ihr zusammenkommen und mit ihr über alles sprechen, was geschehen war, und ihr ein Geschenk geben. Anna jedoch weigerte sich. Sie hatte die Tür zu diesem Teil ihres Lebens hinter sich geschlossen und absolut nicht die Absicht, Fred wieder an sich heranzulassen. Bei der Hochzeit ihres Sohns wie bei der Collegeabschlussfeier ihrer Tochter trat Fred an Anna heran und bat sie, ihm nur ein paar Minuten Gehör zu schenken. Er sagte, er wolle ihr etwas geben. Anna jedoch wandte sich wortlos ab.

Jahre vergingen, die Kinder gingen aus dem Haus, die Unterhaltszahlungen hörten auf, und Anna kam noch immer gerade so über die Runden. Sie war nie in der Lage, irgendeines der ausgefallenen Dinge zu tun, von denen sie träumte, etwa in die Oper zu gehen oder Reisen zu unternehmen.

Dann wurde Anna eines Tages von ihrer Tochter angerufen, die sie von Freds Tod unterrichtete. Er war mit zweiundsechzig an einem Herzinfarkt gestorben. Anna war freundlich und liebevoll gegenüber ihren Kindern, aber über den Verlust von Fred empfand sie keine Reue oder Trauer. Wochen später, nachdem das Testament eröffnet worden war, erschienen Annas Kinder unerwartet bei ihr. Sie hatten einen Brief dabei, den Fred an sie geschrieben hatte. Zunächst weigerte Anna sich, ihn sich anzusehen, aber auf Drängen der Kinder öffnete sie ihn schließlich und las das Folgende:

Liebe Anna,
nachdem ich viele Jahre lang darum gebetet habe, dass du mir nur fünf Minuten geben mögest, damit ich dir sagen könnte, wie Leid es mir tut, dass ich dir all die Schmerzen bereitet habe, schreibe ich dir diesen Brief. Ich war jung und dumm und bin nie über die Trennung unserer Familie hinweggekommen. Als ich den verwirrten Blick in den Augen unserer Kinder sah, wurde mir klar, was für ein großes Unrecht ich begangen hatte, als ich unser Ehegelübde brach. Nachdem ich versprochen hatte, mich um dich zu kümmern, bis der Tod uns scheidet, trauere ich darum, dass ich diese Chance vermasselt habe. Ich hätte dir dieses Geld nach dem zweiten Jahr unserer Scheidung gegeben, aber du wolltest mir ja nicht einen Augenblick schenken, um dir dies zu erklären, und ich wusste, du hättest es nie angenommen. Ich dachte, dein Herz würde nach den vielen Jahren weich werden, aber selbst bei Gregorys Hochzeit wolltest du mir nicht einmal in die Augen schauen. Als ich sah, wie du dich abstrampeltest, und da ich wusste, dass ich dir

alles hätte leichter machen können, verschlimmerte dies nur den Schmerz in meinem Herzen.

Wenn du diesen Brief liest, werde ich wissen, dass du mich überlebt hast und dass es zu spät ist, dir persönlich zu sagen, wie schwer mein Leben gewesen ist, seit du gegangen bist. Ich hoffe, dass du nun dieses Geschenk annehmen wirst, dass ich dir so gern gegeben hätte. Es steht dir rechtmäßig zu. Du wirst dich erinnern, dass uns deine Eltern bei unserer Hochzeit 10 000 Dollar als Starthilfe gegeben haben. Ich habe dieses Geld heimlich von unserem Konto abgehoben und in einen offenen Fonds investiert. Selbst während unserer Scheidung habe ich das für mich behalten. Diese Papiere sind inzwischen über 150 000 Dollar wert, und das gehört alles dir. Nun, da ich nicht mehr bin, hoffe ich, dass du dieses Geld nimmst und dir die wunderschönen Kleider kaufst, die du tragen solltest. Ich hoffe, du unternimmst eine Luxusreise an all die Orte, von denen du immer geträumt hast, und ich bete darum, dass dieses Geld dir die Sicherheit gibt, die ich dir so gern geboten hätte. Ich habe ein einsames Leben voller Reue geführt. Vielleicht wirst du mir nun vergeben, und ich werde in Frieden ruhen, weil ich weiß, dass ich endlich meine fünf Minuten mit dir allein sein konnte.

Bitte vergib mir jetzt und nimm, was dir gehört.

Voller Liebe und Reue,
Fred

Wenn wir uns weigern zu vergeben, hat dies zur Folge, dass wir uns selbst daran hindern, unerwartete Geschenke zu empfangen. Außerdem ist es äußerst schwierig, unseren Selbstwert zu erkennen, solange wir voller Ressentiments sind. Und wenn wir uns nicht für wert halten, glücklich zu sein, enthalten wir uns die alltäglichen Wunder vor, die auf jeden von uns warten. In unserer Psyche vereinen sich dann Scham und Groll zu einem schwierigen Tanz. Kein Mensch träumt davon, eines Tages voller Wut und Zorn zu sein. Wenn wir an unseren negativen Gefühlen festhalten, durchdringt zudem eine unbekannte Scham unser ganzes Sein und sabotiert unser Selbstwertgefühl. Was wir anderen antun, tun wir auch uns an. Die Ressentiments, an denen wir festhalten, um andere zu bestrafen, bestrafen am Ende uns selbst. Ständig auf den Vergehen anderer herumzureiten, beschwert unser Herz und mindert unsere Chancen, die ganze Freude zu erfahren, die das Leben zu bieten hat.

Unsere Herzen den Geschenken des Lebens öffnen

Wenn wir durch die Tür der Vergebung treten, tut sich eine neue Wirklichkeit auf. Jeremiah Abrams, der Autor von *Meeting the Shadow*, hat einmal gesagt: »Der erste Schritt, um alle Geschenke des Lebens zu empfangen, besteht darin, allen Menschen alles zu vergeben und sich selbst in diese Amnestie einzubeziehen. Wenn Sie nicht vergeben können, dann deshalb, weil Sie noch immer Ressentiments hegen, die Sie veranlassen, Ihr Herz zu schützen. Solange wir Ressentiments hegen, schotten wir unsere Herzen ab, und darum vermögen wir nicht zu empfangen.« Um die Geschenke des Universums zu empfangen, müssen wir unser Herz öffnen, um die Botschaften und die Führung unseres höheren Selbst vernehmen zu können. Erst dann sind wir bereit, alle Geschenke zu empfangen, die geduldig darauf warten, von uns angenommen zu werden.

Dies ist der Zeitpunkt zu beanspruchen, was rechtmäßig Ihnen gehört. Lassen Sie nicht zu, dass Ihre Ressentiments Sie im Schmerz Ihrer Vergangenheit verharren lassen. Geben Sie Ihr Leben nicht für jemanden auf, der Sie enttäuscht und verletzt hat. Lassen Sie sich nicht von Ihrer Trennung davon abhalten, die Liebe zu beanspruchen, die Sie verdienen, und das Leben, das Sie sich ersehnen.

»Niemand hat das Recht, Ihren Tag, geschweige denn Ihr Leben zu ruinieren. Und stellen Sie sich vor – das tut auch niemand außer Ihnen selbst«, sagt Gary Fenchuk, Autor von *Timeless Wisdom*. Jeder von uns ist für sein eigenes Glück verantwortlich. Niemand kann es uns wegnehmen. Wir selbst sind es, die unsere Macht, die Teile von uns abgeben – und dann werden wir zornig, wenn unser Partner uns verlässt und mitnimmt, was wir ihm gegeben haben.

Vergebung ist der kürzeste Weg zu Gott. Wir treten diese Reise an, indem wir eine Liste von allem anlegen, was wir uns selbst und unseren Partnern vergeben wollen. Hier ist zum Beispiel Robins Vergebungsliste:

ICH VERGEBE MIR …

Ich vergebe mir, dass ich nicht auf verantwortungsvolle Weise kommuniziert habe.

Ich vergebe mir meinen Zorn und dass ich Richard mit meinen Emotionen beleidigt habe.

Ich vergebe mir, dass ich Richard belogen habe, als ich sagte, Geld sei für mich nicht wichtig.

Ich vergebe mir meine Unzufriedenheit.

Ich vergebe mir, dass ich jemanden geheiratet habe, der in seinem Beruf keinen Erfolg hatte.

Ich vergebe mir, dass ich einen Mann heiratete, der unsicher war.

Ich vergebe mir, dass ich Richard nicht zugehört habe.

Ich vergebe mir, dass ich mich so viel gestritten habe.

Ich vergebe mir, dass ich meinen Instinkten nicht getraut habe.

Ich vergebe mir, dass ich Richard physisch verletzt habe.

Ich vergebe mir, dass ich es zuließ, dass meine Eltern meine Gefühle hinsichtlich meines Mannes beeinflussten.

ICH VERGEBE MEINEM PARTNER …

Ich vergebe Richard, dass er nicht in der Lage war, mir meinen Wunsch nach schönen Dingen zu erfüllen.

Ich vergebe Richard, dass er mir nicht mein Traumhaus gekauft hat.

Ich vergebe Richard seine Arroganz.

Ich vergebe Richard, dass er nicht wollte, dass ich mich bei meiner Familie aufhielt.

Ich vergebe Richard, dass er nicht mehr Zeit für Reisen, Theaterbesuche oder Schaufensterbummel hatte.

Ich vergebe Richard, dass er nicht mehr Zeit mit meinen Freunden verbracht hat.

Ich vergebe Richard, dass er so unsozial war.

Ich vergebe Richard seine Ansichten.

Ich vergebe Richard, dass er zu meiner Familie und meinen Freunden so gemein war.

Ich vergebe Richard, dass er keinen Erfolg hatte.

Ich vergebe Richard, dass er mir keine finanzielle Sicherheit geboten hat.

Robin und Richard erstellten ihre Vergebungslisten getrennt, aber wie Sie sehen werden, weisen sie viele Ähnlichkeiten auf. Beide hegten Ressentiments, die ihre gemeinsamen Probleme widerspiegelten. Richards Liste sah etwa so aus:

ICH VERGEBE MEINER PARTNERIN ...

Ich vergebe Robin, dass sie wütend auf mich war.

Ich vergebe Robin, dass sie auf Partys sexuell aufreizend getanzt hat.

Ich vergebe Robin, dass sie reichen Leuten in den Hintern gekrochen ist.

Ich vergebe Robin, dass sie sich nicht um ihre Sachen gekümmert hat.

Ich vergebe Robin, dass sie Strafzettel bekommen, Unfälle verursacht und unsere Autoversicherung gekündigt hat.

Ich vergebe Robin, dass sie sinnlos Geld verschwendet hat.

Ich vergebe Robin, dass sie nicht auf mich gehört hat.

Ich vergebe Robin, dass sie so schwülstig war.

Ich vergebe Robin, dass ich mich mit langweiligen Leuten abgeben musste.

Ich vergebe Robin, dass sie mich dann unsozial genannt hat.

ICH VERGEBE MIR ...

Ich vergebe mir, dass ich Robins Eltern nicht mochte.

Ich vergebe mir, dass ich mit ihren Freunden keinen Umgang haben wollte.

Ich vergebe mir, dass ich ihr kein Geld gegeben habe.

Ich vergebe mir, dass ich ihr nicht die Geschenke gekauft habe, die sie sich wünschte.

Ich vergebe mir, dass ich auf sie wütend war.

Ich vergebe mir, dass ich krank wurde.

Ich vergebe mir, dass ich ihr Sex und Zuneigung vorenthalten habe.

Ich vergebe mir, dass ich ein Workaholic bin.

Indem wir unsere Vergebungsliste für uns wie für unseren Partner erstellen, sind wir bereit, darum zu bitten, dass die göttliche Gnade sich einschaltet und uns unseren Zorn, unsere Trauer und unsere Reue nimmt.

Nachdem sich Pauline und Isaac drei Jahre lang bemüht hatten ihre Ehe zu retten, beschlossen sie, ihre Beziehung zu beenden. Pauline hatte jahrelang emotionale Schmerzen ertragen und versucht, »sich zu bessern«, nur um an einer hoffnungslosen Situation festzuhalten. Isaac war immer schon mit einem Fuß aus der Tür, und Pauline war nun so weit, endgültig Lebewohl zu sagen. Paulines Therapeutin und ich arbeiteten zusammen, um ihr dabei zu helfen, ein Scheidungsritual zu schaffen, das ihre Trennung besiegeln würde. Ich schlug vor, sie solle Isaac einen Brief schreiben und ihm darin alles sagen, was sie unausgesprochen auf dem Herzen hatte. Hier ihr Brief:

Lieber Isaac,
es ist schon merkwürdig, dass ich dir dies schreibe, da ich glaubte, ich hätte dir schon vor ewigen Zeiten meinen letzten Brief geschrieben. Ich muss das für mich tun, und ich hoffe, es wird dir helfen zu verstehen, was ich wirklich fühle.

Wir haben wunderbare Zeiten miteinander erlebt. Jetzt bin ich mir sicher, dass ich dich liebe, und genauso sicher kann ich sagen, dass ich nicht in dich verliebt bin. Du warst mein bester Freund, und ich hätte diese Reise nie ohne dich machen können. Du fehlst mir schrecklich. Es ist manch-

mal so schwer, dass ich nicht mehr mit dir reden kann. Ich hoffe dass es dir gut geht, dass du glücklich bist.

Ich möchte dir dafür danken, dass du für mich eingetreten bist, als kein anderer dies tat. Dass du da warst. Ich möchte dir dafür danken, dass du dir jahrelang mein Schimpfen und Wüten angehört hast, auch wenn es dir zuweilen Angst gemacht hat. Du bist geblieben. Ich danke dir. Du und ich, wir waren ein großartiges Team. Wir wussten, dass wir uns in vielerlei Hinsicht ergänzen konnten. Als ich ganz unten war, hast du an mich geglaubt – was für eine Ehre. Ich danke dir. Ich habe Berge in mir versetzt, und jetzt ist die Zeit gekommen, dir dafür zu danken, dass du ein großer Teil meiner Energie gewesen bist. Bitte vergib mir alle Worte, mit denen ich dich verletzt habe, jedes Verhalten, das dir Angst gemacht hat. Ich spreche dich von jeder Schuld frei, die du empfinden könntest. Du hast mich nicht verletzt. Dir verdanke ich es, dass ich mich zutiefst kennen gelernt habe. Jetzt muss ich mein Leben selbst in die Hand nehmen. Ich werde dich nie vergessen.

In Liebe, Pauline

Pauline schrieb diesen Brief um ihrer selbst willen. Sie musste Lebewohl sagen, um ein Abschlussritual zu schaffen. Es war nicht nötig, dass sie den Brief auch abschickte. Die Befreiung, die sie brauchte, geschah, als sie die Worte niederschrieb und zuließ, dass sie ihre tiefsten Emotionen empfand, ohne sich selbst zu zensieren. Nun musste sie nur noch sich selbst vergeben. Ich schlug Pauline vor, einen Vergebungsbrief an sich selbst zu schreiben:

Liebe Pauline,
ich kenne keinen Menschen, der härter gegen sich selbst ist als du. Du hast dich kritisiert und gescholten und dir das Gefühl vermittelt, minderwertig zu sein. Du hast dich damit der Möglichkeit beraubt, sehr glücklich zu sein und unglaublich liebevolle Beziehungen einzugehen. Du hast dich deiner Familie und deinen Freunden entfremdet. Dein

Selbstekel hat dich so weit getrieben, dass du alles, was du hattest, weggegeben hast, in finanzieller wie in emotionaler Hinsicht, nur um ein bisschen Liebe zu bekommen. Wenn ich davon gewusst hätte, hätte ich deine innere Gewalt schon vor langer, langer Zeit gestoppt.

Doch erst seit kurzem weiß ich, was für schwere Vergehen diese Akte gegen dich selbst waren. Es tut mir so Leid, Pauline, dass ich das nicht früher erkannt habe. Wie grausig, dass ich alldem so nahe war und es nicht bemerkt habe.

Wir erkennen die Gewalt und Zerstörung häufig nicht, wenn sie nicht nur gleich nebenan geschehen, sondern mitten in uns selbst.

In diesem Augenblick, während du hier in all deiner Pracht und Herrlichkeit stehst, entschuldigst du dich bei dir selbst. Du hast es nicht verdient, so fertig gemacht, so aller Liebe beraubt zu werden. Du hättest es verdient, geliebt, geehrt, geachtet und genährt zu werden. Es tut mir so Leid, dass ich dir all diese Dinge genommen habe. Du hast etwas Besseres verdient.

Ich danke dir dafür, dass du dich genug liebst, um für deine ureigenen Rechte zu kämpfen, denn sie stehen dir zu. Du hast Recht, Gott ist ein liebendes Wesen. Er will nicht, dass du leidest, er will, dass du liebst, geliebt wirst und Liebe fühlst. Ich danke dir, dass du endlich zulässt, dass ich dies nach einer harten, gewaltsamen Reise erkenne.

Bitte vergib mir. Ich liebe dich.

Pauline

Unserem Partner *und* uns selbst zu vergeben ist für eine bewusste Trennung unabdingbar. Nur wenn wir bereit sind, die Verantwortung für unsere Ressentiments zu übernehmen und sie uns zu Eigen zu machen, können wir heilen. Vergebung zu üben ist eine Lebensweise. Täglich müssen wir die Augen schließen und beten, dass jedem, der uns geschadet hat, vergeben werde. Das geschieht nicht über Nacht, und wir müssen zuerst die innere Arbeit leisten, bevor wir auch nur den Versuch machen, Vergebung zu finden.

Vergebung können Sie nicht erzwingen – sie ist Teil eines Prozesses. Sie müssen die Verletzung spüren, die Ihre Wunde verursacht hat, und den Zorn abreagieren, der in Ihnen aufstieg, um die Verletzung zu schützen. Vergebung ist die Tür zwischen Ihrer Vergangenheit und Ihrer Zukunft. Wenn Sie sich dafür entscheiden, an Ihrem Zorn und Ihren Ressentiments festzuhalten, werden Sie weiterhin ein Leben der Vergangenheit führen. Dann können Sie getrost damit rechnen, dass immer wieder das Gleiche geschieht. Aber wenn Sie den Mut haben, die Tür der Vergebung zu öffnen, bekommen Sie die Chance, einen neuen Raum und eine neue Wirklichkeit zu betreten und sich eine Wirklichkeit zu schaffen, die voller Liebe, Mitgefühl und Leidenschaft fürs Leben ist. Dann sind Sie bereit, eine Zukunft herbeizuführen, die aus dem entsteht, was Sie wollen, statt aus dem, was Sie nicht wollen.

Schritte zur Heilung

1. Erstellen Sie eine Liste aller Verhaltensweisen und Vorfälle, die Ihnen vergeben werden sollen. Legen Sie eine weitere Liste aller Verhaltensweisen und Handlungen an, die Sie Ihrem Partner vergeben wollen.

2. Nachdem Sie Ihre Listen geschrieben haben, sprechen Sie ein Gebet, in dem Sie um Vergebung für sich und Ihren Partner bitten. Legen Sie dann Ihre Listen in einem verschlossenen Umschlag auf Ihren Altar neben eine Sieben-Tage-Kerze. Zünden Sie diese Kerze jeden Tag an, mit der Absicht, am Ende des siebten Tages von Ihren Ressentiments frei zu sein.

3. Erstellen Sie eine Liste aller Menschen, denen Sie etwas übel nehmen, und schreiben Sie auf, was Sie ihnen vergeben müssen. Bitten Sie Gott darum, Sie darin zu unterstützen, ihnen völlige und totale Amnestie zu gewähren.

Das Gesetz der Schöpfung

11 Gewinnen Sie Ihr göttliches Licht zurück

Erst Regen und Sonnenschein zusammen ergeben einen Regenbogen.

ANONYM

Das Gesetz der Schöpfung leitet uns an, uns eine neue Zukunft zu erschaffen, die auf göttlicher Wahrheit gründet. Statt in der beschränkten Wirklichkeit unseres kleinsten Gedankens gefangen zu sein, können wir nun in der grenzenlosen Freiheit unseres größten Traums leben. Nachdem wir unsere dunkelsten Eigenschaften angenommen haben, ist es nun an der Zeit, unser Licht, unser liebendes, mitfühlendes, schöpferisches Selbst zu beanspruchen. Denn erst wenn wir unsere Dunkelheit und unser Licht gleichermaßen annehmen, bekommen wir Zugang zu unserem ganzen Selbst. Und erst wenn wir Zugang zu allem haben, was wir sind, können wir die höchste Bestimmung unserer Seele leben und auf natürliche Weise die kostbaren Geschenke zum Ausdruck bringen, die wir in uns tragen.

Das Gesetz der Schöpfung sagt uns, dass die Vergebung alle Bande zerreißt, die uns an die Vergangenheit fesseln. Als ich in die Freiheit der Vergebung eintrat, nahm mein Leben eine andere Struktur an. Die Tage waren vorbei, in denen ich ein Sklave des bitteren Dialogs gewesen war, der von meinem Geist Besitz ergriffen hatte. Eine neue Art von Freiheit begann in mir zu entstehen, nach der ich mich lange gesehnt hatte. Zwar hatte sich nichts an meinen äußeren Umständen geändert, und doch sah alles ganz anders aus. Eine neue Leichtigkeit durchdrang jede Zelle meines Wesens. Im Innersten wusste ich, dass alles in Ordnung sein würde und ich endlich mein Leben weiterführen konnte. Ich war mir darüber im Klaren, dass all meine Sorgen und Zweifel ein Ergebnis meiner beschränkenden Überzeugungen waren. Eine neue Wahrheit hatte sich eingestellt: Ich war auf der Welt sicher.

Nun konnte ich den schweren Panzer fallen lassen, den ich mir zugelegt hatte, um mich vor meinem angeblichen Gegner zu schützen. Nachdem ich diesen Panzer abgelegt hatte, verschwand die über mir schwebende schwere, dunkle Wolke, und an ihrer Stelle kamen Liebe und Dankbarkeit zum Vorschein, was für ein Glück ich doch hatte, auf dieser Erde geboren worden zu sein. Mein ständiges Stirnrunzeln wurde von einem Lächeln abgelöst, und meine düstere Stimmung wandelte sich in eine freudige Dankbarkeit, ein Kind Gottes zu sein.

Nichts hätte mich auf den ungeheuren Verlust und die Dunkelheit vorbereiten können, die ich durchmachte, um mich von meiner Trennung von Dan zu heilen. Tagtäglich stellte ich meine Entscheidungen in Frage. Selbst wenn ich mir vollkommen klar darüber war, dass ich die richtige Entscheidung getroffen hatte, schwand diese Gewissheit oft einen Augenblick später und wurde von Selbstzweifeln abgelöst.

Aber nun stand ich an einem neuen Ort, in einem neuen Land und sah mich auf einer Erde um, die ich nie zuvor gesehen hatte. Diese neue Erde war nicht der trockene, harte Grund, den ich zuvor gekannt hatte, sondern vielmehr ein reicher, fruchtbarer Boden voller unbegrenzter Möglichkeiten. Ich erkannte, dass es Sinn und Zweck meiner langen und schmerzlichen Reise war, den Boden meines Bewusstseins zu bestellen. Ich musste das Unkraut und andere Schmarotzer loswerden, die meiner Lebenskraft die wichtigen Nährstoffe entzogen hatten. Und nun, da ich diesen Prozess abgeschlossen hatte, stand ich auf reichhaltigem, fruchtbarem Grund. Mein Bewusstsein war geläutert, und ich war bereit, die Samen meiner Wünsche zu säen und die Geschenke zu empfangen, die das Leben mir darbringen wollte.

Ich stand da und staunte über die Erkenntnis, dass ich genau dort stand, wo ich sein sollte, und dass jede Verstimmung, jede Enttäuschung und jede unerfüllte Erwartung mich zu diesem heiligen Augenblick gebracht hatten.

Es war ebenso faszinierend wie unheimlich, weil ich niemals gedacht hätte, dass ich so sein konnte. Etwas so Grundlegendes an meinem alten Selbst hatte sich verändert, dass ich nun die Chance hatte, mich neu kennen zu lernen. Endlich war ich aus den einengenden Wänden meines emotionalen Kokons ausgebrochen. Der Umstand, dass ich mich aus meinen inneren und äußeren Kämpfen befreit hatte, erinnerte mich an eine ergreifende Geschichte. Ein Mann findet auf einem Spaziergang eine Raupe in ihrem Kokon. Neugierig hebt er sie auf und nimmt sie mit nach Hause, damit er zuschauen kann, wie daraus ein wunderschöner Schmetterling schlüpft. Tage später tut sich eine kleine Öffnung auf, und mehrere Stunden lang quält sich die Raupe ab, kann aber ihren Körper anscheinend nicht über einen bestimmten Punkt hinaus bewegen.

Da der Mann der Meinung ist, dass etwas nicht stimmt, holt er eine Schere und schneidet den verbleibenden Kokon auf. Augenblicke später schlüpft der Schmetterling leicht heraus, und sein Körper ist groß und geschwollen. Seine Flügel hingegen sind klein und verschrumpelt. Der Mann sitzt daneben und erwartet, dass sich die Flügel in ein paar Stunden in ihrer natürlichen Schönheit entfalten werden, aber das tun sie nicht. Statt sich zu einem Lebewesen zu entwickeln, das frei herumfliegen kann, verbringt der Schmetterling sein Leben damit, sich mit einem geschwollenen Körper und verschrumpelten Flügeln herumzuschleppen.

Der Kampf des Schmetterlings, dem beengenden Kokon zu entschlüpfen und durch die winzige Öffnung zu gelangen, ist die Art und Weise, wie Gott Flüssigkeit aus seinem Körper in die Flügel fließen lässt. Der »barmherzige« Schnitt des Mannes war in Wirklichkeit grausam. Wenn wir leiden und uns aus unserem Schmerz herausbewegen wollen, wünschen wir uns, jemand möge kommen und uns retten, aber in Wahrheit gibt uns genau dieser Kampf das, was wir brauchen, um uns zu den herrlichen Lebewesen zu entwickeln, als die wir geboren wurden. Während meiner Scheidung wurde mir klar, dass alles so war, wie es sein sollte, und dass ich jeden großen wie kleinen Kampf durchstehen musste, um fähig zu werden, meine göttlichen Flügel auszubreiten und zu fliegen.

Seit ich mich zu dem Menschen entwickelt habe, der ich nun bin, ist kein Tag vergangen, an dem ich Gott nicht für alles gedankt habe, was ich bin und was ich habe. Ich bin unermesslich reich, da ich von einem unerschütterlichen Wissen erfüllt bin, dass es einen Gott gibt und dass dieses alles liebende, mitfühlende Wesen mich wirklich liebt. Nun lebe ich in der Wahrheit, dass wir als einzigartige Individuen geboren sind, die sich von allen anderen im gesamten Universum unterscheiden. Jeder Mensch hat ausnahmslos eine besondere Bestimmung und einen besonderen Platz auf dieser Erde.

Niemand kann das, was Sie tun können, genauso wie Sie tun. Jeder Fingerabdruck ist anders, weil jeder Mensch einzigartig ist. Jede Seele besitzt einen individuellen Kompass, der sie zu den einzigartigen Lebensumständen führt, die sie am besten darin unterstützen, die Herrlichkeit Gottes auf dieser Erde zu offenbaren. Auf Sie kommt es an. Was Sie tun, wie Sie handeln und welche Entscheidungen Sie treffen – das alles zählt. Sie sind ein wichtiger Teil der Menschheit und ein wertvolles Stück dieser Erde. Wenn Sie wüssten, dass Sie etwas Besonderes sind, würden Sie vor Freude zum Fenster hinausschreien.

Eine Kindergärtnerin meines Sohns hat das sehr schön veranschaulicht. Am ersten Kindergartentag gab Mrs. Knight allen Kindern, die hereinkamen, ein Puzzleteil mit einer Nummer darauf. Nacheinander rief sie dann jedes Kind auf, ihr sein Puzzleteil zu bringen, und Mrs. Knight legte es an die richtige Stelle in dem Papprahmen, der das Puzzle zusammenhielt. Es gab zwanzig Kinder und zwanzig Puzzleteile. Als Mrs. Knight schließlich die Nummer 20 aufrief, war das Puzzlebild bis auf ein Teil fertig – der kleine Junge, der die Nummer 19 hatte, fehlte an diesem Tag, und damit die Gruppe die ganze Schönheit des Bildes erkennen konnte, brauchte sie ihn. Auf diese Weise zeigte Mrs. Knight den Kindern, wie wichtig jedes von ihnen war, um das Ganze zu vervollständigen.

Ich saß da und hatte Tränen in den Augen, während ich über den wichtigen Beitrag nachdachte, den jeder von uns für die ganze Menschheit leistet. Jeder von uns steuert ein wichtiges Teil bei, welches das Bild des Lebens vervollständigt. Solange wir in der Vergangenheit verharren, ist es uns beinahe unmöglich, unser Puzzleteil zu beanspruchen und es dort hinzulegen, wohin es gehört. Doch sobald wir uns dafür entscheiden, die Mission unseres Lebens zu übernehmen, steuern wir ein einzigartiges Teil dieses erstaunlichen Puzzles der Erde bei.

Sie und ich, wir verfügen über einen freien Willen. Wir haben das Recht zu wählen, ob wir unser einzigartiges Teil zum Puzzle des Universums beisteuern oder lieber davonlaufen. Ich bin überzeugt, wenn Sie daran arbeiten, sich auf der tiefsten Ebene zu heilen, werden Sie sich in den Menschen verlieben, der Sie werden. Sie werden nicht nur das Gefühl haben, würdig zu sein, Ihre einzigartigen Gaben auszudrücken, sondern leidenschaftlich ihre Rolle hier auf Erden ausfüllen. Eine spirituelle Trennung kann Sie darin unterstützen, Ihr einzigartiges Puzzleteil zu entdecken und beizusteuern.

Wie die meisten Menschen habe ich mich seit frühester Kindheit danach gesehnt, etwas Gutes auf der Welt zu tun. Doch obwohl ich dieses Verlangen hatte, gab es immer irgendwelche Umstände, Gründe und Ausreden, die mich davon abhielten, meine Träume zu verwirklichen. Meine Scheidung gab mir den letzten Schub, den Kokon meiner Unsicherheit zu verlassen. Nun war ich für mich und meinen kleinen Sohn verantwortlich, und darum musste ich meine Flügel ausbreiten, wenn ich fliegen wollte.

Hätte jemand meinen Kokon zerschnitten, indem er mich von diesem Schmerz erlöste, wäre ein anderer Mann gekommen, um mich zu retten, hätte ich aus meiner Scheidung genügend Geld herausgeholt, um davon viele Jahre lang ein angenehmes Leben zu führen, dann wäre ich nie aus dem Kokon meiner beschränkenden Überzeugungen herausgekommen. Hätte ich bekommen, was mein kleines Ich wollte – nämlich finanzielle und emotionale Sicherheit –, dann hätte ich nie den letzten Schub erhalten und mein volles Potenzial entfaltet. Meine Scheidung war der Katalysator, der mir dazu verhalf, meine Geschenke mit der Welt zu teilen.

Mich dafür zu engagieren, meine Geschenke mit der Welt zu teilen, ist die größte Leistung meines Lebens. Die Belohnungen wiegen hundert Mal mehr als die Risiken. Nach all den Jahren des Schmerzes und des Leidens erlebe ich endlich das gute Gefühl, mein Teil zu beanspruchen. Es fühlt sich richtig gut an, hineinzupassen und zu tun, was meine Seele so gern tun möchte. Meinen Willen gegen den Willen Gottes einzutauschen war die beste Investition, die ich je gemacht habe. Es vergingen viele Jahre, in denen ich Widerstand leistete und kämpfte, schrie und um mich trat, nur weil mein Ich unbedingt Recht haben und gewinnen wollte. Aber heute kann ich Ihnen sagen, wenn auch erst im Nachhinein, dass mein Ich die meiste Zeit falsch gehandelt hat. So sehr ich mich bemühte zu gewinnen, verlor ich doch die meisten großen Kämpfe, die ich ausgetragen habe. Ich verlor in der Liebe, ich verlor jahrelang meinen Kampf gegen die Drogenabhängigkeit, ich verlor im Beruf und ich verlor bei meinen Freunden. Aber all meine Niederlagen waren notwendig, um endlich dahinzugelangen, dass es mir nichts mehr ausmacht zu verlieren. Sich abzufinden ist ein Segen, und heute ist es mir lieber, glücklich zu sein als Recht zu haben. Ich verliere lieber viele kleine Schlachten, gewinne aber den Krieg. Wie sich herausstellte, führte ich keinen Krieg gegen die Welt, sondern in mir. Der Friedensvertrag musste zwischen meinem Ich und meiner Seele geschlossen werden.

Das Universum erteilt uns immer neue Lehren und führt uns durch die Herausforderungen unseres Lebens. Jede Veränderung im Leben gibt uns eine neue Chance, uns nach unserer Seele auszurichten, jenem Teil von uns, der mit allem, was ist, und allem, was je sein wird, verbunden ist. Wenn wir uns nach unserer Seele ausrichten, leitet uns unser Herz an, in jedem Augenblick die höchsten Entscheidungen für unsere Entwicklung zu treffen.

Uns nach unserer Seele ausrichten

Nun fragen Sie sich vielleicht: »Woher soll ich den Unterschied zwischen meinem Ich und meiner Seele kennen?« Im Grunde ist es ganz einfach. Ihr Ich weiß immer, Ihre Seele braucht nicht zu wissen. Ihr Ich lebt in Angst, Ihre Seele im Vertrauen. Ihr Ich leistet Widerstand, wenn nicht alles nach seinem Willen geht, Ihre Seele ergibt sich, im Vertrauen darauf, dass der Fluss des Lebens Sie genau dort hinbringen wird, wohin Sie gelangen müssen. Ihr Ich verharrt in der Vergangenheit, Ihre Seele lebt in der Gegenwart, in dem tiefen Wissen, dass es nur diesen einen Augenblick gibt. Ihr Ich wird alles tun, um Recht zu haben, Ihre Seele weiß, dass sie aus all den Zeiten, da Sie Unrecht haben, Kraft, Wissen und Weisheit gewinnt. Ihr Ich ist ernst, Ihre Seele ist leicht und fröhlich. Ihr Ich macht anderen Vorwürfe, Ihre Seele übernimmt die volle Verantwortung dafür, dass Sie jeden Umstand selbst mit herbeigeführt haben. Ihr Ich verharrt im Urteilen, Ihre Seele tröstet Sie mit Mitgefühl.

Die meisten Menschen stehen vor dem Dilemma, entscheiden zu müssen, welchem Weg sie folgen sollen. Es ist ja so bequem, dem vertrauten Weg des Ichs zu folgen. Es redet uns ein, dass wir sicher sind, wenn wir bleiben, wo wir sind. Selbst wenn wir in Schwierigkeiten geraten, weil wir auf die Stimme unseres Ichs gehört haben, ist es zumindest ein Gefährte, mit dem wir rechnen können. Aber um in die Welt jenseits unseres Ichs zu gelangen, müssen wir den Weg des Universums einschlagen. Wir müssen dem universalen Kompass unseres Lebens folgen und darauf vertrauen, dass wir an dem Ort, der eigens für uns vorgesehen ist, bekommen werden, was wir brauchen, und die Befriedigung erlangen, nach der wir suchen.

Ich schreibe heute an diesem Buch, weil mich meine Seele

dazu gebracht hat, dies zu tun. Nirgendwo im Plan meines Egos für mein Leben gab es ein Buch mit dem Titel *Trennung als Chance*. Aber eines Tages, als ich gerade eine sehr harte Zeit durchmachte, fand ich Ruhe in der Meditation und fragte Gott: »Warum geschieht dies? Welche Lehre soll ich daraus ziehen? Wie wird diese Erfahrung mir dabei helfen, ein besserer Mensch zu werden?« Mühelos erfolgte die Antwort. Ich wusste, eines Tages würde ich meine Erfahrungen dazu nutzen, anderen zu helfen. Und da ging mir auf, dass die Scheidung meiner Eltern und nun meine eigene mir genau die Erfahrungen vermittelten, die nötig waren, um dieses Engagement zu verwirklichen.

Vier Jahre vergingen, nachdem der erste Same zu diesem Buch in mein Bewusstsein gepflanzt war, bis ich die erste Seite schrieb. Warum diese Verzögerung? Ein Trennungsbuch zu schreiben passte nicht in meine Vorstellung von dem, was ich tun sollte. Aber nun, da ich mich dem Ende dieses wunderbaren Prozesses nähere, ein Buch herauszubringen, kann ich Ihnen versichern, dass ich mich nie besser oder stärker gefühlt habe. Nie zuvor habe ich mich so sehr im Einklang mit dem Universum gefühlt, und nichts hat die Richtung meines Lebens so sehr verändert.

Sich Gottes Plan ergeben

Gottes Plan sieht nicht immer so aus, wie er unserer Meinung nach aussehen sollte. Ja, die meisten Menschen, die sich an die Annehmlichkeiten ihrer Seelenarbeit gewöhnt haben, würden wahrscheinlich erklären, sie hätten erst gewusst, wohin sie gingen, als sie angekommen waren. Der Erzieher und Autor Joseph Campbell hat einmal gesagt: »Sie müssen das Leben loslassen, das Sie geplant haben, um das Leben zu führen, das auf Sie wartet.«

Um dem Weg unserer Seele zu folgen, müssen wir bereit sein, unser Selbstbild aufzugeben, und uns ins Unbekannte und Unvertraute fügen. Wir müssen das Risiko eingehen, alles, was wir wissen, aufzugeben. Die innersten Überzeugungen, die uns in unsere gegenwärtigen Umstände getrieben haben, werden so lange intakt bleiben, bis wir sie demontieren. Dazu Charles Dubios: »Am wichtigsten ist es, dass Sie in jedem Augenblick in der Lage sind, das, was Sie sind, für das zu opfern, was Sie werden können.«

Die einzige Möglichkeit, dies zu tun, besteht darin, dass ich die Idealvorstellung, die mein Ich von mir hat, aufgebe. Mein Ich ist an das gebunden, was ich zu sein glaube. Meine Seele weiß, dass ich alles bin. Meine Seele weiß, dass ich mehr bin als mein Körper, meine Erfahrungen oder meine Referenzen, und solange ich das Beste, das in mir ist, hervorbringe, werde ich die Herrlichkeit eines zufriedenen und erfüllten Lebens genießen.

Nehmen Sie Ihr Licht an

Um Ihr höchstes Potenzial zu entdecken und zum Ausdruck zu bringen, müssen Sie Ihr Licht genauso annehmen, wie Sie Ihre Dunkelheit angenommen haben. Ihr heller Schatten ist das Gegenteil Ihres dunklen Schattens, und indem Sie ihn beanspruchen, tun Sie den nächsten Schritt in Ihrer persönlichen Entwicklung.

Während Ihr dunkler Schatten die Person ist, die Sie lieber nicht wären, wird Ihr heller Schatten von den Menschen repräsentiert, von denen Sie inspiriert werden. Wir können unsere verleugneten positiven Eigenschaften finden, indem wir außerhalb von uns die Menschen betrachten, die wir bewundern, die wir lieben und denen wir nacheifern. Wenn Sie nach draußen schauen, können Sie sich im Spiegelbild anderer Menschen erblicken. So, wie wir einen Großteil unserer Dunkelheit verdrängt haben, haben wir auch einen Großteil unseres Lichts versteckt. Wir verbergen unser Licht aus Angst, zu kühn zu sein, zu laut zu träumen, oder aus der Überzeugung heraus, wir würden es nicht verdienen, unsere ganze Größe zum Ausdruck zu bringen.

Sie müssen jedoch daran denken, dass Sie alles sind – außerhalb von Ihnen gibt es nichts, was Sie nicht selbst sind.

Als ich verstand, was es bedeutet, ganz zu sein, trat ich die aufregende Reise an, nach mir selbst in anderen zu suchen. Immer, wenn sich die Gegenwart von jemandem auf eine positive Weise auf mich auswirkte, wenn ich Freude, Erregung oder gar einen nagenden Neid empfand, versuchte ich die besonderen Eigenschaften dieses anderen Menschen zu ermitteln, die für mich so anregend waren. Ich schrieb die Namen von drei Menschen auf eine Liste, die Eigenschaften verkörperten, die auch ich in mir hervorbringen wollte. Ich hielt meine Schwester Arielle für eine schwer arbeitende, inspirierende Frau mit einer ausgeprägten Fähigkeit, ihre Aufmerksamkeit auf eine Sache zu konzentrieren. Ich liebte die Schriften von Emmet Fox, der mir so weise, verständnisvoll und aufrichtig erschien. Und als ich vor Amachi saß, einer spirituellen Lehrerin, die von vielen für eine lebende Heilige gehalten wird, war ich bewegt von ihrem Mitgefühl, ihrer selbstlosen Bereitschaft zu dienen und von ihren philanthropischen Bestrebungen.

Nun lag mir also eine anregende Liste von Eigenschaften vor, die lauter unentdeckte Teile von mir waren, die nur darauf warteten, geboren zu werden. Dies waren die besonderen Eigenschaften, die ich erkennen musste. Sie fielen mir ins Auge wie glänzende Schmuckstücke. Ich begriff, dass diese positiven Eigenschaften, die ich in anderen Menschen erkannte, geschliffene Versionen der gleichen Eigenschaften waren, die in roher Form in mir lagen. Meine Schwester konnte ihren inneren Fokus nahezu hundertprozentig auf eine bestimmte Sache oder ein Ziel ausrichten. Das sah man deutlich an der Art und Weise, wie sie ihr Leben führte. Meine eigene Fähigkeit dazu war wie ein Rohdiamant, der bergmännisch gewonnen und geschliffen werden musste. Alle Dinge, die ich an anderen Menschen bewunderte, waren Teile von mir, die darauf warteten, aus meinem Unbewussten herausgeholt zu werden. All diese Menschen waren Spiegel, die mich mir zeigten, und wenn ich die wesentlichen Aspekte des

Menschen, der ich bin, nicht in Anspruch nahm, würden sie unberührt bleiben.

Die Suche nach meinen verborgenen Juwelen wurde ein aufregendes Abenteuer, denn jedes Mal, wenn ich etwas in einem anderen Menschen fand, das ich liebte, konnte ich einen weiteren Teil von mir in Anspruch nehmen. Ich wusste, wenn ich mich dafür entschied, mutig zu sein und die Eigenschaften anzunehmen, die ich bewunderte, wäre mir für immer meine eigene Größe gegenwärtig.

Die Eigenschaften, die ich in anderen wahrnahm, vermittelten mir ein deutlicheres Bild dessen, wozu ich in meiner höchsten Ausdrucksform fähig bin. Ich schloss die Augen und atmete tief durch, um die Möglichkeit zu verinnerlichen, dass jeder Charakterzug, den ich an anderen liebte, schlicht ein Teil von mir war. Wenn ich diese Eigenschaften – schwer arbeitend, inspirierend, fokussiert, weise, verständnisvoll, herzlich, mitfühlend, menschenfreundlich und selbstlos – selbst verkörpern wollte, bedurfte es nur einer bewussten Wahrnehmung und ein wenig Arbeit.

Als ich mit dieser Überprüfung meines Lebens begann, glaubte ich nicht, irgendeine dieser Eigenschaften tatsächlich zu besitzen. Doch aus unerfindlichen Gründen sehnte ich mich danach, sie zum Ausdruck zu bringen. Später entdeckte ich, dass die in mir entzündeten Eigenschaften das Geheimnis waren, das mein Potenzial weckte. Alles, was ich an anderen Menschen wahrnahm und das zu sein ich mir je ersehnt hatte, strahlte direkt in meine Seele, und nun, da ich dies entdeckt hatte, musste ich es nur noch für mich beanspruchen.

Inspiriert sammelte ich alle Eigenschaften, die sich in meiner höchsten Vorstellung von mir selbst widerspiegelten. Ich erstellte eine Liste mit den Maßnahmen, die ich ergreifen konnte, um diese Qualitäten aus mir herauszuholen und zu pflegen. Zuerst suchte ich nach meinem verständnisvollen Selbst. Ich schloss die Augen und fragte: Wie kann ich mehr Verständnis für andere haben? Mein erster Gedanke war, dass ich zunächst einmal mehr Rücksicht auf den Standpunkt anderer Menschen nehmen könnte. Ich schrieb alles auf, was ich tun könnte und was im Einklang mit dem stand, wie sich meiner Meinung nach ein verständnisvoller Mensch verhielt. Wenn ich mitfühlender sein wollte, musste ich mich einfach nur in andere Menschen hineinversetzen, um das Mitgefühl hervorzubringen, das in mir schlummerte.

Der Gedanke erregte mich, ich könnte menschenfreundlich sein und tausenden von Menschen helfen, die weniger glücklich waren als ich. Ich begann Geld für eine gute Sache zu spenden, die mich ansprach, und obwohl meine Spenden bescheiden waren, trugen sie doch als solche dazu bei, dass ich den philanthropischen Aspekt von mir in Besitz nahm. Mit geschlossenen Augen fragte ich mich: Was würde ich tun, wenn ich fokussierter wäre? Die Antwort lautete schlicht: Ich würde aufhören müssen, im Negativen meiner Vergangenheit zu verharren, und meine gesamte Aufmerksamkeit auf einen Plan für meine Zukunft richten. Mehr brauchte ich nicht zu hören, und schon konnte ich damit beginnen, mir Unterstützung für ein kühnes Vorhaben zu suchen: mein erstes Buch zu schreiben.

All diese Aspekte in mir zu finden war viel einfacher, als ich es je erwartet hatte. Dies erforderte nur die Bereitschaft, mir mein höchstes Selbst fest vorzustellen.

Zurücknehmen, was uns gehört

Nun war es so weit, dass ich meine Suche vertiefen und dafür sorgen musste, dass mein Partner die Beziehung nicht mit irgendwelchen Teilen von mir verließ. Genauso, wie wir negative Aspekte von uns auf unsere Partner projizieren, projizieren wir auch unser Licht. Die meisten Menschen verlieben sich, weil sie ihr verleugnetes Licht in jemand anderem erblicken. Wir erkennen in unseren Gefährten einen Teil von uns, der verborgen ist, und dann beginnt die Jagd nach dem, was uns unserer Meinung nach ganz machen wird.

Als ich Dan kennen lernte, war ich begeistert von seinem glänzenden Verstand und von der Art und Weise, wie er seine Gedanken artikulierte. Sein Verlangen nach Verwandlung inspirierte mich. Und sein feines Gespür für die Schmerzen der Menschen berührte mich. Um meinen hellen Schatten zurückzunehmen, musste ich also dafür sorgen, dass ich meine Intelligenz, mein feines Gespür und den Teil von mir annahm, der nach Verwandlung strebt. Wenn ich glaubte, Dan hätte ein Talent oder besäße eine Eigenschaft, die ich nicht hatte, dann war dies ein Signal, das mir bedeutete, dass ich diese Eigenschaft in mir noch nicht angenommen hatte.

Ich wusste sofort, dass ich meine eigene Intelligenz auf Dan projiziert hatte, weil ich immer Probleme damit gehabt hatte, nicht intelligent genug zu sein. Darum fühlte ich mich natürlich zu einem Mann hingezogen, der auf ein Elitecollege gegangen war, beste Referenzen hatte und viele akademische Auszeichnungen bekommen hatte. Ich musste mir nun darüber klar werden, dass ich nicht mit Dans Art von Intelligenz, sondern mit meiner eigenen gesegnet war. Dan war akademisch gebildet, und ich war lebensklug. Beides sind höchst schätzenswerte Eigenschaften. Um die Intelligenz zurückzugewinnen, die ich auf Dan übertragen hatte, musste ich die Möglichkeiten erkennen und annehmen, wie ich meine eigene einzigartige Intelligenz zum Ausdruck brachte. Nachdem ich meine Projektionen zurückgenommen hatte, konnte ich die vielen Geschenke erkennen, die mir meine Intelligenz gewährte. Jeder Mensch bringt die gleichen Eigenschaften auf unterschiedliche Weise zum Ausdruck. Aber damit wir zu unserem eigenen authentischen Zustand der emotionalen Ganzheit zurückkehren können, müssen wir das, was wir in anderen sehen, als unsere eigenen Eigenschaften in Anspruch nehmen.

Nehmen Sie sich Zeit, um zu erkennen, was Sie an Ihrem Partner angezogen hat, und um alle Aspekte zurückzugewinnen, die Sie bewusst oder unbewusst weggegeben haben. Vielleicht nimmt Ihr Mann Ihren Erfolg oder Ihren Status mit. Haben Sie Ihrem Exfreund Ihre Sinnlichkeit gegeben und nun Angst, dass Sie keinen Zugang mehr zu ihr haben, wenn er geht? Verlässt Ihre Frau Sie mit dem Teil von Ihnen, der kraftvoll und stark ist? Sie haben diese Teile von sich weggegeben, und nun wird es Zeit, sie zurückzuholen. Wenn Sie Ihren hellen Schatten weggegeben haben und Ihr Partner Teile von Ihnen behält, ist es unmöglich, ihn ganz gehen zu lassen.

Erst wenn wir unsere hellen ebenso wie unsere dunklen Seiten annehmen – all unsere positiven und negativen Charakterzüge –, können wir wirklich emotionale Ganzheit erfahren. Solange eine Seite aus dem Gleichgewicht ist, sitzen wir weiterhin in der Separatismusfalle. Wir sind im lärmenden inneren Dialog gefangen, der behauptet: So bin ich nicht!

Ihre positiven Charakterzüge anzunehmen ist eine tägliche Disziplin, die Hingabe und Vertrauen erfordert. Der Weg zur Ganzheit verlangt von Ihnen, sich jede Eigenschaft auf dieser Erde zu Eigen zu machen und sie anzunehmen. Jetzt ist es an der Zeit, Ihre Herrlichkeit anzunehmen.

Schritte zur Heilung

1. Erstellen Sie eine Liste mit den Namen dreier Menschen, die Sie bewundern, und bestimmen Sie drei Eigenschaften bei jedem von ihnen, die Sie selbst gern entwickeln würden. Schließen Sie die Augen und stellen Sie fest, wo oder wann in Ihrem Leben Sie jede Eigenschaft bereits an den Tag gelegt haben. Welche Verhaltensweisen und Handlungen würden diese Eigenschaften stärker in Ihr Leben einbringen?

2. Stellen Sie fest, welche Eigenschaften Ihres Partners Sie anfangs angezogen haben. Denken Sie darüber nach, in was Sie sich verliebt haben oder wonach Sie sich noch immer sehnen. Selbst wenn Sie zornig sind, ist es wichtig, die Eigenschaften Ihres Partners zu ermitteln, die Sie lieben oder bewundern.

12 Ein außergewöhnliches Leben

> Und der Tag kam, da das Risiko,
> in einer Blüte verschlossen zu bleiben,
> schmerzlicher wurde, als das Risiko
> einzugehen, zu erblühen.
>
> ANAÏS NIN

Das Gesetz der Schöpfung lädt uns ein, ein unschuldiges Herz voller Liebe und Lebensfreude zu erfahren. Es wird oft gesagt, wir müssten »unsere Herzen öffnen«, aber in Wahrheit sind unsere Herzen immer offen. Wir haben bloß keinen Zugang zu ihnen, weil wir sie immer so gut bewachen.

Es wird Zeit, dass Sie Ihren Panzer, Ihre Abwehrmechanismen und Ihre Ausreden loslassen und sich der Weisheit des Herzens öffnen. Andere Leute mögen Ihnen sagen, Sie sollten kämpfen und sich schützen, aber das Kämpfen hält Sie nur in einer kleinen Welt gefangen. Wenn Sie sich eine Zukunft erschaffen wollen, die in göttlicher Wahrheit gründet, müssen Sie aus der kleinen Welt, in der Sie leben, hinaustreten. Ohne Ihren Panzer sind Sie frei, in neue, unerforschte Gebiete vorzudringen, wo Sie mit dem unbegrenzten Zugang zu Ihrer göttlichen Natur beschenkt werden. Dies ist eine so wichtige Zeit: Sie entscheiden, welche Art von Mensch Sie sein wollen. Wollen Sie ein gewöhnliches Leben führen, oder wollen Sie neue Horizonte erobern und sich ein außergewöhnliches Leben erschaffen?

Ein paar Monate nachdem meine Scheidung abgeschlossen war, erwachte ich eines Morgens und fragte mich, was dazu erforderlich wäre, mir ein außergewöhnliches Leben zu erschaffen, ein Leben, das von meinem göttlichen Licht gespeist würde. Ich hatte Angst, dass ich nach vierzig Jahren, in denen ich nur in eine Richtung gesteuert hatte, nicht mehr das Zeug dazu hatte, meinen Weg zu ändern und mir das Leben meiner Träume zu schaffen. Immer wieder fragte ich mich: Wie kann ich mir ein Leben erschaffen, das nicht bloß wieder das gleiche ist? Mir war klar, dass die Dinge nicht mehr so sein *konnten*, wie sie einmal waren, dass ich nicht mehr die sein *konnte*, die ich einmal war, und doch wusste ich nicht, wie ich aus der Schale meiner Vergangenheit ausbrechen sollte. Dann erschien meine Freundin Danielle – wie ein Engel – und schenkte mir eine wunderschöne Kindergeschichte über eine außergewöhnliche Krabbe, die mich zu meiner neuen Richtung inspirieren sollte.

Grasper, dessen Geschichte Paul Owen Lewis geschrieben und illustriert hat, lebte bei den Felsen gemeinsam mit vielen anderen Krabben. Sie verbrachten ihre Tage damit, nach Nahrung zu suchen und nahe bei ihrer Behausung zu bleiben. Eines Tages passiert Grasper etwas Merkwürdiges. Er fühlt sich ganz seltsam, als würde er nicht mehr in seinen Körper passen. Plötzlich scheint alles anders zu sein. Da entdeckt Grasper, dass seine Schale auseinander gebrochen ist: Statt ihn zu umhüllen, liegt sie auf dem Boden neben ihm. Grasper ist schockiert, als er ein vollkommenes Abbild seines Krabbenkörpers erblickt – Arme, Beine, Augen, einfach alles.

Es dauert nicht lange, da haben sich die anderen Angehörigen von Graspers eng verbundener Krabbengemeinschaft in einem Kreis um ihn versammelt. Sie erklären Grasper, dass er gerade seine Schale abgestreift habe, und warnen ihn, dass unheimliche Dinge passieren werden, wenn er nicht aufpasse. Sie sagen Grasper, dass die Zeit, bevor seine neue Schale ausgehärtet ist, sehr gefährlich sei, und dass er nicht auf die Stimmen hören dürfe, die er bald in seinem Kopf vernehmen werde. Sie erklären ihm, er werde vielleicht Orte, die er noch nie gesehen habe, erkunden und sogar über die Felsen, wo sie leben, hinausschauen wollen.

Grasper vernimmt, was die ängstlichen Krabben ihm sagen, aber statt auf sie zu hören, folgt er seinem Drang, die Welt außerhalb des Bereichs, den er kennt, zu erkunden. Grasper vertraut seinem Gefühl, krabbelt hinter den Felsen hervor, wo er sein ganzes Leben sicher verbracht hat, und wagt es, sich auf ein neues, unbekanntes Territorium zu begeben. Und die ganze Zeit rufen seine Freunde ihm nach: »Halt, Grasper! Da draußen ist es nicht sicher!«

Als Grasper ganz oben auf den Felsen angelangt ist, traut er seinen Augen nicht. Alles ist bunt und strahlend hell. Da gibt es große, wunderschöne Fische und jede Menge Nahrung. So etwas Zauberhaftes hat er noch nie gesehen, und Grasper ist ganz aufgeregt. Doch als er hinter einem Felsen hervorkommt, sieht Grasper sich einer riesigen Krabbe gegenüber. Es ist die größte Krabbe, die er je erblickt hat. Als er die Krabbe fragt, wie sie so groß geworden sei, erklärt die Krabbe ihm, das werde auch mit ihm geschehen, wenn er weiterwachse und immer wieder seine Schale abwerfe. Aber Grasper kann diese Erklärung nicht glauben, da alle Krabben, die er kennt, so klein wie er selbst sind. Die Riesenkrabbe erklärt Grasper, eine Krabbe werde nur so groß wie die Welt, in der sie lebe, und so groß wie das Herz in ihr. »Du musst ein großes Herz haben, um in einer großen Welt zu leben«, sagt sie.

Grasper ist verblüfft. Man hat ihm doch beigebracht, um in der Welt sicher zu sein, müsse er eine harte Schale und ein hartes Herz haben. Aber nun erkennt er, wenn er sein volles Potenzial erreichen und eine riesige Krabbe werden will, muss er seinen Horizont erweitern. Grasper wird zulassen müssen, dass sein Herz weich bleibt, denn ein hartes Herz kann nicht wachsen.

Grasper steht nun vor der größten Entscheidung seines Lebens. Seine Vergangenheit sagt ihm, dass es sicherer wäre, sein Herz zu verhärten und zu seinem vertrauten kleinen Zuhause bei den Felsen zurückzukehren. Aber der Prozess des Sich-Häutens und Weichwerdens hat Grasper verändert. Er will nicht mehr bloß so weiterleben. Er sehnt sich danach, aus der kleinen Welt, in der er gelebt hat, auszubrechen und in den weiten Ozean hinauszuschwimmen, um zu sehen, was ihn dort erwartet.

Wenn wir uns wie Grasper häuten, stellen wir in Frage, wer wir sind, wohin wir gehören und wessen wir wahrhaft fähig sind. In Zeiten intensiven emotionalen Schmerzes werfen wir buchstäblich unsere Haut ab. Wir schlüpfen aus unserer früheren Identität. Und doch gewinnen wir erst angesichts dieser tief gehenden Verletzlichkeit die Klarheit und Freiheit, aus der gewohnten Schale unserer Vergangenheit hinauszutreten und neue Entscheidungen zu treffen, wie wir unser Leben führen wollen. Wir haben die Wahl. Wir können wählen, ob wir weiterhin in einer kleinen Welt leben wollen, die aus Schuldzuweisungen, Opferrollen, giftigen Emotionen und Separatismus besteht, oder ob wir in eine neue Welt eintreten möchten, die von Akzeptanz, Verantwortung, Verbundenheit und Seelenfrieden erfüllt ist. Um in dieser neuen Welt leben zu können, müssen wir den Panzer abwerfen, der unser weiches Herz schützt.

Es ist unheimlich, loszulassen und Risiken einzugehen. Aber wenn Sie es wagen und selbst wenn Sie scheitern, leben Sie Ihr Leben zumindest voll und ganz. Wenn Sie im Schmerz einer Beziehung verharren, die vorbei ist, wird ein Teil von Ihnen sterben. Langsam werden Ihre inneren Säfte, die Ihre Vitalität und Ihre Lebensfreude speisen, austrocknen.

Der Schmerz ist ein spiritueller Weckruf, der Ihnen zu verstehen gibt, dass Ozeane existieren, die Sie noch nicht erkundet haben. Gehen Sie über die Welt hinaus, die Sie kennen. Streben Sie nach Höhen, die Sie nie für möglich gehalten hätten. Begeben Sie sich an Orte, zu denen Ihnen vermeintlich der Zutritt verwehrt ist. Jetzt wird es Zeit, die Schale ihrer Vergangenheit abzustreifen und in die reichen Möglichkeiten Ihrer Zukunft einzutreten. Gott gibt uns keine Träume, die wir nicht verwirklichen können. Wenn Sie etwas Großes mit Ihrem Leben anfangen wollen – sich wahnsinnig verlieben, Lehrerin werden, eine wunderbare Mutter oder ein wundervoller Vater sein wollen –, wenn Sie den Ehrgeiz haben, etwas zu tun, das über das hinausgeht, was Sie bis jetzt getan haben, dann ist die Zeit gekommen, damit zu beginnen. Haben Sie Vertrauen in sich. Schauen Sie sich die Menschen auf der Welt an, die Sie beneiden, und fragen Sie sich: Was haben sie, das ich haben will? Was tun sie, das ich tun will?

Während meiner Scheidung stellte ich fest, dass die Menschen, die mich inspirierten, meditierten und ein erfülltes spirituelles Leben führten. Also wusste ich, dass ich das auch tun musste. Als ich mir Frauen anschaute, die Yoga machten, bewunderte ich die Weichheit und Flexibilität ihres Körpers, also begann auch ich Yoga zu praktizieren. Als ich vor einigen Jahren entdeckte, dass ich viele Schriftsteller bewunderte, begann ich Schreibkurse zu besuchen. Ich hatte keine Ahnung, wohin mich diese Entscheidungen führen würden, aber eins wusste ich: Wenn ich damit fortfuhr, die gleichen Entscheidungen zu treffen, die ich immer schon getroffen hatte, würde ich genau dort landen, wo ich schon war. Ein chinesisches Sprichwort bringt es auf den Punkt: »Wenn wir nicht unsere Richtung ändern, werden wir wahrscheinlich dort enden, wohin wir gehen.« Wenn Sie ein neues Ziel erreichen wollen, müssen Sie damit beginnen, neue Schritte zu tun.

Ändern Sie die Richtung Ihres Lebens

Risiken einzugehen macht Angst, aber nicht so viel Angst wie die Vorstellung zwanzig Jahre langen Stillstands. Wie viele Menschen kennen Sie, die noch immer das Gleiche tun, jeden Tag, mit den gleichen Menschen zusammen sind und ständig davon reden, dass sie »eines Tages« das große Los ziehen werden? Gewöhnliche Menschen warten darauf, dass ihnen das große Los zufällt, außergewöhnliche Menschen holen es sich. Außergewöhnliche Menschen fühlen sich verantwortlich für ihre Entscheidungen, ihre Handlungen und ihre Bestimmung. Sie warten nicht auf den »einen Tag«, denn dieser Tag ist heute.

Ich gebe Lesungen im ganzen Land, und in den letzten vier Jahren habe ich tausende von Horrorgeschichten über emotionalen und physischen Missbrauch, Betrug und Zorn gehört. Mein Herz hat Mitgefühl mit jedem Menschen, der leidet. Aber ich weiß ohne den geringsten Zweifel, wenn Sie diesen Schmerz nutzen, wenn Sie sich dafür entscheiden, so viel wie möglich aus ihm herauszuholen, werden Sie ausnahmslos mit Erfahrungen gesegnet, die so tief und so reich sind wie die Verletzungen, die zu diesem Schmerz geführt haben. Ich kenne den Schmerz des Verlusts, der Verwirrung, der Einsamkeit und eines gebrochenen Herzens. Und ich weiß auch, wenn Sie diesen Schmerz nicht dazu nutzen, sich zu heilen, werden Sie sich damit zerstören. Der Schmerz ist der Weckruf, der Sie daran erinnert, dass Sie sich von Ihrer göttlichen Natur getrennt haben.

Jemand hat einmal gesagt, der Unterschied zwischen einem gewöhnlichen und einem außergewöhnlichen Leben liege allein in der Absicht, der Verpflichtung, die Sie gegenüber sich selbst und dem Universum eingehen. Ein außergewöhnlicher Mensch sei ein gewöhnlicher Mensch, der außergewöhnliche Dinge tue.

Als ich am Tor zu dem Leben stand, das ich mir wünschte, wurde ich mit dieser Entscheidung konfrontiert. Ich hatte mich dazu verpflichtet, meine Scheidung als Katalysator für Veränderungen zu nutzen, und es konnte keine größere Wandlung geben, als aus dieser schlechten Situation einen verkappten Segen zu machen. Ich wusste, um mich so hoch zu entwickeln, wie es mein Ehrgeiz war, würde ich all meine Verhaltensweisen und Handlungen überprüfen müssen. Ich begann mich mit diesen Fragen zu befassen: Was würde ich tun, wenn ich außergewöhnlich wäre? Wie würde ich leben? Wie würde ich sprechen? Wie könnte ich eine außergewöhnliche Beziehung zu meinem Exmann haben? Es lag auf der Hand, dass ich die Wahl hatte. Ich wollte wissen, wie außergewöhnliche Menschen dachten und welches Engagement sie bei ihren Entscheidungen und Handlungen leitete. Und ich wollte wissen, wie ich, Debbie Ford, eine gewöhnliche Frau, ein außergewöhnliches Leben führen könnte.

Und wie das Leben so spielt: Sogleich gab mir das Universum die Chance, mein Engagement und meinen Ehrgeiz zu testen. Eines Tages, als ich gerade eine aufreibende Zeit mit Dan durchmachte, kam meine Schwester Arielle zu Besuch. Dan hatte verlangt, dass seine vereinbarte Zeit mit Beau geändert würde. Ohne ersichtlichen Grund löste sein Versuch, den Zeitplan zu ändern, eine emotionale Reaktion in mir aus, und das zeigte mir, dass ich noch immer einen Groll wegen anderer Gelegenheiten in mir trug, bei denen Dan den Zeitplan umgestoßen hatte.

Als Arielle sah, dass ich drauf und dran war zu explodieren, forderte sie mich auf, die Augen zu schließen und ein paar Mal tief Luft zu holen. Sie erklärte mir, sie müsse mir eine ganz wichtige Frage stellen. Nachdem ich mich ein wenig beruhigt hatte, fragte Arielle: »Debbie, was würdest du in dieser Situation tun, wenn du ein Engel wärst?« Mein erster Gedanke war: Aber ich bin doch kein Engel! Doch ich wusste, sie versuchte mich dazu zu bringen, die Situation aus einer anderen Perspektive zu betrachten, und ich beschloss, mir größte Mühe zu geben.

Also stellte ich mir vor, ich wäre ein schöner Engel und flöge im Zimmer umher. Sobald ich mich dieser Vorstellung überließ, hatte ich das Gefühl, wenn ich ein Engel wäre, würde ich gnädig Dans Forderung nachgeben. Bestimmt ließe ich es nicht zu, dass ich mich über eine Änderung im Zeitplan aufregte. Wenn ich ein Engel wäre, würde ich meine Ressentiments nicht mit mir in der Gegenwart herumschleppen, und ganz bestimmt würde ich es niemandem außerhalb von mir gestatten, meinen Seelenfrieden zu stören. Ich brauchte buchstäblich nur eine Minute, um zu erkennen, dass es außer Wut noch andere Optionen gab. Alle waren stichhaltig, und daher fragte ich mich: Welche Option wird mir Frieden bringen? Welcher Standpunkt wird meine Beziehung zu Dan stärken? Welcher würde die Frau aus mir machen, die ich sein will?

Mir war klar, wenn ich eine außergewöhnliche Beziehung

zu Dan haben wollte, würde ich eine Reihe außergewöhnlicher Entscheidungen treffen müssen. Und der Zeitpunkt, eine neue Entscheidung zu treffen, war jetzt gekommen. Als ich mein Leben mit den Augen eines Engels betrachtete, also einer höher entwickelten Version von mir, wurde ich in einen offeneren Geisteszustand versetzt, in dem ich von einer höheren Warte aus entscheiden konnte. Die richtige Entscheidung stand nie in Frage, sobald ich die Situation auf dieser höheren Ebene betrachtete. Ich konnte mich vom lärmenden, unzufriedenen, immer Recht habenden Teil von mir aus entscheiden oder von meinem liebenden, zufriedenen, friedfertigen Teil aus. Es war eindeutig meine Wahl. »Indem Sie Ihren Standpunkt auf die Engelsperspektive verlagern, werden Sie ein Engel auf Erden«, schreibt Dr. Doreen Virtue, die Autorin von *Divine Guidance.* »Nehmen Sie einen erhöhten Standpunkt ein, löst dies wie durch ein Wunder eine Heilung in all Ihren Beziehungen aus. Der Konflikt vergeht, und zum Vorschein kommt die reine und neue Wahrheit über alle und alles.«

Als ich mein Leben mit Engelsaugen betrachtete, fügte dies meinem Heilungsprozess ein weiteres fehlendes Teil hinzu. Von diesem Tag an nahm ich mir fest vor, mir die Zeit zu nehmen, meine Entscheidungen und Handlungen vom Standpunkt eines Engels aus zu betrachten. Nachdem sich mein Ich schließlich mit der Tatsache abfand, dass ich es keine Entscheidungen mehr würde treffen lassen, legte sich mein innerer Konflikt.

Und nun möchte ich Ihnen vom außergewöhnlichsten Teil dieses ganzen Prozesses erzählen. Nachdem ich mehrere Monate lang meine Entscheidungen von dieser höheren Warte aus getroffen hatte, bemerkte ich, dass Dan mich anders behandelte. Fast hatte es den Anschein, als würde er mich wie einen Engel behandeln.

Legen Sie ein Gelübde ab

Es ist ganz wichtig, dass Sie sich eine Vorstellung von Ihrer künftigen Beziehung zu Ihrem Expartner machen. Da Sie gerade dieses Buch lesen, nehme ich an, dass Sie bereits Ihr Ehegelöbnis gelöst haben oder es lösen werden beziehungsweise dass Sie sich von Ihrem Lebenspartner getrennt haben oder demnächst trennen wollen. Und das ist genau der richtige Zeitpunkt, ein neues Gelöbnis für Ihre Scheidung oder Trennung abzulegen. Ein Trennungsgelöbnis ist eine Erklärung, die Ihr Engagement für Ihre Beziehung umschreibt. Diese Erklärung sollte nach sorgfältiger Überlegung abgefasst werden und Ihr Engagement für eine spirituelle Trennung fördern. Wie bei einer Auftragsbestätigung können Sie sich in Ihren Handlungen darauf beziehen. Ein Trennungsgelöbnis dient Ihnen als Sprungbrett in Ihre neue Wirklichkeit.

Als ich Dan vergab, wollte ich mich damit an meine höchsten Absichten für unsere weitere Beziehung erinnern. Immer, wenn ich mich aufrege, wütend bin oder nicht weiterkomme, kann ich lesen, was ich geschrieben habe, und zur Wirklichkeit der Vergebung zurückkehren. Wenn ich schlecht gelaunt bin und Dan mich um einen Gefallen bittet, etwa Beau abzuholen oder in letzter Minute die Wochenenden zu tauschen, kann ich mich an mein Engagement erinnern, indem ich mir mein Gelöbnis bewusst mache, statt in Verhaltensweisen zurückzufallen, die mir nichts nützen. Dann erinnere ich mich daran, wie ich in meiner Beziehung zu Dan handeln will. Mein Trennungsgelöbnis sendet ein Licht in mein Herz, sodass ich mich selbst in meinen niedrigsten Augenblicken daran erinnern kann, wer ich in meiner höchsten Ausdrucksform bin.

Dies ist das Trennungsgelöbnis, das ich heute verwende:

Ich, Debbie, nehme dich, Dan, zum Partner bei der gemeinsamen elterlichen Fürsorge für ein gesundes, liebendes Kind. Ich verspreche, dich darin zu unterstützen, eine anregende, nährende Beziehung zu unserem Sohn zu haben. Ich gelobe, flexibel in meiner zeitlichen Planung und offen in meinen Gefühlen zu sein und miteinander einen unangestrengten und liebenden Rhythmus zu schaffen, um unsere beiden Familien mit einem Herzen zu vereinen.

Ich schuf mein Trennungsgelöbnis, indem ich die Augen schloss, mich mit meinem Herzen verband und mich fragte: Was wäre der höchste Ausdruck einer außergewöhnlichen Beziehung zu Dan? Da stellte sich dieses Trennungsgelöbnis ein und wurde meine leitende Kraft. Immer, wenn es nun Probleme oder Ärgernisse gibt, überprüfe ich, ob mein Handeln oder meine Reaktion mit meiner Verpflichtung übereinstimmt, mein Trennungsgelöbnis zu ehren. Ist dies nicht der Fall, überlege ich, was zu tun ist, um mein Verhalten zu ändern. Ich weiß, dass ich nicht verlieren kann, wenn ich zu meinen höchsten Verpflichtungen gegenüber Dan, Beau und mir selbst stehe.

Ständig müssen wir unsere Handlungen überprüfen, damit sie unseren höchsten Anliegen entsprechen. Wir müssen ehrlich sein im Hinblick auf das, was wichtig oder unwichtig ist. Oft gehen wir ganz in unseren großen Vorhaben auf: dem großen Karrieresprung, dem neuen Auto oder der nächsten Beziehung. Aber echtes Selbstwertgefühl erwächst aus den kleinen Dingen, die wir tun – Ja statt Nein zu sagen, nachzugeben statt zu kämpfen. Nichts vermittelt uns ein besseres Gefühl als die Tatsache, dass wir unseren Kindern sagen können, wir seien stolz auf unsere Entscheidungen; dass wir so viel Selbstachtung haben, um anderen entspannt ins Auge zu schauen; und dass wir stolz genug sind, uns für die Taten zu loben, die wir heute vollbracht haben.

Nun ist es an der Zeit, eine intime und enge Beziehung zu uns selbst zu entwickeln, indem wir uns die Zeit nehmen, auf unsere innere Stimme zu hören und so zu handeln, dass das Beste in uns zum Vorschein kommt. Es gibt nichts Schöneres als einen Menschen, der sein ganzes Selbst annimmt. Ein Mensch, der sich vollständig und ganz fühlt, strahlt Selbstsicherheit aus und übt innere Macht aus.

In dieser Zeit der Trennung müssen Sie sich langsam bewegen, indem Sie sich sorgfältig durch jede Entscheidung nähren, jede Ihrer Handlungen überprüfen und wissen, dass die Entscheidungen, die Sie heute treffen, Ihr Leben in der Zukunft gestalten. Nun müssen Sie sich selbst die Erlaubnis geben, sich an Ihre Träume zu erinnern und sich das beste Leben zu schaffen, das Sie sich vorstellen können. Dies ist eine heilige Zeit, in der Sie ein starkes Fundament errichten können, das Sie tragen und stützen wird, während Sie sich zu dem Menschen entwickeln, der Sie sein wollen. Die Zeit der Scheidung oder Trennung ist eine Zeit der Wandlung, und Sie können sie nutzen, um sich ein außergewöhnliches Leben zu erschaffen.

In dem Augenblick, da Sie das Leben haben, von dem Sie geträumt haben, werden Sie Gott für die Erfahrung Ihrer Trennung danken, ganz gleich, unter welch schwierigen Umständen sie sich vollzog. Sie werden auf natürliche Weise Ihren Expartner ehren und die Menschen um Sie herum darin unterstützen, Ihre Trennung zu akzeptieren. Statt zuzulassen, dass sich Ihr Herz verhärtet, werden Sie sich in die Weichheit Ihres Herzens fallen lassen, das heißt: Ihre Erwartungen fallen lassen und im Augenblick leben. Wenn wir ruhig genug sind, verbinden wir uns wieder mit unserem inneren Wissen, dass das Leben genau so verläuft, wie es sollte. Dann können wir den Duft des Neuanfangs einatmen und uns den magischen Geschenken öffnen, die das Leben bringt.

Unsere Seele verlangt danach, sich ganz und gar und unverblümt auszudrücken. Wir müssen nichts weiter tun, als uns außerhalb der engen Grenzen unseres Intellekts zu bewegen und in der warmen, liebenden Gegenwart unseres vergebenden Herzens aufzugehen. Wir werden von Gott geleitet und mit allen Informationen versehen, die wir brauchen, um am vollkommenen Bestimmungsort anzukommen. Henry David Thoreau hat einmal gesagt: »Du musst in der Gegenwart leben und dich auf jede Welle schwingen. Entdecke deine Ewigkeit in jedem Augenblick.« Wenn wir uns dafür entscheiden, loszulassen und den Wellenritt unseres höchsten Ausdrucks zu genießen, werden wir mit dem Privileg gesegnet, unserer eigenen Herrlichkeit von Angesicht zu Angesicht gegenüberzustehen.

Die großartigste Lehre meines Lebens habe ich in den Worten von Albert Einstein wiederentdeckt: »Es gibt nur zwei Möglichkeiten, sein Leben zu leben. Zum einen, als ob nichts ein Wunder wäre. Zum andern, als ob alles ein Wunder wäre.« Ich unterstütze Sie darin, sich für ein Leben voller Wunder zu entscheiden.

Schritte zur Heilung

1. Entwickeln Sie ein Trennungsgelöbnis, das Sie dazu inspiriert, sich so zu verhalten, dass dies der Art von Mensch entspricht, der Sie sein wollen. Teilen Sie Ihr Trennungsgelöbnis zwei Menschen mit und versichern Sie sich der Unterstützung Ihrer Freunde und Angehörigen, um diese höhere Vorstellung zu realisieren.

2. Die folgende Übung erinnert Sie visuell an die Zukunft, die Sie herbeiführen wollen. Nehmen Sie sich ein paar Minuten Zeit zum Meditieren, bevor Sie mit dieser Übung beginnen. Schauen Sie sich Ihre Lieblingszeitschriften an. Sammeln Sie Bilder, die Sie inspirieren. Wählen Sie zehn oder zwanzig Bilder aus, die Dinge darstellen, die Sie lieben, Orte, die Sie gern besuchen würden, oder Tätigkeiten, die Sie ausüben möchten. Suchen Sie nach Bildern und Worten, die Sie anregen. Denken Sie nicht zu viel darüber nach, während Sie Ihre Auswahl treffen; lassen Sie sich von Ihrem Unbewussten leiten. Nehmen Sie ein Stück Pappe oder Zeichenkarton und stellen Sie aus den ausgewählten Bildern eine Collage zusammen, die eine anregende Zukunft darstellt. Hängen Sie sie an einem Ort auf, an dem Sie sie täglich sehen können.

3. Erstellen Sie eine Liste mit Ihren täglichen Verhaltensweisen und Praktiken. Dann erstellen Sie eine zweite Liste mit den Verhaltensweisen und Praktiken,

wie Sie Ihrer Meinung nach für einen außergewöhnlichen Menschen typisch sind. Vergleichen Sie die beiden Listen miteinander und stellen Sie fest, zu welchen Änderungen Sie bereit wären.

4. Gehen Sie in den nächsten vier Wochen jeweils zwei Risiken pro Woche ein. Besuchen Sie einen Yogakurs, gehen Sie in eine Selbsthilfegruppe, Bürgerinitiative oder eine andere Gemeinschaft, lassen Sie Ihre Sachen ändern, kaufen Sie neue Kleider oder unternehmen Sie eine Waldwanderung. Gehen Sie Risiken ein, die Ihr Selbstwertgefühl steigern, dann schreiben Sie in Ihr Tagebuch, wie Sie sich fühlen, nachdem Sie etwas für sich getan haben.

Dank

Ich danke …

… der begabten und wunderbaren Liz Perle, meiner Cheflektorin, dass sie immer mehr von mir verlangt und das Beste aus mir herausgeholt hat. Ich danke Ihnen, dass Sie Ihre ganze Weisheit mit mir geteilt und so viel in dieses Projekt eingebracht haben. Ich ehre Sie.

… meiner gescheiten und begabten Schwester Arielle Ford, die sich für mich immer mehr erträumt als ich selbst. Ich danke dir, dass du jeden Tag für mich da bist und mich anleitest, mein Bestes zu geben. Mir fehlen die Worte, die Tiefe meiner Liebe zu dir auszudrücken. Ich küsse dich.

… meinem geliebten Schwager Brian Hilliard, dass er zu »meinen Leuten« gehört. Ich danke dir dafür, dass du auf mich aufpasst und dich so liebevoll um meine Schwester kümmerst.

… meiner ganz lieben Freundin Danielle Dorman. Deine weisen Augen leiten mich auf eine so unglaubliche Weise. Ich danke dir für alle Liebe, Fürsorge und Unterstützung, die du mir gewährst. Dein Beitrag zu diesem Buch ist ein kostbares Geschenk. Ich liebe dich.

… meiner ergebensten Anhängerin Rachel Levy. Ich danke dir für alles, was du zu meinem Leben und zu meiner Arbeit beiträgst. Du bist ein strahlendes Juwel, und deine Gegenwart bedeutet mir sehr viel.

... meiner geliebten Mutter Sheila Fuerst. Ich danke dir, dass du umgezogen bist, um uns nahe zu sein, und dass du die beste Mama und Oma auf der ganzen Welt bist.

... meinem zweiten Vater Howard Fuerst. Deine Disziplin und dein Engagement für die Ganzheit inspirieren mich jeden Tag. Ich danke dir für das, was du in meinem Leben bewirkst.

... meinem heiß geliebten Vater im Himmel Harvey Ford. Immer, wenn ich schreibe, spüre ich deine Gegenwart, und ich weiß, dass du mir da oben die Daumen drückst. Du fehlst mir.

... meinem Exmann Dan. Ich danke dir dafür, dass du immer das wählst, was im höchsten Sinne gut für Beau ist, und dass du mich ständig in meiner beruflichen Entwicklung unterstützt. Du bist ein außergewöhnlicher Mensch, und ich empfinde tiefen Respekt für dich.

... meinem lieben Engel auf Erden, Alisha Schwartz. Mit Worten lässt sich die Dankbarkeit nicht ausdrücken, die ich für die Liebe und Zuwendung empfinde, die du mir gewährst. Du bist ein strahlender Stern in meinem Leben, und ich liebe dich.

... Sid Ayers, dass sie jeden einzelnen Tag für mich da ist und sich um all die vielen kleinen Dinge in meinem Leben kümmert. Sie sind eine besondere Frau – was wäre ich ohne Sie?

... meinem Bruder Michael (»Mikie«) Ford, dass er immer für mich da ist und unermüdlich meine unredigierten Texte liest. Ich danke dir, dass du mir so großzügig deine Weisheit zuteil werden lässt.

... Geeta Singh vom Talent Exchange. Ich danke dir, dass du dich so gut um mich kümmerst und mir dabei hilfst, meine Botschaften der Welt zu verkünden. Du bist eine wahre Heilige.

... Dr. David Simon, weil er so ein außergewöhnlicher Lehrer, ein großartiger Freund und immer eine Inspiration für mich ist.

... Deepak Chopra, weil er ein Katalysator meiner Wandlung ist und mir so viele Gelegenheiten gibt, mich als Lehrerin und Heilerin zu entwickeln.

… Neale Donald Walsch. Ich schätze Ihre Unterstützung und Freundschaft. Ich danken Ihnen für Ihre Betreuung, Ihr Feedback und für Ihre Aufforderung, endlich dieses Buch zu schreiben. Ich liebe Sie.

… Katherine Kellmeyer, Laura Clark und The Ford Group – ihr seid meine PR-Engel. Ihr wisst gar nicht, wie sehr ich die Arbeit schätze, die ihr für mich tut.

… meinem lieben Freund Stephen Samuels, dass er mich in die richtige Richtung geführt hat. Ich danke dir, dass du den Mut hast, deine Meinungen unverblümt zu äußern. Du bist etwas ganz Besonderes für mich.

… Henrietta Rosenberg, dass sie sich um mein physisches, emotionales und spirituelles Wohlbefinden gekümmert hat, während ich schrieb. Du bist eine unglaubliche Heilerin und aus meinem Leben nicht wegzudenken.

… Cheryl Richardson, dass sie mir bei der Geburt von *Trennung als Chance* geholfen hat. Ich danke dir für deine Freundschaft und deine fachliche Betreuung. Ich liebe dich.

… Marianne Williamson, dass sie sich so für *Trennung als Chance* einsetzt und ihre ganze Weisheit mit mir teilt.

… meinem Freund Dennis Schmucker, dass er der erste Mensch war, der sich dieses Buch vorstellen konnte. Ich danke dir, dass du während meiner Scheidung mein Verbündeter und Vertrauter gewesen bist.

… John McShane, meinem Partner und Mitstreiter auf unserem Weg, die Erfahrung der Scheidung in unserer Gesellschaft umzuwandeln. Sie sind ein Held unserer Zeit, und ich bin tief bewegt von der Liebe, die Sie Menschen entgegenbringen, die unter dem Trauma der Scheidung leiden.

… dem unersetzlichen und stets verlässlichen Cliff Edwards. Ich danke Ihnen, weil Sie dafür gesorgt haben, dass mein Buch nicht im Cyberspace verschwand. Sie sind ein meisterhafter Betreuer und ein lieber Freund.

… meinem lieben Freund Justin Hilton. Deine Liebe zu mir ist ein wahres Geschenk. Ich danke dir für jede Unterstützung, die du mir gewährst.

… den liebevollen Mitarbeitern des Chopra Center for Well

Being und insbesondere Nan Johnson. Euer Weitblick und euer Engagement für uns alle, die Teil dieser herrlichen Familie sind, bilden das Fundament der Arbeit, die wir auf der Welt tun.

... meinem Bruder Sarano Kelly und dem Center for Excellence. Lass uns einen Augenblick innehalten ... Gut. Du und das Trainingsprogramm, ihr trefft den Nerv meines Lebens.

... John Austin, Brent Becvar, Rama Berch, Beá (Bigman) Luba Bozanich, Rita Curtis, Sherri Davis, Jill Lawrence, Sarah McClean, Natalie Snyder, Jeremiah Sullivan und all meinen Familienangehörigen. Ich danke euch für die Weisheit, die ihr mit mir teilt, die Lektionen, die ihr mir erteilt, und die Liebe, die ihr mir gebt. Ihr sollt wissen, dass ihr mein Leben bereichert.

... Dr. Herb Goldberg für seine tiefe Weisheit und sein tiefes Verständnis.

... Jeremiah Abrams, dass er für mich immer telefonisch zu erreichen ist. Ich danke Ihnen für das Interesse, das Sie meiner Arbeit entgegenbringen, und für die Weisheit, die Sie mit mir teilen.

... Tim Donner und den bewundernswert begabten Mitarbeitern von Sites of Mind für ihre Kreativität, ihre Phantasie und ihr Engagement, die aus *http://www.spiritualdivorce.com* die innovativste und heilendste Scheidungswebsite auf Erden gemacht haben. Tolle Arbeit!

... David Hennessy, Rebecca Fox, Lisa Zuniga und den unglaublich hilfsbereiten Mitarbeitern bei HarperCollins, die sich mit diesem Buch so viel Mühe gegeben haben. Ich danke Ihnen vielmals.

... Lizzie Shaw, Debbie Myers und allen Mitarbeitern bei *www.mypotential.com* für ihr Engagement und ihre Unterstützung, die Heilung der Menschen auf dieser Erde zu unterstützen.

... allen Menschen, die mir ihre Geschichten erzählt haben. Ich danke Ihnen, dass Sie sich solche Mühe geben, Ihre Wirklichkeit zu transformieren, dass Sie Ihren Schmerz so mutig in Weisheit und Ihre Traurigkeit in Freude verwandeln. Ich bewundere Sie.

... allen Menschen, die ich nicht namentlich erwähnt habe. Ihr seid in meinem Herzen, und ich liebe euch.

Und besonders danke ich meiner Großmutter Ada, die immer zu mir gesagt hat: »Du schaffst es!«

Und dem Geist, der in mir wirkt, der mich leitet und beschützt und mir bereitwillig alle Unterstützung und alles Wissen gibt, das ich brauche – ich bin dir zutiefst ergeben.